Counseling
Skills

셀프 수퍼비전을 통한

상담기술 훈련

−초보상담자를 대상으로−

| 이수현 · 최인화 공저 |

학지사

🌳🌲 머리말

　이 책은 저자들이 20여 년 간의 상담과 10여 년 간의 상담자 교육을 통해 경험하고 배운 내용들을 바탕으로 기술하였습니다. 수퍼바이저가 되어 초보상담자들을 교육하는 과정에서 과거 우리가 상담기술 활용과 관련하여 고민하고 궁금해했던 내용을 지금의 초보상담자들도 똑같이 고민하고 있다는 것을 알게 되었습니다. 이에 상담자 발달과정에서 공통적으로 경험하는 고민과 어려움을 정리할 필요성을 느끼게 되었습니다. 이러한 고민에서 시작한 이 책은 초보상담자들이 상담기술 활용과 관련하여 공통적으로 고민하고 궁금해하는 내용들을 중심으로 상담자 스스로 자신의 문제점과 어려움을 진단하고 해결점을 찾을 수 있도록 돕는 데 목적이 있습니다. 따라서 이 책은 상담자 스스로 셀프 수퍼비전을 하는 데 도움이 되는 참고도서가 될 것으로 기대합니다.

　이 책은 실용적인 활용을 목적으로 쓰인 책으로 상담기술 활용과 관련한 다양한 사례를 제시하여 독자들의 이해도를 높이기 위해 노력하였습니다. 교재에 실린 사례는 내담자들이 공통적으로 고민하고 반응하는 내용을 바탕으로 새롭게 각색되었으며 상담자 반응은 상담기술을 활용하기 위해 최적의 반응을 찾는 데 초점을 두었습니다. 그래서 내담자가 매우 훌륭해 보일 수도 있고 상담자

반응이 너무 교과서적으로 느껴질 수도 있습니다. 특히 상담자 반응은 이론적 입장에 따라서 반응을 달리할 수 있지만 상담기술 활용에 목적을 두고 상담자 반응을 기술했음을 참고해 주시기 바랍니다.

이 책은 세 부분으로 구성되어 있습니다. 제1부에서는 상담과정 기술을 설명하기 위해 상담 초기, 중기, 종결기로 나누어서 각 상담 단계별로 중요하게 탐색하고 다루어야 하는 내용을 담았습니다. 제2부에서는 11개의 상담기술(경청, 탐색적 질문 및 명료화, 감정반영, 재진술, 침묵, 자기개방, 지지하기/승인하기, 정보제공, 즉시성, 직면, 해석)에 대한 설명과 함께 초보상담자들이 상담기술 사용 시 경험하게 되는 어려움을 Q&A 형식으로 기술하였습니다. 마지막 제3부에서는 상담에서 심리검사를 활용하는 이유와 방법에 대해서 설명하였습니다. 특히 상담에서 가장 많이 활용하는 MMPI와 SCT 검사 해석 시에 상담기술 활용에 대한 내용을 설명하였습니다.

이 책은 상담을 진행하고 있는 초보상담자들에게 도움이 될 수 있는 책입니다. 또한 전문가가 되기 위한 발달과정에 있는 상담자들이나 초보수퍼바이저들에게도 실제적인 정보를 제공할 수 있는 책이라 생각합니다.

책을 쓰겠다고 마음먹고 마무리하는 데 2년여의 시간이 흘렀습니다. 머릿속의 내용들을 정리해서 책을 써 보겠다는 단순한 마음으로 시작했지만 막상 글로 표현하려고 하니 생각 이상으로 힘들었습니다. 그러나 어렵게나마 마무리할 수 있었던 것은 이 책이 나오기까지 많은 분이 도와주셨기 때문입니다. 가장 먼저 감사인사를 전하고 싶은 대상은 그동안 우리를 상담자로 인정하고 만나 준 내담자들입니다. 내담자의 성장이 상담자를 성장하도록 돕는다는 것을 경험할 수 있게 도와준 내담자들에게 감사의 마음을 전합니다. 또한 우리를 상담자로 성장할 수 있도록 도와주신 고향자, 문홍세, 박현순, 이재창, 이정국, 유계식 선생님께도 감사의 인사를 드립니다. 이 책이 나오기까지 오타부터 내용까지 꼼꼼하게 봐 주신 분들께도 감사의 인사를 전합니다. 정교영, 윤미혜, 김희영, 김경주, 남궁미 선생님께 고마운 마음을 전합니다. 또한 가톨릭대학교 24기 인턴 선생님들(강진숙, 김신희, 박다예, 유보라, 이은혜, 정유지, 허유림)께 감사드립니다. 마지막으로 출판을 도와주신 학지사 관계자 분들께 감사의 인사를 드립니다.

2020년 1월
저자 일동

🌳🌳 차례

제3부 심리검사 해석

제1부

과정기술

셀프 수퍼비전을 통한 상담기술 훈련

셀프 수퍼비전을 통한 상담기술 훈련

제1장

상담초기

1. 첫 회기 준비 및 과제

2. 사례개념화

3. 상담 목표 및 전략 설정

4. 내담자를 가장 잘 도와줄 수 있는 이론적 접근 고민하기

상담을 처음 시작할 때 상담자와 내담자는 상담이 앞으로 어떻게 진행될지 기대도 되지만 한편으로는 걱정이 앞서기도 할 것이다. 내담자는 자신의 고민을 상담자에게 솔직하게 이야기하고 도움을 받아야 하는 상황에서 변화될 것에 대한 기대와 함께 상담자에 대한 호기심, 상담이 어떻게 진행될지에 대한 걱정과 불안, 상담을 통해 변화되지 않을 것에 대한 두려움 등 복잡하고 다양한 감정을 경험하게 된다. 상담초기에 내담자는 기대, 불안, 걱정, 긴장, 부담감과 같은 복잡한 감정 상태에서 상담을 시작하기 때문에 상담자는 내담자의 복잡한 감정을 공감하면서 상담이 안전한 환경이라는 것을 내담자가 경험할 수 있도록 도와야 한다. 상담자 입장에서도 내담자의 변화를 기대하는 반면, 내담자와 안전한 상담관계를 형성하고 내담자가 문제를 해결할 수 있도록 도움을 주어야 한다는 부담감과 내담자를 도와주지 못할 것에 대한 걱정을 할 수 있다. 초보상담자일수록 상담초기에 경험하는 심리적 부담감과 불안은 생각보다 클 수 있다. 초보상담자들이라면 겪을 수 있는 자연스러운 과정이긴 하지만, 상담자의 걱정과 불안이 내담자에게 영향을 미칠 수 있는 수준이라면 상담 진행이 어려울 수도 있으니 상담자는 상담 시작 전에 자신의 심리 상태를 잘 살펴야 한다. 이러한 과정에서 상담자와 내담자 간의 라포가 형성되고 신뢰관계가 만들어지면 내담자는 자신의 문제를 용기 내서 드러내고 변화를 시도할 수 있게 된다. 지금부터 상담초기에 상담자들이 수행해야 할 내용들을 설명하고자 한다.

상담초기를 구체적인 회기로 명시하기는 어렵지만 일반적으로 청소년 상담기관이나 대학 상담실의 경우 12~15회기 내외로 종결하는 기준으로 보자면 보통 3~4회기까지를 상담초기라고 할 수 있다. 3~4회기 안에 상담자는 전체적인 상담 진행계획, 내담자 문제이해를 위한 사례개념화, 상담목표 및 상담전략 설정 등의 작업을 해야 한다. 3~4회기 안에 이러한 작업을 모두 다 끝내야 한다는 것이 아니라 상담초기에 앞에서 언급한 내용을 집중적으로 탐색하고 상담계획을 세우라는 의미이다. 상담 진행에 대한 계획과 상담목표를 내담자에게 설명하고 서로 합의를 통해 진행하면 된다. 내담자 이해를 위한 사례개념화는 가설적인 접근을 통해 계속 수정·보완해야 하며, 상담전략은 내담자와 합의한 상담목표를 이루기 위해 상담과정 중에 적용할 구체적 방법과 실행 전략을 설계하는 것으로 상담자의 이론적 접근에 따라 다양한 전략을 계획할 수 있다.

상담초기에 상담자가 주의 깊게 다루어야 할 내용들은 다음과 같다. 상담자는 상담초기에 다음 질문들을 통해 내담자에 대한 핵심정보를 파악해야 한다.

- 내담자가 왜 이 시점에 상담에 왔는가?
- 내담자의 주호소문제는 무엇인가?
- 내담자의 증상이 발현된 시점은 언제인가?

내담자들은 상담에서 만성적인 우울이나 불안, 대인관계 문제 등을 호소할 수 있다. 만성적인 문제일수록 내담자들은 그로 인한 어려움이나 고통을 오랫동안 경험했을 가능성이 있다. 처음 경험하는 문제가 아닌데 이 시점에 상담에 왔다면 분명 최근 내담자가 경험한 어떤 사건(일)이 내담자에게는 매우 의미 있거나, 중요하거나, 치명적인 것일 수 있다. 따라서 왜 이 시점에 내담자가 상담에 왔는지를 파악하는 것은 내담자의 주호소문제를 정확히 파악하는 데 매우 중요한 단서가 된다. 간혹 내담자들 중에는 상담에 왔지만 자신의 문제나 도움받고 싶은 문제를 구체적으로 설명하지 못하는 경우가 있다. 이런 경우 내담자들은 상담에 온 이유를 다음과 같이 대답한다.

- 나에 대한 이해를 하고 싶다.
- 대인관계 잘하는 방법을 알고 싶다.
- 행복하게 살고 싶은데 방법을 모르겠다.
- 내가 가진 문제를 해결해서 좋은 사람이 되고 싶다.

간혹 초보상담자들은 내담자와 합의된 목표라며 이 같은 목표를 상담목표로 설정해 올 때가 있다. 그러나 이같이 모호한 주제를 상담에서 다루는 것은 쉽지 않다. 10회기 내외에서 상담을 종결해야 하는 학교(단기)상담에서 이 같은 주제를 다루기에는 시간적인 한계가 너무 크다. 따라서 상담자는 이와 같은 주제로 상담에 오는 내담자들을 만났을 때 주호소문제를 구체화하고 세분화하여 상담목표를 설정해야 한다.

상담자 1: 상담신청서에 보니까 상담에서 다루고 싶은 문제가 자신에 대한 이해라고 적혀 있는데 좀 더 구체적으로 설명해 주시겠어요?

내담자 1: 전 제가 어떤 사람인지 잘 모르겠어요. 저에 대해서 다른 사람 들에게 소개하거나 설명할 때 저라는 사람을 어떻게 설명해야 할지 난감할 때가 많아요.

상담자 2: 자신이 어떤 사람인지 모르면 혼란스러울 것 같네요. 최근에 자신에 대해서 잘 모르고 있다고 느낀 상황이 있었나요?

내담자 2: 저는 사람들이 저한테 뭘 좋아하냐고 물으면 대답하기가 어려워요. 전 특별히 싫은 것도 없고 좋은 것도 없고…… 다 그냥 보통이라고 느끼거든요.

상담자 3: 호불호가 분명하지 않은 것이 뭔가 문제라는 생각이 드는 건가요?

내담자 3: 네! 다른 사람들은 좋아하거나 싫어하는 것을 분명하게 말하는데 저는 그런 게 없어서 가끔 저에게 문제가 있나라는 생각을 할 때가 있어요.

상담자 4: 호불호가 분명하지 않다는 것을 문제가 있다고 생각하네요. 우리가 좀 더 구체적인 주제를 가지고 얘기를 하면 좋을 것 같은데. …… 혹시 지금 말한 내용 중에 상담 주제를 찾는다면 어떤 얘기를 더 하고 싶으세요?

내담자 4: 그럼…… 저는 제가 문제가 있는 사람이라고 생각하는 경향이 있는데…… 이 문제를 상담에서 좀 더 얘기하고 싶어요. 제가 정말 문제가 있는 사람인지, 왜 저를 부정적으로 보는지 얘기를 해 보고 싶어요.

상담자 5: 왜 자신을 문제 있는 사람으로 생각하는지, 왜 부정적으로 자신을 지각하는지 이해하게 되면 ○○ 씨가 어떻게 바뀌게 될까요?

내담자 5: 최소한 저를 문제 있는 사람으로 보지 않게 되면 자신감도 생기고 열등감이 줄어들 것 같아요.

이 사례의 상담자 4 반응처럼 내담자가 좀 더 구체적으로 다루고 싶은 문제가 무엇인지를 확인하는 질문을 통해 주호소문제를 구체화시켜야 한다. 내담자는 자신에 대한 이해를 상담의 주제로 다루고 싶다고 했지만 내담자의 어려움을 탐색하는 과정에서 자신에 대한 부정적인 시각을 바꾸어 열등감을 줄이는 것으로 상담의 주호소문제가 구체화되었다. 내담자 중에는 이러한 질문에 대해서 생각해 보지 않았기 때문에 바로 대답하지 못하는 경우도 있다. 이러한 경우 상담자는 내담자와 좀 더 탐색하는 시간을 가져야 하며, 그 회기에 주호소문제를 결정하지 못하면 다음 회기까지 내담자에게 생각할 시간을 주는 것도 고려할 수 있다.

만약 내담자가 어떤 증상을 호소한다면 그 증상이 발현된 시점을 구체적으로 파악해야 한다. 예를 들어, 우울하다는 내담자에게는 "언제부터 우울함을 느꼈나요?" "그 시점에 무슨 일이 있었나요?" "이전에도 우울을 경험한 적이 있나요?" 등을 질문해서 내담자의 문제가 최근에 발생한 것인지, 아니면 만성적으로 오래된 것인지를 파악해야 한다. 만약 만성적인 문제를 가진 내담자라면 좀 더 숙련된 상담자에게 사례를 배정하는 것이 효과적일 것이다. 증상을 호소하는 내담자들을 만나게 되면 초보상담자들은 걱정이 앞서고 불안해질 수 있다. 상담자는 내담자가 호소하는 증상이 무엇인지, 언제부터 증상이 발현되었는지, 그 증상이 현재 내담자가 기능하는 데 어떤 영향을 미치는지, 병원 진단이나 정신과 약물이 필요한 상태인지 파악하고 상황에 맞게 대처해야 한다. 내담자 중에는 상담에 와서 매번 같은 증상들을 호소하거나 다양한 신체적 증상을 나열하면서 자신이 매우 힘들다는 것을 호소하는 경우가 있다. 이때 상담자들은 내담자가 아프다고 하니 증상을 들어 주고 얼마나 힘든지 공감해 주면서 증상에 대한 이야기를 듣는 데 많은 시간을 사용하게 된다. 내담자가 호소하는 증상을 무시하면 안 되지만 그렇다고 내담자가 호소하는 증상에 대한 이야기로만 상담회기를 채우는 것도 곤란하다. 만약 심인성 질환으로 인한 증상이라면 상담자는 내담자가 스트레스를 받을 때 반복적으로 몸이 아프다는 것을 내담자가 인식할 수 있도록 꾸준히 언급해야 한다. 그리고 신체 증상이 일어나기 전후에 어떤 일이 있었는지, 그 사건이 내담자에게 어떤 의미가 있고 어떤 영향을 미쳤는지 등을 확인해야 한다. 이러한 내용을 탐색하는 과정을 통해서 내담자가 자신의 사고 패턴, 감정양식, 대처 능력 등을 이해하고 새로운 행동양식을 학습하거나 대처할 수 있도록 돕는 데 상담시간을 활용해야 한다.

이 장에서는 상담초기와 관련하여 첫 회기 준비 및 과제, 사례개념화, 상담 목표 및 전략 설정, 내담자를 가장 잘 도와줄 수 있는 이론적 접근 고민하기에 관한 내용을 설명하고자 한다. 먼저 상담초기에 이루어져야 할 활동들에 대해 구체적으로 설명할 것이다. 특히 첫 회기는 종결회기만큼 중요한 회기이기 때문에 상담자가 첫 회기를 어떻게 운영해야 하는지, 어떤 준비가 필요한지 알아보겠다.

1. 첫 회기 준비 및 과제

첫 상담을 준비하기 위해서 상담자가 챙겨야 할 것들이 있다. 다음 세 가지 자료는 내담자를 만나기 전에 상담자가 미리 봐야 하는 것이다.

- 상담신청서
- 접수상담 자료
- 심리검사 자료 및 평가서

상담신청서에는 내담자의 성별, 나이, 학력, 주소, 가족관계, 상담신청 이유 등 기본적인 정보가 담겨 있을 것이다. 기본적인 인적사항에 대한 내용을 파악한 후 접수상담 자료를 통해 현재 내담자가 경험하는 어려움이 무엇인지, 증상의 심각도 수준, 병력사항, 외모 및 특이사항 등과 같은 내담자 이해를 위한 기본정보를 확인해야 한다. 만약 접수상담 절차를 거치지 않고 바로 상담자가 배정된다면 상담자가 접수상담에서 파악해야 하는 내용을 첫 상담에서 탐색하면 된다.

접수상담 절차를 거치지 않고 상담으로 바로 이어질 경우 다음과 같은 장단점이 있다. 장점은 내담자가 접수상담에서 했던 이야기들을 배정받은 상담자에게 다시 설명하지 않아도 된다는 것이다. 내담자 입장에서 같은 말을 되풀이하는 것은 귀찮고 불편할 수 있다. 실제로 어떤 내담자들은 상담과정에서 자신이 접수상담에서 했던 이야기에 대한 질문을 받으면 접수상담에서 다 했던 이야기라며 상담자에게 불편감을 표현하기도 한다. 이럴 경우를 대비해서 접수상담자는 상담 마무리과정에서 다른 상담자가 배정될 경우 접수상담에서 했던 이야기를 다시 할 수도 있다는 것을 안내해 주면 도움이 된다. 내담자에게 상담이 진행되는 과정이나 절차에 대해서 안내를 해 주는 것은 내담자가 상담에 대해 준비하고 예측할 수 있게 해 주기 때문에 불안함을 줄이는 데 도움이 될 수 있다. 단점은 내담자 문제의 심각성, 내담자가 선호하는 상담자 등을 고려하지 못한 상태에서 상담자를 배정하기 때문에 내담자에게 적합한 상담자를 배정할 가능성이 낮다는 것이다. 내담자에게 적합한 최적의 상담자를 찾기 어렵다 하더라도 위기 또는 만성적인 증상을 호소하는 내담자를 초보상담자에게 배정하는 불상사는 막아야 하기 때문에 최소한 내담자 문제의 심각성 수준을 파악한 후 상담자를 배정하는 것이 윤리적일 수 있다. 상담자와 내담자의 매칭은 상담자와 내담자 보호를 위해서 매우 중요한 작업이다. 상담자가 수퍼비전을 받으면서 상담을 한다 하더라도 수퍼비전만으로 상담자와 내담자를 보호하기 어려운 상황들이 발생할 수 있다. 특히 내담자의 주호소문제 수준이 심각하거나 상담자가 내담자의 문제를 다루기에 심리적으로 취약한 경우 수퍼비전만으로 내담자를 돕는 것은 한계가 있다. 또한 내담자의 변화와 성장은 상담자도 함께 성장시키고 상담자의 효능감 발달에 영향을 미치기 때문에 초보상담자일수록 자원이 있는 내담자를 배정하는 배려가 필요하다.

다음 사례는 내담자가 접수상담에서 한 이야기를 다시 물어보는 상담자에게 불편감을 표현하고 있는 장면이다. 이럴 경우 상담자는 내담자에게 접수상담에서 이야기를 했더라도 상담자가 다시 질문할 수 있음을 이야기하고 양해를 구해야 하며, 또한 내담자가 반복적으로 이야기하는 것에 대한 불편함을 느끼는 이유를 탐색해야 한다.

> **상담자 1:** 우울한 증세로 상담을 신청한 것으로 아는데 최근에 우울할 만한 일이 있었나요?
> **내담자 1:** (한숨) 그거 지난번에 만난 선생님한테 얘기한 것 같은데…….

상담자 2: 이미 했던 얘기를 다시 물어봐서 불편한가 보네요. (네, 좀……) 접수상담 자료에 남친과 헤어졌다는 내용이 적혀 있는 걸 보긴 했어요. 그런데 내가 직접 들은 내용은 아니라서 좀 더 구체적으로 ○○ 씨에게 듣고 싶어서 질문한 거예요. 그리고 접수상담 때 했던 얘기라도 필요하면 내가 다시 질문할 수 있을 것 같은데……. 반복해서 얘기해야 하는 것이 어떤 점에서 불편한가요?

내담자 2: 그냥 똑같은 얘기를 하는 것도 싫고, 하고 싶지 않은 얘기를 반복적으로 해야 하는 게 싫어요.

상담자 3: 남친과의 이별이 ○○ 씨에게는 하고 싶지 않은 얘기인가 보네요. 그런데 상담에 와서 도움을 받으려면 ○○ 씨가 도움받고 싶은 문제를 얘기해야 하는데요. …… 얘기를 해 볼 수 있을까요?

마지막으로, 첫 상담 전에 파악해야 하는 내용은 심리검사 결과이다. 많은 상담실에서는 내담자의 심리 상태를 파악하기 위해 MMPI(다면적 인성검사)와 SCT(문장완성검사)를 사용한다. 그 밖에 필요에 따라서 MBTI, Holland, TCI 등의 다양한 검사를 실시할 수 있지만 이 모든 검사를 다 했다 하더라도 상담자가 우선적으로 파악해야 할 검사결과는 MMPI와 SCT 결과이다. MMPI를 통해 내담자의 심리 상태를 파악하고 내담자가 호소하는 심리적 어려움과 검사결과가 일치하는지, 불일치한다면 그 이유가 무엇인지 등을 파악해야 한다. SCT는 전체적인 내용을 읽으면서 상담과정에서 좀 더 파악할 내용들을 체크해야 한다. 즉, 내담자의 주호소문제와 관련된 내용이나 내담자가 반복적으로 말하는 내용, 이해가 안 가거

나 독특한 내용, 반복적으로 나오는 감정단어 등을 파악해서 내담
자 이해에 필요한 정보들을 수집해야 한다. 상담에서 심리검사를
활용하는 목적은 진단이 아니라 내담자를 이해하기 위해서이다.
따라서 상담자는 내담자를 이해하기 위한 도구로서 심리검사를 활
용한다는 것을 잊지 말아야 한다. 내담자에게 검사를 실시했다면
반드시 검사해석을 해 주어야 하며 검사를 통해 나타난 내담자 상
태나 특성을 내담자와 함께 공유해서 내담자가 자신의 상태를 이
해할 수 있도록 도와야 한다.

　첫 상담에서 상담자가 중점을 두어야 하는 일 중 하나는 내담자
와의 관계형성을 위한 준비와 노력을 해야 한다는 것이다. 상담실
에서 내담자가 상담자와 처음 대면하고 자신의 어려움을 처음 얘
기하는 그 순간순간에 상담자가 함께 있으며 앞으로도 함께할 것
이라는 신뢰감을 형성하고 내담자를 진심으로 이해하고 돕고 싶어
하는 상담자의 마음이 전달될 때 상담관계가 형성될 것이다. 그리
고 내담자가 상담을 통해 자신의 문제를 해결할 수 있을 거라는 기
대와 신뢰감도 가질 수 있도록 해야 한다. 첫 상담부터 라포 형성
을 위해 노력해야 하지만 첫 상담에서 상담자가 가장 신경 써서 진
행해야 하는 작업은 내담자와 함께 상담에 대한 구조화를 진행하
고 비밀보장에 대한 서약을 하는 것이다. 문제가 만성화되고 성격
적인 문제를 가진 내담자일수록 상담구조화가 구체적으로 이루어
져야 하며, 상담에서 지켜야 할 규칙에 대해 상세히 설명해야 한다.
상담에서 지켜야 할 최소한의 규칙이지만 아주 기본적이고 중요한
약속을 내담자가 잘 지키느냐, 안 지키느냐 또는 못 지키느냐에 따
라 상담관계와 상담성과가 달라지기 때문이다.

〈상담 첫 회기에 해야 할 과제〉
- 상담구조화
- 내담자와의 상담관계 형성(라포 형성, 작업동맹 형성)
- 비밀보장에 대한 서약

구조화에 대해서 좀 더 살펴보자. 상담구조화는 상담초기, 특히 상담 첫 회기 때 다루어야 할 내용이다. 구조화는 내담자와 상담 진행과정에 대한 구체적인 약속을 하는 것이다. 상담시간, 상담장소, 상담비용(유료일 경우), 비밀보장 서약, 늦을 때 연락하기, 상담에 못 올 때 사전에 상담시간 조율하기 등 상담을 진행하면서 서로 지켜야 할 사항에 대해서 구체적으로 약속하는 것이다. 구조화를 구체적이고 명확하게 해야 상담과정에서 나타나는 내담자의 문제행동에 대처할 수 있다. 예를 들어, 내담자가 시간을 자주 바꾼다거나, 지각을 자주 한다거나, 상담을 자주 미루거나 안 오는 경우, 이러한 행동들은 내담자를 이해하는 데 중요한 단서가 되기 때문에 그냥 넘어가지 말고 구조화했던 내용을 상기시키면서 내담자가 약속을 지키지 않는 이유를 탐색해야 한다. 구조화를 한 상태에서 나타나는 내담자의 이러한 태도는 약속을 지키는 것에 대한 거부감, 상담자를 조정하려는 의도, 틀을 깨려는 시도 등으로 해석할 수 있다. 그래서 이러한 내담자의 태도나 행동은 단순히 약속을 상기시키고 넘어갈 문제가 아니라 내담자가 해결해야 할 문제라는 것을 염두에 두고 상담에서 다루어야 한다. 한편, 구조화를 처음에 확실히 했다고 해서 내담자가 구조화했던 모든 내용을 다 기억하는 건 아니다. 따라서 상담자는 내담자가 기억하지 못하는 사항들이 있다면 그리고 기억하지 못해서 나타나는 태도나 행동이 의도적으로

느껴지지 않는다면, 내담자가 다시 기억할 수 있도록 안내할 필요
가 있다.

상담 첫 회기 때 상담자가 에너지를 써야 할 부분은 내담자가 상
담자와 편하게 하고 싶은 이야기를 할 수 있는 안전한 분위기를 만
드는 것이다. '이 상담자에게는 어떤 이야기든 해도 될 것 같다. 이
상담자가 내 이야기를 잘 들어 줄 것 같다. 이 상담자가 내 문제를
해결하는 데 도움을 줄 것 같다.'라는 신뢰와 안정감, 희망을 가질
수 있도록 도와야 한다. 내담자에게 신뢰감이나 안정감을 주기 위
해서는 상담자가 편안한 상태여야 하고, 자연스럽게 시선을 교환
하고 내담자가 하는 이야기를 중립적으로 듣고 내담자의 감정을
반영해 주어야 하며, 공감적 지지를 할 수 있어야 한다. 공감적 지
지는 내담자에게 동조하는 것이 아니라 내담자가 경험했을 감정들
(고통스럽고, 외롭고, 괴롭고, 우울하고, 슬프고, 화나고, 답답한 감정 등)
을 내담자 입장에서 상담자가 함께 느껴 주는 것이다. 첫 회기에 내
담자가 자신의 고민이나 괴로움을 이야기하고 나서 '시원하다.' '편
안하다.' '생각보다 내가 더 힘들어하는 것 같다.' '잊고 싶은 기억들
을 꺼내니 힘들다.' 등과 같이 자신의 상태를 자각하고 표현하게 되
고 이해할 수 있는 시간을 가지게 된다면, 내담자는 상담의 필요성
을 확인하게 될 것이고 이후 상담에 대한 동기가 높아질 것이다. 이
러한 과정을 통해서 상담자와 내담자는 상담관계를 형성하기 시작
한다. 상담자도 내담자에 대한 신뢰와 믿음(상담을 꾸준히 올 것에
대한 믿음, 내담자가 상담목표를 달성하기 위해 노력할 것이라는 믿음,
내담자가 변화될 것이라는 믿음 등)이 생기고, 이러한 믿음이 내담자
에게 전달될 때 상담자와 내담자는 안전하고 희망적인 관계를 만
들 수 있다.

또한 상담을 받는 것만으로 변화가 생기지 않는다는 점에 대해서 내담자에게 안내해야 한다. 즉, 상담을 통해 성장과 변화를 만들어 내려면 내담자가 노력해야 한다는 점을 명확히 설명해야 한다. 변화의 과정이 힘들고 어려울 수 있지만 상담자가 곁에서 그 과정을 겪어 낼 수 있도록 함께 있을 것임을 내담자에게 알리고 변화를 위해 함께 노력하자는 약속을 해야 한다. 상담에서 변화의 책임은 내담자 자신에게 있음을 분명히 할 때 내담자가 내담자 역할을 충실히 할 수 있으며 성공의 기쁨도 자신의 것으로 인정할 수 있게 된다.

마지막으로, 비밀보장에 대한 서약을 해야 한다. 상담에서 비밀보장을 서약하는 것은 내담자와의 신뢰감을 형성하는 데 매우 중요한 작업이다. 만약 비밀보장을 하지 않는다면 내담자는 상담자를 믿고 자신의 마음속 바닥에 있는 이야기를 꺼내기 주저하거나 말을 아예 안 할 것이다. 또한 상담 시 녹음에 대한 동의도 거절할 가능성이 커진다. 따라서 상담자는 내담자에 대한 비밀보장의 의무가 있으며 이를 꼭 지킬 것에 대해 서약해야 한다. 그러나 상담자가 비밀보장의 의무를 지킬 수 없는 예외적인 상황에 대해서도 내담자에게 설명해야 한다. 상담자는 내담자가 자살이나 자해, 타인을 해칠 가능성이 있을 경우 비밀보장에 대한 서약을 해서는 안 된다. 상담자는 상담을 받는 동안 자살이나 자해, 타인을 해치는 행동을 하지 않겠다는 서약을 내담자에게 받아야 한다. 특히 미성년자의 경우 자해 및 타해의 문제뿐 아니라 법적인 문제가 발생할 경우 보호자의 동의가 필요하기 때문에 이러한 문제가 발생했을 때 상담자가 비밀보장을 할 수 없음을 내담자에게 알려야 한다. 내담자 입장에서는 부모에게 알리면 상담을 받지 않겠다고 고집을 피울 수도 있지만 상담자와 내담자를 보호하기 위해서는 비밀보장의 의

무와 비밀보장을 할 수 없는 상황 모두를 내담자에게 설명하고 서약을 하는 것이 중요하다.

2. 사례개념화

사례개념화에 대한 다양한 정의가 있는데 이를 종합적으로 정리하면, '내담자의 문제에 관한 다양한 정보를 종합하고 이를 바탕으로 내담자 문제의 원인을 가설적으로 설명하고 내담자의 문제해결을 위한 상담 목표와 전략을 구상하는 역동적인 과정'이라 할 수 있다(Sperry & Sperry, 2015).

사례개념화의 목적은 내담자의 문제를 해결하기 위한 효과적인 계획을 세우는 것이다. 즉, 내담자가 호소하는 문제를 해결하기 위해 문제가 발생한 배경을 이해(내담자의 성장 및 발달사와 어떻게 연결됐는지를 확인)하고 문제해결을 위한 구체적인 상담계획을 세우는 것이다. 상담계획 안에는 상담목표, 상담전략, 상담자의 이론적 접근과 개입 등이 포함된다. 사례개념화는 내담자에 대한 밑그림을 그리는 작업이기 때문에 가설적·잠정적으로 기술되어야 하고, 내담자에 대한 정보가 새롭게 축적될 때마다 계속 수정·보완되어야 한다.

상담을 막 시작한 초심자에게 첫 번째 장벽이 내담자와 대면해서 상담을 하는 것이라면, 두 번째 어려움은 수퍼비전 자료를 준비하는 것이다. 사례개념화를 하는 데 필요한 정보들을 탐색했다 생각하지만 막상 사례개념화를 하다 보면 구체적인 탐색이 안 됐거나 더 중요한 탐색을 놓치는 경우가 다반사이다. 필요한 정보가 누락된 상태에서 사례개념화를 작성하다 보면 자칫 내담자에 대해 소설을 쓰게 되는 경우가 종종 생긴다. 사실 상담초기에 사례개념화를 위해 필요한 정보를 파악하면서 상담을 하는 것이 쉬운 일은 아니다. 내담자에 대해 소설을 쓰지 않고 사례개념화를 잘하려면 어떻게 해야 하는가?

사례개념화를 위해 필요한 정보들이 무엇인지 잘 숙지하면 된다. 사례개념화를 위해 상담자가 파악해야 할 내담자 정보를 정리하면 다음과 같다. 파악하는 순서보다 다음 내용을 정확히, 구체적으로 파악하는 것이 더 중요하다.

- 주호소문제 파악
- 주호소문제와 관련된 내담자의 증상 및 문제행동 확인
- 주호소문제와 관련된 발달사 및 과거력 탐색
- 내담자 및 주변 활용 자원 찾기

1) 주호소문제 파악

사례개념화를 위해 가장 먼저 해야 할 것은 주호소문제를 구체적으로 파악하는 것이다. 특히 20회기 미만의 단기상담에서는 내담자의 주호소문제를 구체적으로 파악하는 것이 무엇보다 중요하다. 주호소문제를 탐색하기 위해서는 접수상담 시간이나 상담 첫 회기에 지금 이 시점에 왜 상담을 받으러 왔는지, 최근에 주호소문제와 관련하여 어떤 일이 있었는지, 어떤 문제를 가장 먼저 해결하고 싶은지 등에 대한 탐색이 이루어져야 한다. 상담자가 탐색적인 질문을 잘한다 하더라도 질문에 맞게 자신의 생각을 잘 표현하

는 내담자도 있지만 자신의 문제를 명확히, 구체적으로 설명하기 어려워하는 내담자도 있다. 또한 자신에게 여러 가지 문제가 있다고 생각하는 내담자의 경우 호소문제를 나열만 하고 초점화시켜서 얘기하지 못하거나 주호소문제를 결정하는 것을 어려워할 수도 있다. 이럴 경우 상담자는 내담자가 고민하는 문제들을 하나씩 이야기하면서 그중에 내담자가 가장 힘들어하는 문제나 내담자의 해결욕구가 가장 큰 문제를 파악하여 내담자와 함께 주호소문제를 선택하면 된다. 다음 사례를 살펴보자.

> **상담자 1:** 상담신청서에 우울, 대인관계, 학업에 대한 고민이 있다고 적었는데 구체적으로 얘기를 해 주시겠어요?
>
> **내담자 1:** (한숨) 최근에 우울해서 학교도 잘 안 나가게 되고 수업도 계속 빠지게 되니까 차라리 휴학을 해야 하나 고민하고 있어요.
>
> **상담자 2:** 최근에 우울할 만한 일이 있었나요?
>
> **내담자 2:** 조별과제 수업을 하다가 조원과 의견 충돌이 있었는데 그 이후로 수업을 가기 싫어서 계속 빠지고 있어요. 수업을 한번 안 가기 시작하니까 계속 가기 싫어지고 다른 수업들까지 안 가게 되는 것 같아요. 지금 학교에 가도 결석이 많아서 시험을 아무리 잘 본다 해도 B밖에 못 받을 것 같고…….
>
> **상담자 3:** 조원과의 갈등이 학교를 안 나가게 된 계기가 된 것 같네요. 조원과의 갈등과 학교생활을 성실히 못하는 것 중 어떤 문제가 ○○ 씨를 더 우울하게 만들까요?
>
> **내담자 3:** 조원과 싸운 후로 우울해져서 학교를 안 나가기 시작한 거니까 조원과 싸운 게 더 큰 것 같아요. 저는 다른 사람과 갈등이 생기면 왠지 저한테 문제가 있다는 생각이 들어요. 다른 조원들은 가만히 있는데 왜 제가 나서서 싸우고 손해를 보는지.

> …… 제가 한심하게 느껴질 때가 많아요.
> **상담자 4:** 상담을 진행하려면 우선 한 가지 문제를 중심으로 얘기하는 것이 좋을 것 같은데 우울과 대인관계 갈등, 학교생활 문제 중 어느 문제를 먼저 얘기하면 좋을까요?
> **내담자 4:** 대인관계 문제가 생길 때마다 제가 우울해지니까 우선 대인관계 문제를 얘기하고 싶어요. 인간관계 갈등이 줄어들면 우울감도 줄어들고 학교생활도 할 수 있을 것 같아요.

이 사례의 내담자는 매우 훌륭한 내담자이다. 자신의 어려움을 명확히 설명하고 여러 가지 문제를 제시하긴 했지만 그 문제의 원인이 대인관계에 있다는 것을 알고 있기 때문이다. 내담자가 대인관계 문제를 주호소문제로 다루길 희망했기 때문에 상담자는 대인관계 문제에 초점을 맞추어 상담을 진행하면 된다. 이후 상담에서는 내담자가 조별과제에서 어떤 일이 있어서 조원과 싸웠는지, 비슷한 일들이 이전에도 있었는지, 인간관계에서 갈등이 생길 때마다 자신에게 문제가 있다는 생각을 언제부터 하게 됐는지 등에 대해서 탐색을 해야 할 것이다.

사실 내담자가 호소하는 문제 중 하나만 주호소문제로 선택했다고 해서 그 문제만 다루게 되는 것은 아니다. 결국 대인관계 갈등에서부터 상담을 시작하더라도 대인관계 갈등으로 파생되는 여러 가지 문제, 즉 기능 저하로 나타나는 불편감과 낮은 성취로 인한 열등감과 좌절감 등과 관련된 정서적 요인, 인지적 요인, 기능 수준 등을 다룰 수밖에 없다. 그래서 긍정적인 변화가 시작되면 일련의 문제가 연쇄적으로 변화되는 경험을 할 수 있다. 예를 들어, 조별과제에서 나와 다른 의견을 내는 사람에 대해 나에 대한 공격이 아니라 더 좋은 의견을 내기 위한 과정에서 자기 생각을 표현한 것이고 내가 틀렸다는 것이 아니라 다른 의견도 있다는 것을 표현한 것이라고 생각할 수 있게 된다면, 내담자는 의견이 다를 때 공격적이거나 방어적인 태도를 취하지 않으면서 조별과제에 참여할 수 있게 될 것이다. 의견 충돌이 있어도 관계가 깨지지 않는다는 경험을 통해 대인관계에서 자신감이 회복될 것이며 성취감을 경험하게 될 것이다. 이렇게 되면 우울감은 줄어들 것이며 내담자는 학교생활에 전념할 수 있는 상태로 회복될 수 있다.

사례개념화를 하는 데 있어 주호소문제와 관련된 최근 촉발 사건에 대한 구체적인 탐색은 매우 중요한 작업이다. 촉발 사건을 통해 그 문제가 내담자의 취약한 부분과 어떻게 연결되는지, 내담자가 어떤 대처 방식을 가지고 있는지, 감정처리를 어떻게 하는지 등을 파악할 수 있다. 촉발 사건을 구체적으로 다루기 위해서는 육하원칙에 근거한 탐색적 질문을 활용하는 것이 도움이 된다. 단, 질문만 하면 내담자 입장에서는 추궁당한다는 느낌을 받을 수 있기 때문에 질문을 하면서 적절히 재진술, 요약, 반영과 같은 반응기술을 함께 사용하는 요령이 필요하다.

- 언제 사건이 일어났는가?(연도, 날짜, 기간, 시간 등)
- 어디서 사건이 일어났는가?(사건의 장소, 위치, 지역 등)
- 누가 그 사건과 관련되었는가?[부모, 형제, 자매, 외조부모(친조부모), 친구(이성, 동성) 등]
- 왜 그 사건이 일어났는가?(사건이 일어나게 된 이유나 배경 탐색)
- 어떻게 그 사건이 마무리되었는가?(그 사건이 지금 미치는 영향

은 무엇인지, 그 사건 이후 어떤 변화가 있었는지, 그 사건에 대해 어
떻게 생각하는지 등)

2) 주호소문제와 관련된 내담자의 증상 및 문제행동 확인

촉발 사건에 대한 구체적인 탐색이 이루어졌다면 다음은 주호소
문제와 관련하여 현재 내담자가 경험하는 심리적 · 신체적 증상들
을 파악해야 한다. 스트레스를 받았을 때 신체 증상을 호소하는 내
담자들이 있다. 즉, 스트레스 상황이 생기면 두통, 소화장애, 수면
장애, 섭식장애(폭식, 거식) 등을 호소한다. 신경증적 증상을 가진
내담자들이 대부분 신체화 증상을 호소하지만, 실제로 신체적 질
병을 가진 사람들도 신체 증상을 경험하기 때문에 질병 유무를 잘
파악해야 한다. 이럴 경우 다음과 같은 내용을 탐색해야 한다.

- 병원에서 치료를 받고 있는지
- 스트레스성 증상이라는 진단을 받았는지(신경성 위염 등)
- 이러한 증상이 얼마나 오래되었는지
- 수면장애라면 하루에 몇 시간 자는지, 몇 시에 자는지, 수면의
  질은 어떤지
- 섭식장애라고 하면 이전에 비해 얼마나 먹는지 또는 얼마나
  안 먹는지, 구토 증상이 있는지
- 몸무게가 얼마나 늘었는지 또는 줄었는지

우울과 불안 증상을 호소하는 경우 다음과 같은 질문을 할 수 있다.

- 이전에 비해서 우울(불안)이 심해졌다는 것을 어떻게 알 수 있는가?
- 우울(불안)하다는 것을 어떻게 알아차렸는가?
- 우울(불안) 증상을 언제부터 경험하였는가?
- 지금 상태는 이전과 비교해서 심각성 수준이 어떤가?
- 수면시간과 몸무게가 최근 한 달간 얼마나 변화되었는가?
- 일상에서 기능 수준은 어떤가?(반복되는 일상적인 일을 잘 수행하고 있는가?)

이러한 질문을 통해서 내담자의 증상과 기능 수준을 파악한 후 정신과 의뢰 여부를 판단해야 할 것이다. 수면시간이나 몸무게 변화(늘거나 줄어드는)가 한 달 이상 지속되고 기능 수준이 계속 떨어져 반복적으로 해야 하는 일상적인 일조차 하기 어려운 상태라면 약물치료를 권해야 한다.

한편, 내담자가 스트레스를 받았거나 문제 상황에 처했을 때 어떻게 대처하는지 탐색해야 한다. 부적응적인 대처행동은 부정적인 자기지각, 부정적인 상황지각이 문제가 되는 경우가 많다. 스트레스를 받은 내담자들이 나타내는 행동으로는 불규칙하게 생활하기, 잠수 타기, 분노 표출하기(언어적·물리적), 자기비난하기, 포기하기 등이 있다. 이러한 행동으로 인해 내담자의 증상은 유지되고 악순환에 빠지게 된다. 따라서 상담자는 내담자가 증상을 유지하는 악순환 패턴을 파악하고 어떤 기점을 시작으로 악순환의 고리를 끊을 수 있는지를 내담자와 함께 결정해야 한다. 내담자가 변화를 시도하는 시점부터 악순환의 고리가 풀리기 시작한다. 그러나 상담자가 고려해야 할 것은 내담자가 증상을 유지하고 문제행동을

반복하는 것이 내담자에게 부정적인 영향만 주는 것은 아니라는
점이다. 즉, 상담자가 보기에는 문제행동이지만 내담자에게는 이
득을 가져다주는 행동일 경우 내담자들은 증상을 고치려고 하기보
다는 유지하려고(의식적 · 무의식적으로) 하기 때문에, 내담자 증상
의 이차적 이득 측면을 고려하지 않을 경우 상담자는 변화 의지가
없는 내담자에게 실망과 좌절을 경험할 수 있다. 증상 유지와 관련
하여 이차적 이득이 있다고 판단된다면 상담자는 증상을 유지하려
는 내담자의 욕구와 동기를 파악해야 한다. 이 과정에서 내담자도
자신이 증상을 어떻게 활용하고 있는지 이해하는 통찰과정을 거쳐
야 변화가 가능하다. 그러나 경험적으로 볼 때 이러한 과정은 상당
한 시간이 필요하기 때문에 단기상담에서는 내담자가 자신의 증상
을 이차적 이득을 위해 이용하고 있다는 것을 인지할 수 있도록 돕
는 것까지만 해도 충분하다. 단기상담에서 모든 변화를 목적으로
하여 상담하기에는 한계가 있음을 기억할 필요가 있다. 여러 가지
문제 중 아주 작더라도 터닝 포인트를 찾아 변화를 시작할 수 있는
경험이 더 중요하다.

3) 주호소문제와 관련된 발달사 및 과거력 탐색

내담자가 호소하는 문제와 대처양식에 대한 탐색을 했다면 그
문제가 언제부터 시작되었는지 탐색해야 한다. 언제부터 시작되었
는지를 탐색한다는 것은 주호소문제와 관련된 내담자의 과거 경험
을 탐색한다는 의미이다. 현재 내담자가 경험하는 문제가 과거부
터 반복해서 경험하는 문제인지, 아니면 최근에 경험한 문제인지
를 파악해야 한다. 이는 내담자의 문제가 일시적인 것인지 또는 만

성적인 것인지를 파악하기 위함이다. 더불어 내담자가 왜 이 시점에 상담을 받으러 왔는지 탐색하는 것이 중요하다. 이 시점에 상담을 받으러 왔다는 것은 그 문제가 내담자에게 상당히 의미 있는 것임을 말해 주기 때문이다. 만성적인 문제의 경우 오래되고 반복되는 문제인데, 이 시점에 상담을 신청했다면 내담자에게는 특히 의미 있는 사건이거나 의미 있는 대상과 관련되었을 가능성이 크기 때문에 반드시 탐색해야 한다. 다음 사례를 통해 살펴보자.

상담자 1: 대인관계 문제를 중심으로 해결하고 싶다고 했는데…… 조별과제 사건부터 얘기를 시작해 볼까요?

내담자 1: (한숨) 조장과 갈등이 생겼는데…… 처음부터 그 조장에 대해서 불편한 마음이 있긴 했어요. 조원들이 말하면 아닌 것 같다면서 다른 사람들의 얘기를 수용하지 않는다는 느낌을 받았거든요. 그런데 그날은 제가 이 내용을 넣었으면 좋겠다고 제안을 했는데 듣자마자 바로 아닌 것 같다고 하는 거예요. 그래서 순간 화가 나서 이럴 거면 조별과제를 왜 하냐고 제가 뭐라고 했어요. 다른 사람 얘기는 받아들이지도 않고 자기 맘대로 할 거면 혼자서 하라고 했어요. 조장이 그럴 의도는 아니었다고 말은 했는데도 기분이 나아지지 않아서 중간에 나와 버렸어요.

상담자 2: 조장이 ○○ 씨의 제안에 대해 아니라고 얘기한 것에 대해서 화가 났나 보네요.

내담자 2: 네, 너무 기분이 나빴어요. 그런데 다른 사람들은 아무 말 안하고 가만히 있는데 저는 그것도 너무 화가 나는 거예요. 바보같이 가만히 있으니까 더 무시하는 거잖아요.

상담자 3: 조원들이 가만히 있으니까 조장이 더 무시한다는 생각이 드나 보네요.

내담자 3: 그런 거 아닐까요? 무시하지 않으면 어떻게 다른 사람 얘기는 듣지 않고 자기 맘대로 하려고 하겠어요.

상담자 4: 혹시 이전에도 비슷한 상황이 있었나요? 무시한다는 느낌이 들어서 화났던 경험…….

내담자 4: (15초 동안 침묵) 생각해 보니 저는 집에서도 무시당한다는 생각을 많이 하는 것 같아요. 저희 집에서는 제가 막내인데 늘 어린아이 취급을 해요. 그래서 제가 무슨 얘기를 하면 '네가 뭘 알아서…….'라든가 '넌 잘 모르니까 빠져 있어.' 같은 얘기를 자주 들었어요. 제 얘기는 처음부터 들어 줄 생각을 잘 안 했죠. 부모님도, 오빠도…….

상담자 5: ○○ 씨 의견을 귀담아 들어 주기보다 어리다는 이유로 ○○ 씨를 아예 배제하는 상황에서 무시당한다는 느낌을 받았나 보네요.

내담자 5: 네~ 그런 거 같아요. 이 조장도 복학생 오빠거든요. 남자들한테 그런 얘기를 들으면 더 기분이 나쁜 것 같아요.

내담자의 문제를 이해할 때 중요하게 탐색해야 할 것이 과거 탐색이다. 모든 과거를 탐색해야 하는 것이 아니라 내담자의 현재 문제와 관련된 과거를 탐색해야 하는 것이다. 예를 들어, 가족관계, 성장 환경, 발달사 등을 확인해야 한다. 왜냐하면 내담자가 가지고 있는 현재 문제의 뿌리가 과거 경험에 있기 때문이다. 그래서 초기 가족관계, 양육 환경, 성장사 등을 탐색해야 한다. 그러나 내담자가 특정 시기를 기억하지 못하거나 특정 기간 이후로만 기억이 난

다면 기억나는 시점부터 관련 경험을 탐색하면 된다. 상담을 진행
하면서 내담자에게 묻혀 있던 기억들이 하나씩 떠오르기 시작하기
때문에 현재 기억하는 과거부터 시작해도 무방하다.

　　현재 문제의 원인이나 뿌리가 될 만한 기억 속의 일들에 대한 탐
색을 통해 그 당시 내담자가 느꼈을 감정, 그 당시 내담자의 생각,
그 당시 내담자의 바람 및 좌절 등을 상세히 다뤄야 한다. 내담자가
해소하지 못한 감정을 정리하도록 돕고 그 당시 내담자가 했던 생
각이나 사고의 틀도 새롭게 인지적으로 재구조화할 수 있도록 돕
는 작업을 한다면 과거 정리와 함께 현재 문제에 대한 해결방안을
찾을 수 있을 것이다.

4) 내담자 및 주변 활용 자원 찾기

　　비록 내담자가 문제를 가지고 있긴 하지만 내담자에게는 강점이
나 장점이 있다. 상담에서는 내담자의 강점이나 장점을 변화를 위
한 도구로 활용해야 한다. 내담자 변화의 동력은 내담자가 가지고
있는 긍정적인 자원에서 나오기 때문에 내담자가 잘 기능하고 있
는 부분을 상담자가 발견할 수 있어야 한다. 대부분의 내담자는 자
신이 가진 문제를 자신의 전부인 양 생각하기 때문에 자신에 대해
서 비관적이고 부정적인 사고를 하게 되고, 결국 희망이 없다는 결
론을 내린다. 비록 내담자가 문제를 가지고 있고 단점과 약점이 있
지만 그것 못지않게 긍정적인 자원이 있다는 것을 내담자 스스로
알아야 한다. 내담자가 단점이나 부정적인 측면만 보지 않고 자신
의 장점도 균형 있게 볼 수 있을 때 심리적 힘이 생기고 변화를 시
도할 용기가 생긴다.

　초보상담자들의 경우 수퍼비전에서 내담자의 장점을 활용하라는 피드백을 받고 내담자의 장점을 찾아 지지해 주려고 하지만 오히려 내담자가 상담자의 지지나 칭찬에 불편해하거나 수용하지 않는 모습을 보여 당황스러운 상황을 경험할 수 있다. 즉, 상담자는 내담자의 기를 살려 주기 위해서 칭찬이나 지지를 하려고 애쓰는데 반대로 내담자는 자신은 그런 사람이 아니라고 상담자의 칭찬에 극구 손사래를 치는 상황을 경험하게 된다. 이럴 경우 상담자는 내담자가 상담자의 지지나 칭찬을 수용하지 않은 것을 자기 탓으로 생각할 수 있다. 그러나 내담자가 상담자의 칭찬을 수용하지 못하는 것은 내담자의 부정적으로 편향된 자기인식과 관련이 있을 수 있기 때문에 상담자가 자기 탓만 할 필요는 없다. 내담자가 칭찬에 대해 자연스럽게 수용하고 반응하면 좋지만, 그렇지 않다 하더라도 상담자는 좌절하지 말고 "자신의 장점에 대해 이야기하는 것이 왜 불편한가요?" "왜 칭찬을 받아들이기 어려운가요?"와 같은 질문을 통해 그에 대해 생각해 볼 수 있는 기회를 제공해야 한다. 그리하여 내담자가 자신을 인정하지 않고 부정적으로 보는 이유를 탐색하고 부정적인 시각이 자신에게 미치는 영향을 생각해 보게 함으로써 부정적으로 편향된 사고 패턴을 스스로 인지할 수 있게 될 것이다.

　다음 사례에서 내담자는 칭찬을 받으면 자신이 안일해질까 봐 단점에 초점을 맞춰 자신을 바라보고 있으며 단점을 개선하는 노력을 통해 완벽해지려고 애쓰고 있다. 그래서 주변에서 칭찬하거나 긍정적인 메시지를 주면 불편해하고 칭찬을 있는 그대로 받아들이지 못한다. 자신이 왜 칭찬이나 긍정적인 메시지를 불편해하는지 이해하고 나면 주변의 칭찬을 받아들이거나 자신을 바라보는 시각이 점차 긍정적으로 바뀌게 될 것이다.

상담자 1: ○○ 씨는 아무리 힘들어도 스스로 포기하지는 않는 것 같네요. 시간이 촉박하다고 걱정하더니 결국 마무리를 했네요. 포기하지 않는 게 ○○ 씨의 강점이라는 생각이 드네요. 물론 포기하지 않아서 힘든 점도 있겠지만…….

내담자 1: 강점이라는 단어를 들으니 낯서네요. 그냥 어쩔 수 없이 한 거 아닐까요? 그리고 아마 선생님과 상담을 해서 나아진 거겠죠.

상담자 2: 상담을 한다고 다 변화되지는 않아요. 상담을 해서 변화됐다면 그것도 ○○ 씨가 해낸 거고요. ○○ 씨의 장점을 또 하나 찾았네요. 상담을 통해서 변화할 수 있는 힘을 가졌다는 거…….

내담자 2: 글쎄요. 저는 제가 잘한다고 생각을 해 본 적이 없어서 이런 얘기를 들으면 어떻게 해야 할지 모르겠어요.

상담자 3: 지금 나의 칭찬이나 지지가 어떻게 들리는 거예요?

내담자 3: 더 잘하라는 의미로 들려서 부담스럽기도 하고, 저는 그런 사람이 아닌 것 같은데 칭찬을 해 주시니까 저에 대해서 잘못 알고 있는 걸 빨리 제대로 알려 드려야 하나라는 생각도 들고, 가만히 있으면 제가 왠지 거짓말하는 것 같아서…… 불편하네요.

상담자 4: 자신이 잘한 걸 인정하고 받아들이기가 어렵나 보네요. 왜 자신에 대한 칭찬에 이렇게 인색한 걸까요?

내담자 4: 생각 안 해 봤는데. …… (10초 동안 침묵) 아마도 제가 칭찬을 들으면 방심할 것 같아서 그런 것 같아요. 칭찬을 받으면 더 노력하지 않고 안주할까 봐. …… 네, 그거 같아요. 그래서 저는 늘 저의 부족한 부분을 찾았던 것 같아요. 부족한 점들을 다 찾아서 노력하면 완벽해질 거라 생각했던 것 같아요. 그래서 칭찬을 받으면 오히려 아니라는 얘기를 더 많이 했던 것 같아요.

　내담자들의 변화를 도모하기 위해서는 내담자가 먼저 변화를 위해 노력해야겠지만 주변에 내담자가 활용할 만한 인적·물적 자원이 있다면 효과적인 변화를 시도할 수 있을 것이다. 내담자가 가진 자원을 비롯해서 내담자 주변의 여러 환경과 인물 속에서 내담자의 변화를 위해 활용할 수 있는 자원이 얼마나 있는지, 반대로 활용할 만한 자원이 부족하거나 없는지 등을 확인해야 한다.

　내담자들 중에는 자신이 가진 능력과 자원을 제대로 활용하지 못하고 있는 경우가 많다. 특히 자기 문제에 매몰되어 있어 자신이 가지고 있는 자원에 대해 인지하지 못하는 경우가 많고 그렇기 때문에 능력을 효과적으로 활용하지 못하고 수행 수준이 현저히 떨어지는 경우가 생긴다. 내담자가 문제 중심으로 자신을 판단하고 평가하는 시선에서 벗어나 자신이 가지고 있는 능력과 자원을 볼 수 있도록 도와준다면, 즉 내담자가 스스로에 대해 균형적인 시각을 갖게 도와준다면 충분히 자신의 능력을 활용할 수 있을 것이다.

　만약 내담자가 활용할 만한 주변 자원이 부족하거나 없다면 그만큼 내담자가 현실적 한계를 받아들이고 노력해야 하는 부분이 많아지기 때문에 상담자로서 부담스러울 수 있다. 그러나 지금까지 자원이 부족한 상황에서도 내담자가 살아 나온 힘을 믿고 상담자가 버텨 줄 수 있어야 하며, 현재 상담을 받는 과정에서는 상담자가 내담자에게 중요한 인적 자원이 되어 줄 수 있다는 것을 기억해야 한다. 내담자들이 주변에 활용할 자원이 없다고 생각하는 경우와 자원이 있는데도 자신이 활용 못하고 있다고 생각하는 경우는 전혀 다른 결과를 만들 수 있다. 내담자에게 자신의 자원을 스스로 활용하지 못하고 있음을 알려 주는 것만으로도 내담자의 변화를 이끌 수 있다.

3. 상담 목표 및 전략 설정

사례개념화를 할 때 내담자의 주호소문제와 관련하여 상담목표
를 계획하기 때문에 상담 목표 및 전략은 사례개념화에 포함시켜
도 되지만, 상담 목표와 전략을 설정하는 것은 상담에서 매우 중요
한 작업이기 때문에 독립적인 내용으로 기술하고자 한다.

상담자는 내담자와의 합의를 통해 주호소문제와 관련된 상담목
표를 설정하게 된다. 따라서 상담목표를 설정하는 데 있어 내담자
가 어떤 문제를 해결하고 싶은지 결정하는 것이 중요하다. 그런데
내담자들 중에는 여러 가지 문제를 나열하듯이 제시하는 경우가
있다. 예를 들어, 내담자가 대인관계 문제, 우울감, 외로움, 집중력
저하 등과 같은 다양한 문제를 호소한다면 상담자는 어떻게 해야
할까? 내담자가 호소한 문제들 중 가장 먼저 해결하고 싶은 문제가
무엇인지 물어보면 된다. 물론 대인관계 문제가 다른 호소문제들
의 원인일 수 있지만 상담자의 가설은 뒤로하고 내담자가 상담에
서 해결하고 싶어 하는 문제를 상담목표로 설정해야 한다. 즉, 내담
자가 대인관계 문제를 먼저 해결하고 싶다면 대인관계 문제를 먼
저 다루어야 한다. 만약 우울감을 먼저 다루고 싶다고 한다면 우울
감을 먼저 다루어야 할 것이다. 우울감의 원인이 무엇인지 찾는 작
업을 하다 보면 대인관계 문제와 연결될 수도 있다. 내담자가 호소
하는 모든 호소문제를 제한된 회기 내에서, 특히 20회기 미만의 단
기상담에서 다루는 것은 현실적으로 어렵다. 따라서 어떤 고민이
나 문제를 먼저 이야기하고 해결하고 싶은지 내담자가 선택하도록
도와야 하며, 이렇게 하면 상담의 동기를 유지하고 구체적인 목표

를 설정하는 데 도움이 된다.

한편, 내담자가 다루고 싶어 하는 주호소문제와 상담자가 생각하는 내담자의 핵심 문제가 다를 수 있다. 내담자는 부모와 관련된 이야기는 배제하고 다른 인간관계 문제를 이야기하고 싶다고 하지만 상담자 입장에서는 관계의 원형인 부모와의 관계를 다루지 않고 다른 관계를 다루는 것이 얼마나 피상적인 상담이 될지 가늠할 수 있다. 이럴 경우 어떻게 해야 할까? 결론적으로 내담자가 호소하는 문제를 중심으로 상담목표를 설정하고 상담해야 한다. 청소년 상담기관이나 대학 상담실과 같이 상담회기가 단기로 제한되어 있는 상황에서 상담자와 내담자 목표를 각각 다루는 것은 현실적으로 어렵다. 따라서 단기상담일수록 내담자와 합의된 목표 중심으로 상담이 진행되어야 하며 제한된 회기 내에서 이룰 수 있는 현실적인 목표를 설정할 필요가 있다. 다만 대인관계 문제를 호소하는 내담자들의 경우, 부모와의 관계 패턴이 반복되면서 갈등을 지속시키는 경우가 있기 때문에 내담자가 자신이 호소하는 관계 문제가 부모와 관련된 문제임을 인지할 수 있는 선에서 부모관계 문제를 다루는 것이 필요하다. 즉, 부모와의 관계 개선이 상담의 목표가 아니라 내담자가 현재 경험하는 관계 문제에 부모와의 관계 패턴이 영향을 미친다는 것을 인식할 수 있는 선에서 부모와의 관계 문제를 다루면 된다는 의미이다.

간혹 상담목표를 몇 개까지 만들어도 되는지 질문하는 수련생들이 있는데, 상담목표를 설정할 때는 여러 가지 상황을 고려해야 한다. 내담자의 호소문제가 몇 개인지, 장기상담인지 또는 단기상담인지, 유료상담일 경우 상담 기간에 따른 상담비용 지불 능력이 있는지 등이 고려되어야 한다. 단기상담일 경우에는 상담의 목표를 여러 개 설정하는 것보다 주호소문제와 관련한 목표를 한두 개 설정하는 것이 현실적이다.

상담목표를 설정할 때는 내담자가 실천할 수 있는 수준에서 설정해야 하며, 상담목표를 기술할 때는 구체적이고 평가 가능하며 행동화할 수 있도록 기술해야 한다. 상담목표를 다른 말로 표현하면 상담종결 시에 내담자가 변화하고 싶은 모습이라고도 할 수 있다. 그래서 상담목표는 상담종결 시 상담성과 평가에 중요한 지표가 된다. 즉, 종결 시점에 내담자가 상담목표를 얼마나 달성했는가를 평가하는 것이다.

앞의 사례에서 내담자는 부모님과의 관계보다는 주변인들과의 인간관계 문제를 다루고 싶다고 하였다. 인간관계 문제를 주호소문제로 보고 상담목표를 설정해 보자. 인간관계라는 큰 문제를 세분화하고 구체화한 결과, 내담자는 상담목표를 사람들 사이에서 긴장감을 줄이는 것으로 결정하였다. 긴장감을 느낀다고 생각하는 이유는 사람들의 눈을 피하고 말을 시킬까 봐 가슴이 두근거리기 때문이다.

상담자 1: ○○ 씨가 인간관계 문제를 상담에서 다루고 싶다고 했는데 구체적으로 인간관계의 어떤 부분을 다루고 싶은지 얘기해 줄래요?

내담자 1: 저는 사람들 사이에서 너무 긴장을 많이 해서 불편해요. 아는 친구들을 만나면 덜한데 처음 만나는 사람들이나 친하지 않은 사람들을 만나면 너무 긴장을 해서 어떤 때는 사람들을 만나는 걸 피하기까지 하는 것 같아요.

상담자 2: 최근에도 긴장했던 일이 있었나요?

내담자 2: 최근에는…… 조별과제 때문에 모였는데 그때 처음 만나는 자리여서 아무 얘기도 못하고 듣기만 하고 나왔어요.

상담자 3: 조별과제 모임에서 긴장했다는 걸 어떻게 알 수 있어요?

내담자 3: 우선 아무 말 안 하고 다른 사람들 얘기만 듣고 있어요. 말을 시킬까 봐 가슴이 조마조마해지고…… 사람들 눈도 못 마주치고. 저는 그냥 저한테 알아서 역할을 나눠 주는 게 더 좋아요.

상담자 4: 사람들 사이에서 긴장을 많이 하는 것 같네요. 긴장감을 줄이는 것을 상담목표로 결정하고 싶은가요?

내담자 4: 긴장감을 줄이면 제가 좀 더 편해질 것 같아요. 눈도 편하게 마주치고 제가 할 말은 할 수 있게 되면 좋겠어요. 사람들 사이에서 긴장감을 줄이고 편해지는 것을 상담목표로 할 수 있을까요?

상담목표를 사람들 사이에서 긴장감을 줄이는 것으로 설정했다면, 다음으로 구체적인 전략을 짜야 한다. 상담전략은 상담목표 달성을 위한 구체적인 실행계획이라고 할 수 있다. 즉, 상담전략은 내담자가 그동안 가지고 있었던 부적응적인 대처행동을 적응적인 대처행동이나 패턴으로 바꾸고자 하는 구체적인 실행전략이다. 상담목표 달성을 위해 세부적인 실행전략을 짜는 것은 상담자의 몫이다. 상담목표는 내담자와 함께 결정하지만 상담전략은 내담자의 상담목표 달성을 위해 상담자가 계획해야 할 부분이다. 내담자는 자신의 문제가 무엇인지 막연하게 생각하고 있을 뿐 그것을 다차원적인 측면에서 바라보기 어렵다. 즉, 내담자는 자기 문제의 원인이 무엇인지, 어떤 측면에서 부적응적인지, 적응적인 측면은 무엇인지, 문제를 어떻게 개선해야 하는지, 어떤 노력부터 시작해야 하

는지 등에 대해서 통합된 시각을 가지고 있지 못한 상태이다. 상담
자가 내담자 문제의 이해를 통해 내담자의 변화를 이끌기 위해서
어떤 노력을 기울일지 세부 전략을 세워 내담자가 상담과정에서
실행할 수 있도록 도와야 한다.

　상담에서 공통적으로 활용되는 상담전략은 통찰, 해석, 인지적
재구조화, 대체, 노출, 사회적 기술훈련과 심리 교육, 지지, 약물,
교정적 정서체험 등이 있다(Sperry & Sperry, 2015). 이러한 전략들
은 다양한 상담이론에서 강조하는 상담전략과 관련되기도 한다.
예를 들어, 내담자의 역기능적인 사고 패턴이나 부정적인 자기인
식을 변화시켜야 한다면 상담자는 인지치료를 바탕으로 내담자의
인지를 재구조화하거나 비합리적 사고를 합리적 사고로 전환하는
전략을 짜게 될 것이다. 내담자가 대인관계에서 요청과 거절을 하
지 못하고 힘들어할 때는 행동치료를 근거로 요청이나 거절에 대
한 교육 및 역할연습을 할 수도 있다. 일반적으로 내담자와 안정적
인 상담관계를 형성하기 위한 라포 형성은 기본적인 상담전략이
될 것이다. 내담자의 주호소문제, 상담목표, 내담자의 기능 상태에
따라서 다양한 상담전략을 구상해야 한다. 상담전략을 짜는 것은
상담자의 이론적 배경, 상담 경력 및 경험에 영향을 받을 수 있다.
세부적인 전략을 짜는 것이 초보상담자에게는 어려울 수 있기 때
문에 상담목표와 실행전략을 설정할 때 수퍼비전을 통해 도움받을
것을 권장한다.

4. 내담자를 가장 잘 도와줄 수 있는 이론적 접근 고민하기

초보상담자가 특정 이론을 바탕으로 상담하는 것은 현실적으로 불가능한 일이다. 물론 관심 있는 이론이 있을 수 있지만 그것이 그 이론에 근거한 상담을 할 수 있다는 의미는 아니다. 따라서 초보상담자들에게는 상담의 이론적 배경을 묻는 것보다 관심 있는 이론을 묻는 것이 더 적절할 것이다. 초보상담자들은 학습한 이론을 상담 실제에 적용하면서 자신에게 더 매력적이고 효과적인 이론을 선택하고 상담에 활용하기까지 상당한 시간이 필요하기 때문에 여러 시도를 하는 동안 시행착오를 거칠 수밖에 없다. 좋아하는 이론이긴 하지만 실제로 적용이 안 되는 경우가 많기 때문에 좌절하기도 하고 상담자로서의 능력을 의심하기도 할 것이다. 그러나 상담자로서 성장하기 위해서 그리고 자신만의 상담이론을 찾기 위해서는 많은 시간과 노력이 필요하고, 이는 상담자라면 누구나 거치는 과정이기도 하다. 초보상담자에게 필요한 자세는 내담자가 스스로 문제를 해결할 수 있도록 도와주려는 열정이며 그 과정에서 내담자에게 효과적인 접근이 무엇인지 고민하는 것이다. 지속적으로 관심 있는 이론에 대한 공부와 함께 그 이론을 근거로 사례개념화를 하는 연습도 필요하다. 즉, 특정 이론적 관점에서 내담자를 이해하고 상담목표를 설정하고 실행전략을 짜면서 이론을 활용하는 연습을 하는 것은 매우 중요하다. 더불어 자신이 선호하는 이론적 배경을 가진 수퍼바이저에게 수퍼비전을 받는다면 깊이 있는 학습과 함께 전문상담자로 성장하게 될 것이다.

상담자가 특정 이론을 지향하는 것은 개인의 선택이지만 내담자에게 그 이론을 적용할 때는 내담자에게 도움이 되는 이론적 접근인가에 대한 고민이 필요하다. 예를 들어, 내담자가 정신분석적 심리치료를 받고 싶어 한다면 정신분석상담을 할 수 있는 상담자를 선택하거나 찾아갈 것이다. 상담자도 자신의 이론적 접근을 선호하는 내담자를 만나면 치료적 접근에 대한 갈등 없이 상담을 시작하면 된다. 그러나 대부분의 내담자는 상담자가 어떤 이론적 접근을 하는지에 대한 정보 없이, 자신이 어떤 이론에 근거한 상담을 원하는지 모르는 상태에서 당면한 문제를 해결하고자 상담실을 찾는 경우가 흔하다. 따라서 내담자가 선호하는 이론적 접근이 없다면 상담자는 자신의 치료적 접근방법이 내담자에게 도움이 될지에 대해 고민해야 하고, 내담자와 함께 이론적 접근의 효과에 대해서 판단해야 한다. 즉, 상담자가 선호하는 이론적 · 치료적 접근보다 내담자를 가장 잘 도와줄 수 있는 이론적 · 치료적 접근을 선택해야 한다는 것이다. 물론 상담전문가일수록 내담자에게 맞는 치료적 접근을 시도할 것이며 내담자 상태에 맞춰 이론적 접근을 적용할 것이라는 것을 의심하지 않는다. 그러나 내담자에 대한 고려 없이 상담자가 자신의 이론적 접근만을 고집할 경우 내담자에게 오히려 해가 될 수 있다는 것도 상담자는 고려할 수 있어야 한다.

초보상담자의 경우 특정 이론적 접근을 전문적으로 사용하기는 어렵지만 다양한 이론적 접근을 시도한다는 측면에서 오히려 내담자에게 융통성 있는 접근을 할 수 있다는 장점도 있다. 그러나 상담자가 특정 이론과 치료기법에 대한 이해와 숙련도가 낮을수록 내담자의 모습을 다차원적으로 이해하는 것에 한계가 있을 수 있다. 상담자는 특정 이론의 전문가든 아니든 내담자의 문제를 현실적으로, 다양한 측면에서 바라보고 내담자를 효과적으로 도울 수 있는 방법을 찾아야 한다. 상담자는 어떤 이론을 사용하더라도 내담자를 잘 도울 수 있는 최적의 상담 이론과 기법을 활용할 수 있어야 한다. 초보상담자일수록 특정 이론에 근거한 전문적인 상담을 하는 것은 어렵겠지만, 초보상담자이기 때문에 내담자에게 어떤 이론적 접근이 도움 될지 고민하고 실행하는 노력을 해야 한다. 초보 시기에 여러 가지 시도를 통해 내담자 이해나 문제해결을 도울 수 있는 적합한 이론과 기법을 습득하기 위해 노력해야 할 것이다.

제 2 장
....

상담중기

상담초기에 내담자와의 관계형성이 시작되었다면 상담중기에 안정적인 상담관계로 들어갈 준비가 된 것이다. 상담이 중기로 넘어가면 내담자가 호소하는 문제를 중심으로 생활 속에서 경험하는 다양한 사건과 에피소드를 다루게 된다. 일상의 경험들이 내담자의 호소문제와 어떻게 연결되는지, 반복적인 내담자의 패턴(인지, 행동, 정서)을 상담과정 속에서 찾아내고 그것이 언제부터, 어떻게 내담자의 삶에 긍정적·부정적인 영향을 미쳤는지를 퍼즐 맞추듯이 조각을 맞추어 나가야 한다. 이러한 과정에서 내담자는 인정하고 싶지 않거나 마주하고 싶지 않은 자신의 모습을 직면하게 되면서 저항을 보이기도 하고 전이감정을 경험하기도 한다. 이 모든 과정은 상담관계를 통해서 나타나기 때문에 상담자는 상담중기에 상담관계를 치료적으로 잘 활용할 수 있어야 한다.

초보상담자들은 상담자와 내담자 사이에서 무엇이 일어나는지 정확히 인지하지 못하거나 뭔가 일어나는 것 같은데 어떻게 다루어야 할지 모르는 경우가 있다. 상담중기에 상담관계를 치료적으로 활용하지 못하면 상담성과를 장담하기 어렵다. 따라서 초보상담자들은 수퍼비전을 통해 상담관계에서 일어나는 전이와 저항 등의 다양한 역동을 어떻게 처리해야 하는지에 대해 도움을 받아야 할 것이다. 상담에서 전이와 저항을 다루는 것을 정신분석적 접근에서만 한다고 생각할 수도 있다. 물론 정신분석이 전이와 저항을 치료적으로 활용하는 이론이기는 하지만 상담관계를 치료적으로 활용하기 위해서는 상담자의 이론적 지향과 상관없이 전이와 저항을 다

루어야 한다. 즉, 상담자가 정신분석적 접근을 지향하지 않는다 하
더라도 상담관계를 다룰 때 또는 내담자의 관계 문제를 다룰 때 전
이와 저항을 활용할 수 있어야 한다. 상담이 진행되면서 내담자는
다양한 모습으로 전이와 저항을 나타낼 가능성이 있다. 예를 들어,
내담자는 상담을 자주 잊거나, 약속시간을 지키지 않거나, 자신의
문제로 들어가지 못하고 주변인들에 대해서 이야기한다. 또한 상담
자에게 상담이 너무 도움이 되고 좋다는 것을 매 회기 이야기하거나
반대로 상담자가 자신을 불편해하는 것 같다고 말한다. 이때 상담
자는 상담에서 보이는 내담자의 태도와 상담에 대한 내담자의 생각
과 감정을 지금-여기에서 탐색해야 한다. 이러한 문제는 내담자의
전이 및 저항과 관련이 있을 가능성이 크기 때문에 상담과정에서 함
께 다루어야 상담관계가 안정적으로 유지되고 내담자도 자기 문제
에 집중할 수 있게 된다. 그러나 전이와 저항을 다루는 것은 상당한
수련이 필요하기 때문에 수퍼비전을 통해 전이와 역전이, 저항이
일어나고 있음을 알아차리는 훈련부터 시작하는 것이 중요하다.

상담 전체 과정에서 중요하지 않은 시점은 없지만 상담중기는
내담자가 변화과정을 거치는 중요한 시기이다. 내담자에 대한 정
보들이 축적되고 통합되면서 상담자는 내담자에 대한 직면과 해석
이 많아지고, 내담자는 자기에 대한 이해의 폭이 넓어지면서 통찰
이 이루어지는 시기이다. 이러한 과정 속에서 내담자는 반복적인
훈습을 통해 변화를 만들어 가고 변화를 더욱 공고히 하게 된다. 이
때문에 상담중기는 가장 역동적이고 변화무쌍한 시기이면서 때로
는 지루한 시기이기도 하다. 이 시기에 상담자와 내담자 모두 비슷
한 경험을 하게 된다. 내담자들은 훈습과정을 거치면서 비슷한 내
용의 이야기들을 반복적으로 하기 때문에 변화되지 않는다는 생각

에 답답함을 느끼거나 조바심을 경험할 수 있다. 상담자 입장에서는 같은 이야기를 반복적으로 듣기 때문에 지루할 수 있으며, 내담자가 변화되지 않는다는 생각으로 인해 종결 시점에 다가갈수록 조바심이 나거나 불안해지면서 다양한 감정을 경험하게 된다. 내담자가 변화를 시작하고 변화를 위한 노력이 성과로 이어지기까지의 지루한 시간을 상담자가 잘 버텨 주어야 하기 때문에 상담중기는 상담자 역량이 상담성과에 영향을 미치는 시기이기도 하다.

상담중기의 주요 과제는 상담초기에 설정했던 상담 목표와 전략을 지속적으로 점검하고 필요에 따라서는 목표수정을 검토하는 것이다. 또한 내담자가 변화를 시도하는 과정에서 자신이 변화되지 않을 것에 대한 불안이나 두려움, 변화가 더디게 일어나는 것에 대한 답답함 등으로 인해 상담에 대한 동기나 의욕이 떨어질 수도 있다. 따라서 상담자는 내담자가 중간에 포기하지 않도록 격려함과 동시에 변화할 수 있는 동력이 내담자에게 있음을 주지시키며 상담을 이끌어야 한다. 상담자는 내담자의 작은 변화라도 알아차리고 그 변화의 의미와 가치를 함께 나누어야 하며 변화를 이끈 내담자의 자원과 강점을 내담자가 충분히 인지할 수 있도록 도와야 할 것이다. 이 장에서는 상담중기에 다루어야 하는 목표 점검하기, 변화를 위한 노력 점검하기, 상담관계 다루기, 내담자 변화 다루기와 관련된 내용을 설명하고자 한다.

1. 목표 점검하기

상담중기로 넘어가면 상담목표와 관련하여 상담을 진행하게 된다. 상담자와 내담자 모두 상담목표를 잘 기억하고 있어야 매 회기 목표에 충실한 상담을 할 수 있다. 특히 단기상담일수록 상담목표가 분명해야 하고 내담자가 목표에 대해 정확히 지각하고 있어야 한다. 만약 상담이 지지부진하게 진행된다든가 내담자가 상담에 와서 할 이야기가 없다고 한다면 상담목표를 점검해야 한다. 즉, 내담자가 상담목표를 잊고 있거나, 상담목표가 지금 현재 내담자가 해결하고 싶은 문제가 아니거나, 상담목표를 정확히 인지하지 못할 때 내담자들은 상담에 오면서도 이야깃거리를 가져오지 못하게 된다. 따라서 상담중기로 넘어오면 상담자는 내담자가 상담의 목표를 잘 기억하고 있는지, 또한 상담목표를 이루기 위해 노력을 하고 있는지에 대해 중간점검을 해야 한다.

한편, 상담을 진행하다 보면 초기 상담목표와 다른 주제로 전환될 때가 있다. 이럴 경우 상담자는 내담자가 화제를 전환하는 이유를 우선 살펴야 한다. 상담목표와 관련된 이야기를 하고 싶지 않아서 피하는 것인지, 현재에 영향을 미치는 새로운 사건에 대해서 더 얘기를 하고 싶은 것인지 파악해야 한다. 만약 내담자가 상담목표를 잘 기억하고 있지만 현재 내담자가 당면한 문제를 다루고 싶어 한다면 내담자가 하고 싶은 이야기를 할 수 있도록 융통성을 발휘할 필요가 있다. 화제를 전환하긴 했지만 상담목표에서 벗어난 주제가 아닐 수도 있다는 것을 염두에 두고 내담자의 이야기를 경청해야 한다. 내담자가 호소했던 문제와의 관련 여부를 살피고 부적절한 대처방법이 반복되고 있는지 확인한 후 내담자 문제와 관련이 있다면 이를 연결해서 설명하거나 해석해 주면 된다.

다음 사례를 살펴보자. 내담자는 아버지와의 갈등 문제로 상담실에 찾아왔고, 상담의 목표는 아버지와의 갈등 상황에서 피하지

않고 자기 생각을 표현하기이다. 상담을 진행하는 과정에서 내담
자가 조원과의 갈등 문제를 다루고 싶다고 이야기한다. 이 사례에
서처럼 내담자는 조원들과의 불편감에 대해서 이야기를 했지만 대
상이 아버지에서 조장으로 바뀌었을 뿐 상담내용의 핵심은 바뀌
지 않았다. 결국 아버지와의 관계 문제가 다른 인간관계 문제에서
반복된다는 것을 확인하게 된 것이다. 이 때문에 상담자는 내담자
가 인간관계 문제를 고민할 때 그리고 고민하는 대상이 바뀌더라
도 내담자가 부모를 비롯한 가족관계 속에서 부적응적인 혹은 역
기능적인 관계 패턴을 다른 사람과의 관계에서 어떻게 반복하고
있는지를 확인해야 한다. 초보상담자일수록 조원과의 갈등을 어떻
게 해결할 것인가, 조원과의 갈등을 해결하는 데 어떻게 도움을 줄
것인가에 대해서 고민할 것이다. 그러나 아버지와의 관계 패턴이
다른 사람들에게도 전이되어 나타난다는 것을 내담자가 이해할 수
있도록 도와준다면 내담자는 상담자가 구체적인 해결책을 제시해
주지 않아도 자신을 위한 해결책을 찾을 것이다. 상담자의 역할은
내담자에게 해결책이나 대안을 제시해 주는 것이 아니라 내담자가
인간관계에서 아버지에 대한 불편한 감정과 대처 방식을 다른 사
람들과의 관계에서도 반복한다는 것을 이해하도록 도와주면 되는
것이다. 이러한 과정을 반복해서 경험하면 내담자는 자신의 문제를
이해하고 부적절한 대처를 하지 않기 위해 노력하게 될 것이다.

내담자 1: 선생님~ 오늘은 아빠와 관련된 얘기보다는 다른 얘기를 하고
　　　　싶은데 괜찮을까요?
상담자 1: 네~ 어떤 얘기를 하고 싶은데요?

내담자 2: 지난주에 조별 모임에서 조원과 갈등이 좀 있었어요. 내일 또 조별 모임이 있는데 너무 가기가 싫어요. 조원들도 마음에 안 들지만 특히 조장이 너무 마음에 안 들어요.

상담자 2: 조별 모임에서 무슨 일이 있었나요?

내담자 3: 지난주가 첫 모임이었는데 조장이 다른 사람 얘기를 잘 안 듣고 자기 하고 싶은 대로 끌고 가려고 하는 것 같아서 좀 짜증이 났어요. 다른 조원들의 얘기를 묵살해서 제가 다 기분이 나빠지더라고요. 그래서 조원들의 얘기도 잘 반영해 줬으면 좋겠다고 얘기를 했는데 분위기가 싸해졌죠.

상담자 3: 조원들이 맘에 안 드는 이유는 뭔가요?

내담자 4: 저는 조원들의 기분이 나쁠까 봐 제가 조장한테 말을 한 건데 아무도 저를 도와주지 않는 거예요. 다들 눈치만 보고…… 그래서 괜히 말했나 싶기도 하고. 그래서 조원들한테도 좀 짜증이 났어요.

상담자 4: 조장이 ○○ 씨 의견을 묵살한 게 아니라 다른 조원들의 의견을 받아들이지 않는 것에 ○○ 씨가 기분 나빠져서 그러지 말라고 얘기를 했는데 다른 조원들이 지원사격을 안 해 줘서 조원들한테 서운하기도 하고…… 그래서 짜증이 났나 보네요.

내담자 5: 네~ 근데 얘기를 하다 보니 제가 좀 오지랖이 넓었던 것 같네요. 저한테 그런 것도 아닌데 제가 괜히 나서서…….

상담자 5: 조장이 다른 사람의 의견을 묵살한 것에 대해서 기분이 나빠진 건 아버지와의 관계에서도 비슷하게 나타나는 모습인 것 같은데…….

내담자 6: 네~ 지금 얘기하다 보니 그런 것 같다는 생각이 들었어요. 조장이 아버지처럼 하는 행동에 대해서 제가 화가 난 것 같아요. 제가 계속 아버지와 싸우고 있는 것 같은 느낌이 드네요.

2. 변화를 위한 노력 점검하기

상담중기는 분명한 목표와 전략을 기반으로 내담자가 자신에 대한 이해가 더 깊어지고 그와 더불어 변화를 위해 노력하는 시기이다. 이 같은 노력은 의식적으로 하게 되지만 내담자가 자기 행동의 의도와 의미를 이해한 후에는 무의식적으로 하는 행동까지 의식화하고 변화하게 된다. 따라서 상담중기는 내담자가 변화를 위해서 노력하고 변화를 반복적으로 경험할 수 있도록 상담자가 도와야 하는 시기이다. 내담자가 상담과정에서 변화를 인지하지 못한다면 상담자는 내담자가 변화를 위해 일상에서 어떤 노력을 하고 있는지 확인해야 한다. 상담은 내담자가 구체적인 목표를 바탕으로 변화를 만들기 위해 노력하는 과정이다. 상담을 통한 내담자의 변화는 생각의 변화, 행동의 변화, 감정의 변화 모두를 말한다. 여기서 어떤 변화가 먼저 일어나든 상관없다. 변화의 시작이 다른 변화를 이끄는 선순환적이고 연속적인 과정으로 진행되는 것이 더 중요하다. 생각의 변화가 행동의 변화를 만들고, 행동의 변화가 성공적인 경험으로 이어지고, 이러한 성공적인 경험이 내담자의 감정과 사고를 긍정적으로 변화시킨다면 상담에서 목표한 변화가 이루어졌다고 할 수 있다. 이러한 일련의 변화를 만들기 위해서 상담자는 내담자에게 적절한 직면과 반복적인 해석을 해야 한다. 정신분석에서는 이러한 과정을 훈습이라고 한다. 내담자의 중요한 방어기제나 저항이 한 번의 해석이나 상담에 의해서 해결되는 경우는 거의 없다(Colby, 1992). 따라서 훈습의 과정은 내담자의 상태에 따라 몇 주, 몇 달, 몇 년의 시간이 소요되기도 한다. 이러한 시간 동안 많은 기억이 떠오르고, 그 기억과 관련된 생각, 감정과 행동을 재경험하고, 기억들을 재해석하고, 이러한 과정을 반복적으로 경험하면서 내담자는 변화의 길을 서서히 걷게 된다. 처음엔 변화의 과정이 어떻게 시작되는지, 변화가 어떻게 유지되는지 잘 모르지만 한두 번 반복적인 변화를 경험하고 나면 내담자들은 자신만의 방법으로 또는 자신에게 가장 적합한 방식으로 변화를 만들어 낸다. 상담자가 변화방법을 일러 주지 않더라도 내담자들은 스스로 자신에게 맞는 변화를 찾아가고 만들어 간다.

다음 사례를 살펴보자. 엄마와 싸우면 한 달씩 말을 안 하는 내담자가 엄마와의 관계 회복을 위해 엄마한테 먼저 자신이 어떤 점에서 힘든지 이야기를 하는 과정에서 엄마가 사과하는 상황으로 이어졌다. 여전히 엄마와의 관계가 어색하지만 엄마의 사과로 내담자가 느끼는 우울감은 줄었고, 엄마의 변화가 낯설긴 하지만 나쁘지 않다는 내담자의 말 속에서 긍정적인 변화가 예감된다. 이러한 변화가 반복적이고 지속적으로 이어질 수 있도록 하기 위해서는 상담자가 엄마와의 관계에서 내담자가 느끼는 감정과 생각의 흐름을 잘 따라가 주면 된다. 즉, 내담자가 엄마의 말과 행동에 어떤 의미를 부여하고 어떻게 해석하고 느끼는지를 표현하도록 해 주면서 내담자의 생각, 감정, 행동을 따라가다 보면 내담자의 변화가 어떻게 진행되는지를 확인할 수 있다.

상담자 1: 지난 한 주 동안 어떻게 보냈어요?

내담자 1: 지난주에 엄마랑 싸우고 우울했는데…… 엄마한테 얘기를 하자고 했어요. 그리고 제가 왜 엄마한테 화가 났는지를 얘기했어요. 처음엔 눈물이 나서 말하기 어려웠는데…… 우는 것도 엄마 때문에 맘대로 못해서 힘들다고 얘기를 했어요. 그랬더니 엄마가 좀 놀라는 것 같더라고요.

상담자 2: 어떤 점 때문에요?

내담자 2: 엄마가 어렸을 때 울지 말라고 했던 말이 저한테 상처가 될 줄 몰랐대요. 그러면서 어렸을 때 엄마가 심하게 한 거에 대해 미안하다고 하시는 거예요.

상담자 3: 엄마가 사과를 하셨는데 ○○ 씨 마음은 어땠어요?

내담자 3: 좀 허무하기도 하고 이제 와서 사과를 한다고 바뀌는 것도 없고 나는 이미 이 모양인데 어떻게 하라는 건가 싶기도 하고…… 마음이 더 복잡해졌어요. 사실 미안하다는 말을 들으면 나아질 거라 생각했는데 막상 듣고 나니 마음이 확 달라지지 않는 거예요.

상담자 4: 미안하다는 말을 들었는데 오히려 마음이 더 복잡해졌네요. 어떤 생각들 때문에 마음이 더 복잡해진 걸까요?

내담자 4: 사실 엄마가 사과를 할 거라는 생각을 안 했는데 엄마가 사과하는 걸 보고 엄마도 늙었나 싶어서 서글프기도 했고 미안함도 조금 있긴 했어요. (5초 동안 침묵) 엄마랑 관계가 더 나빠질 것 같진 않아요. 아마 엄마의 사과로도 마음이 안 풀리는 건 엄마가 저한테 사과를 했지만 언제 또 변할지 모르겠다는 생각이 있는 것 같아요. 한마디로 엄마에 대한 신뢰가 없는 거죠.

상담자 5: 그렇군요. 엄마의 변화가 계속될 거라는 신뢰가 없네요. 그런데 원래 엄마와 싸우면 한 달씩 말을 안 했던 것 같은데 이번엔 ○○ 씨가 먼저 얘기를 하자고 했으니 변화를 위해서 노력하고 있다는 생각이 드네요.

내담자 5: 그런 것 같아요. 엄마랑 그렇게 얘기하고 나서 마음이 복잡하긴 했지만 이전보다 우울하지는 않았고, 엄마도 저에 대해서 미안함이 있어서 그런지 요즘 문자로 뭐 먹고 싶냐고 연락을 하세요. 낯설긴 한데 나쁘진 않아요.

3. 상담관계 다루기

상담초기에 내담자와의 상담관계 형성이 매우 중요하다고 이야기한 바 있다. 상담중기에도 내담자와의 상담관계가 매우 중요한데, 그 이유는 내담자의 미해결된 감정이 상담자에게 전이되는 전이감정이 상담중기에 나타날 가능성이 크고, 이를 다뤄야 상담이 효과적으로 진행될 수 있기 때문이다. 상담중기에는 상담자의 역전이도 나타날 가능성이 크다. 즉, 내담자에 대한 호감이 늘어나거나 내담자에 대한 거부감 또는 불편감이 나타나기도 한다. 내담자의 전이뿐 아니라 상담자의 역전이도 상담관계에 영향을 미치기 때문에 상담중기에는 내담자와 상담자의 상담관계에서 나타나는 전이, 역전이, 저항 등이 상담 과정과 성과에 영향을 미치는 중요한 변수가 될 수 있다.

내담자는 상담자의 외모에서 풍기는 인상, 표정, 성별, 말투 등 다양한 부분에서 자극을 받을 수 있다. 상담초기에는 처음 만나는 사람과 좋은 관계를 맺고자 하는 의지가 있기 때문에 이 같은 자극에 대해서 인지하지 못하거나 조심스러운 반응을 보일 것이다. 그러나 상담이 중기로 넘어가면서부터 내담자는 상담자에 대한 긍정적·부정적 감정들을 좀 더 분명히 경험하게 되어 이러한 감정들이 통합되지 않을 때 자신에게 익숙한 방식으로 상담자에게 불편감을 표출하게 된다. 어떤 내담자는 불편감을 말로 직접적으로 표현하기도 하고 표현하지 않지만 불편하다는 메시지를 간접적으로 전달하기도 한다. 즉, 상담자가 자신을 공감해 주지 않는다고 느끼지만 표현하지는 않고 상담을 종결하겠다고 하거나 상담자의 직면

이나 해석과 같은 개입에 대해서 자신을 비난한다고 느끼면서 상
담자가 자신을 싫어하는 것 같다는 반응을 보일 수도 있다. 이렇
듯 내담자들이 상담자에게 부정적인 전이감정을 표현할 때 상담자
는 내담자와의 관계를 다룰 시점이 되었다는 것을 인지할 수 있어
야 한다. 부정적인 전이감정이 나타나는 것은 내담자가 과거 중요
한 대상에게 느꼈던 감정들을 상담자에게 투사한다는 것이고, 이
는 상담관계를 치료적으로 활용할 수 있는 기회가 된다는 의미이
다. 상담자는 즉시성이나 해석, 직면 기법을 활용해서 상담관계를
치료적으로 활용해야 한다. 또한 상담자는 내담자가 상담관계에서
보이는 저항을 다룰 수 있어야 한다. 이러한 과정을 통해 내담자는
과거에 해결되지 않은 문제가 다른 대상과의 관계에 영향을 미치
고 있다는 것을 이해하고 통찰하게 된다. 그리고 이러한 통찰은 내
담자가 스스로 자신의 사고와 행동 패턴을 변화시키는 동력이 될
것이다.

　앞서 설명했듯이 상담자와 내담자의 관계에 대해 직접적으로 언
급하고, 지금-여기에서 서로의 생각과 감정을 나누는 시간을 갖는
것은 내담자의 관계 패턴을 이해하고 내담자가 상담자와의 관계를
어떻게 지각하고 무엇을 기대하는지를 알 수 있는 좋은 기회가 된
다. 다음 사례에서 내담자는 아버지에게 대안을 제시받지 못한 채
무조건 혼나기만 했던 어린 시절에 대한 기억을 떠올리면서 상담
자가 해결책을 제시해 주길 바라고 있다. 상담자는 내담자가 자신
에게 어떤 기대를 하고 있는지 알았지만 해결책을 제시해 주겠다
는 반응을 하지 않는다. 대신 내담자가 상담자에게 가지는 기대가
아버지에게 가졌던 기대와 연결된다는 것을 내담자에게 전달하였
다. 그리고 상담에 와서 힘들었던 어린 시절의 경험을 이야기하는

것이 내담자에게 얼마나 힘든 일이었는지를 공감하고 있다. 내담 자들은 관계가 깨질 것을 염려해서 상담자에게 느끼는 불편한 감 정을 드러내지 않거나 아예 관계가 깨질 것을 기대하면서 기분 나 쁜 것을 드러내기도 한다. 이때 상담자가 이러한 내담자의 특성을 상담 안에서 둘 사이의 관계 문제로 다루는 것이 훨씬 더 생생할 수 있다. 즉, 즉시성 기법을 활용해서 상담자와 내담자의 지금-여기 에서의 관계를 다루는 것이다. 상담자가 내담자의 직설적이고 공 격적인 반응들을 중립적으로 다루어 줄 수 있다면 상담관계가 더 견고해질 뿐 아니라 서로에 대한 신뢰를 가지고 상담을 진행할 수 있게 될 것이다. 만약 내담자가 상담자에게 하는 불편한 이야기들 때문에 상담자의 기분이 나빠져서 내담자를 공격하게 된다면 그건 부정적인 역전이이므로 상담자가 자신의 문제를 되돌아봐야 한다.

> 내담자 1: 저는 공감한다는 것이 어떤 것인지 잘 모르겠어요. 감정을 나 누는 경험을 못해서 그런지 친구가 힘들다고 하면 왜 힘든지 잘 이해가 되질 않아요. 대신 저는 친구들이 고민을 얘기하면 해결책을 제시해 주는 걸 좋아해요. 친구들도 도움이 된다고 얘기를 하니까 해결책을 제시해 주는 것이 더 중요한 것이 아 닐까 생각돼요.
>
> 상담자 1: 아빠가 잘못한다고 혼내거나 때릴 때도 ○○ 씨 입장에서는 뭔 가 해결책을 바랐던 것 같은데. …… 혹시 친구들한테 해결책 을 제시해 주는 것이 ○○ 씨의 경험과 관련되는 건가요?
>
> 내담자 2: 네~ 그렇죠. 제 입장에서 해결책을 제시하거나 대안을 얘기해 주면 따라서 할 수 있는데 그런 얘기는 안 해 주면서 뭔가를 제 대로 못한다고 혼내니까 저로서는 어떻게 해야 할지 모르는 거죠.

상담자 2: 그럼 혹시 상담에서도 내가 ○○ 씨에게 해결책을 제시해 주
　　　　　길 바라나요?

내담자 3: 네, 그렇죠. 저는 해결책을 제시해 주면 그것에 맞춰 잘할 자신
　　　　　이 있거든요. 사실 상담에 와서 말을 하는 것도 힘들어요.

상담자 3: 어떤 점에서 힘든가요?

내담자 4: 좋은 얘기들이 아니잖아요. 힘든 기억들을 얘기해야 하니까.
　　　　　…… 좋은 얘기가 아니니까 이런 얘기를 하기보다는 어떻게
　　　　　하면 된다는 얘기를 듣고 싶은 거죠.

상담자 4: 그럼 그동안 상담에 와서 힘든 기억들을 얘기하고 불편한 감
　　　　　정들을 표현하는 게 힘들었겠네요. 얘기하는 것이 힘들다고
　　　　　말하면 좋았을 텐데……. 우리 관계가 ○○ 씨에게 아직 안전
　　　　　하게 느껴지지 않는다는 생각이 드네요.[즉시성]

내담자 5: 그런데 얘기를 하는 게 그렇게 나쁘진 않았던 게…… 얘기를
　　　　　하면서 제가 왜 그랬는지를 조금 이해하게 되니까 좋은 점도
　　　　　있더라고요. 근데 아빠에 대한 감정은 얘기를 해도 바뀔 거 같
　　　　　지 않고, 바꿀 생각도 없고, 그냥 이렇게 아는 사이처럼 지내
　　　　　고 싶기 때문에 아빠에 대한 얘기는 해서 뭐하나 하는 생각이
　　　　　들 때가 있어요.

상담자 5: 아빠에 대한 얘기를 하더라도 아빠가 바뀌지 않을 거기 때문
　　　　　에 별로 얘기하고 싶지 않군요. ○○ 씨가 상담에 와서 어떤
　　　　　마음으로 얘기를 하는지 조금 이해가 되는 것 같네요.

내담자 6: 사실 이 얘기를 할까 말까 망설였는데…… 선생님이 기분 나
　　　　　빠할까 봐 얘기를 못하고 있었어요. 얘기하니까 시원하기는
　　　　　하네요. 그런데 상담이 싫은 건 아니니까 오해하지 않으셨으
　　　　　면 좋겠어요. 그리고 지금은 제가 해결책을 찾아야 한다는 걸
　　　　　알고 있긴 한데…… 저만 변해야 한다는 생각에 좀 억울한 것
　　　　　도 있죠.

4. 내담자 변화 다루기

상담 중기에서 말기로 넘어가는 시점에 상담자가 해야 할 작업 중 하나는 내담자가 얼마나 변화했나를 살피는 것이다. 이는 상담 목표와 전략을 근거로 내담자가 변화하고자 하는 모습으로 얼마나 더 가까이 갔는가를 확인하는 것이다. 상담중기는 내담자의 변화가 시작되는 시기이고 반복적인 변화를 경험하면서 자신이 원하는 모습에 가깝게 다가가는 기간이다. 따라서 상담말기나 종결회기에 급작스럽게 내담자의 변화나 성장을 언급할 것이 아니라 중기 기간 동안 내담자가 변화하고자 노력하는 모습에 격려와 지지를 보내고 그러한 변화가 안정적인 단계로 들어갈 수 있도록 그리고 반복적인 변화가 일상에서 잘 다져질 수 있도록 도와야 한다. 이 과정에서 중요한 것은 상담자가 내담자의 변화를 인지하게 되면 그 변화를 내담자에게 전달하고 내담자가 자신의 변화를 알아차리도록 돕는 것이다. 내담자들 중에는 자신의 변화를 변화로 인지하지 못하는 경우가 있다. 상담자는 아주 작은 변화라도 간과하지 말고 내담자가 이루어 낸 성과임을 알려 주고 어떻게 이러한 변화를 만들어 냈는지 내담자가 표현할 수 있도록 도와야 한다. "어떻게 그런 생각을 하게 됐는지 궁금하네요." "어떻게 그렇게 말할 수 있었어요?"와 같은 질문을 통해 내담자 스스로 변화의 이유를 찾고 변화를 다질 수 있도록 반복적으로 확인해야 한다.

내담자가 상담에서 원했던 변화와 상담자가 생각하는 상담목표가 다를 경우 또는 상담자가 기대하는 변화를 내담자가 보이지 않을 경우에 내담자가 변화되지 않은 것으로 인식하고 조바심을 내는 초보상담자들이 있다. 이럴 경우 상담자는 무리한 해석과 함께 상담성과를 만들어야 한다는 부담감에 내담자에게 변화를 강요하는 상황이 발생하게 될 수 있다. 상담자의 이러한 조바심은 내담자가 뭔가 제대로 하고 있지 못하다는 메시지를 전달할 가능성이 크기 때문에 결국 상담관계에 부정적인 영향을 미치게 된다. 상담자는 내담자의 변화 여부에만 초점을 두기보다 내담자가 변화를 위해서 현재 어떤 노력을 하고 있는지 그 과정에 관심을 가지고 내담자를 도와야 한다. 결론적으로 말해서, 내담자의 변화나 상담성과는 내담자가 표현한 내용을 바탕으로 판단해야 한다. 상담자는 내담자에게 도움을 주지 못했다거나 내담자가 변화되지 않았다고 느낄지 모르겠지만 내담자가 상담을 통해 어떤 경험을 했는지, 어떤 변화가 있었는지, 그 변화에 대해 어떻게 생각하는지는 내담자를 통해서만 구체적으로 알 수 있다. 또한 의도하지는 않았지만 내담자의 변화가 연속적·연쇄적으로 진행되는 과정에서 예상치 못한 변화들을 보고하기도 한다. 이러한 변화는 내담자가 경험하는 성과이기 때문에 내담자가 말하지 않으면 상담자가 알아차리기 어렵다. 따라서 상담종결을 앞두고 상담자가 평가하는 상담성과도 중요하지만 내담자가 자신의 변화를 스스로 인지하고 표현하는 성과가 더 중요하다는 것을 기억해야 한다. 더불어 상담자는 내담자의 작은 변화도 민감하게 포착하고 격려할 수 있어야 한다. 상담성과는 내담자가 상담초기에 설정한 목표를 달성했는지 여부로 평가하지만, 상담자는 미시적인 변화에도 관심을 기울이고 지지할 수 있어야 한다. 즉, 내담자가 상담에 성실히 오는 것이 당연한 것이 아니라 내담자가 성실하려고 노력해서 나타난 결과임을 설명하고 그것이 상담의 성과를 만들어 내는 데 중요한 자원이었음을 전달해야 한다.

 내담자들 중에는 변화가 지속적으로, 꾸준히 일어나길 바라면서 일시적으로 변화가 일어나지 않거나 변화된 상태에 머물러 있을 때 답답해하며 변화가 정지된 상태에 대해서 조급해하거나 불안해하는 경우가 있다. 성취 중심의 평가나 사고 패턴을 가진 사람들은 변화의 개념을 정적 기울기 형태의 우상향식 변화로 생각하는 경우가 많다. 이 경우 상담자는 변화나 성장에 대한 다른 시각을 설명해 줄 필요가 있다. 즉, 상담에서 변화나 성장의 개념은 계단식이나 나선형 형태의 변화를 의미한다. 변화가 끊임없이 지속되는 것이 아니라 변화가 일어나면 그 변화를 안정된 상태로 만들 때까지 일시적으로 정지 상태가 나타날 수 있으며, 변화가 안정적인 상태가 되면 새롭게 다시 변화를 만들어 내는 연속적인 과정을 거친다는 것이다. 변화가 안정화되기 위한 시기에 멈춘다는 느낌을 경험하게 되는데, 이는 멈춤이 아니라 새로운 변화를 위한 준비 기간임을 설명할 필요가 있다.

 간혹 내담자들 중에는 상담자에게 인정받고 싶은 욕구로 인해 상담자가 좋아하거나 듣고 싶은 말을 하는 경우가 종종 있다. 인정욕구가 강한 내담자들이 인정 욕구가 강한 상담자에게 자주 하는 말 중 하나가 '상담을 받고 나니 달라진 것 같다.' '선생님이 상담을 잘해 주셔서 확실히 효과를 경험하는 것 같다.'라는 말인데, 이러한 내담자들은 매 회기 상담이 시작될 때마다 자신의 변화에 대해서 자주 언급한다. 물론 내담자가 변화를 자주 보고한다는 것이 이상한 것도 아니고 단지 상담자를 즐겁게 해 주려고 일부러 하는 말이 아닐 수도 있다. 그렇지만 상담초반에 자주, 빈번히 상담성과나 변화에 대해서 말하는 경우에 상담자는 내담자가 왜 자신의 변화에 대해서 지속적으로 말하려고 하는지 탐색해야 한다. 만약 상담자와 내담자가 역기능적인 인정 욕구로 인해 서로 연합된 관계에 있다면, 상담자는 자신의 변화를 강조하면서 상담자에게 칭찬받으려는 내담자의 의도를 눈치채지 못하고 자신이 상담을 잘하고 있어서 내담자에게 인정받고 있다는 것에 도취되어 내담자의 문제를 다루지 못할 것이다. 이러한 상황을 피하기 위해서 상담자는 수퍼비전을 통해 내담자와 상담자의 관계역동을 살펴야 할 것이다.

　다음 사례에서는 상담 중기에서 말기로 넘어가는 내담자가 종결을 몇 회기 앞두고 주변 지인과의 갈등 문제를 가지고 와서 자신이 아직 변화되지 않은 것 같아 걱정이라는 말을 상담자에게 하고 있다. 내담자는 상담을 통해 변화한다는 의미를 다른 사람들과의 관계에서 갈등을 만들지 않는 것이라고 생각하고 있었다. 그래서 내담자는 자신의 변화를 제대로 볼 수 없었고, 오히려 갈등 상황에 놓인 자신에 대해서 걱정하고 종결에 대한 불안을 경험하고 있었다. 이에 상담자는 내담자의 변화에 대해서 객관적으로 바라봐 주고 상담의 목적이나 변화가 갈등 상황을 만들지 않는 것이 아니라 갈등 상황이 생겼을 때 이전과 다르게 대처하는 것임을 내담자에게 다시 명확히 알려 주었다. 이렇게 내담자들이 변화에 대한 높은 열망과 완벽한 변화에 대한 기대로 인해 자신에 대한 객관적인 평가를 하지 못할 때 상담자는 내담자의 변화된 모습을 알려 주고 내담자가 자신의 변화를 믿고 실천할 수 있도록 안내하고 지지하는 작업을 반복적으로 해야 한다.

내담자 1: 지난번에 말씀드렸던 학과 언니 기억하실지 모르겠는데요. 그 언니와 며칠 전에 좀 다퉜어요. 여성주의에 대해서 얘기를 하다가 그 언니가 너무 자기주장만 하는 것 같아서 제가 더 이상 얘기를 하고 싶지 않다고 했더니 그 언니가 당분간 연락하지 말자고 하면서 가 버렸어요.

상담자 1: 서로 간정이 상한 것 같은데…… ○○ 씨가 얘기를 하고 싶지 않았던 이유가 구체적으로 무엇 때문이었나요?

내담자 2: 그 언니가 너무 급진적이고 과격한 반응을 보였어요. 남성주의 사회에서 여자들이 피해를 보고 살기 때문에 결혼을 하면 안 되고, 화장도 할 필요가 없고…… 저더러 너무 꾸미려고 애쓴다는 말을 했는데…… 그 말에 제가 화가 났던 것 같아요. 저는 남자한테 잘 보이려고 화장을 한 게 아니라 제 만족을 위해서 화장을 한 건데 저를 너무 생각 없는 사람으로 보는 것 같았어요.

상담자 2: 그 언니가 ○○ 씨에 대해서 오해를 하고 있는 부분이 있는 것 같네요. 평소에도 그 언니와의 대화에서 오해받는다는 느낌을 받은 적이 있나요?

내담자 3: 언니가 좀 표현을 과격하게 하고 공격적으로 한다는 걸 느끼긴 했는데 저한테 이렇게 직접적으로 한 적은 없어서…… 그냥 그렇구나 하고 넘겼는데…… 저한테 그렇게 얘기를 하니까 기분이 나쁘더라고요. 제가 평소에 너무 표현을 안 하고 그냥 넘어가니까 저를 바보로 아나 싶기도 하고…… 자기 얘기에 다 동조한다고 생각하나 싶기도 하고…….

상담자 3: 그 언니와의 관계를 어떻게 했으면 좋겠어요?

내담자 4: 사실 그 언니와의 관계를 끊을 생각은 없어요. 그래도 그 언니 덕분에 학교생활을 유지한 부분도 있고요. …… 다만 저에 대해서 오해하는 부분이 기분 나빠서 그 얘기는 하고 싶어요. 오해를 풀고 기존의 관계를 유지하고 싶어요.

상담자 4: 예전과 다르게 갈등이 생겼을 때 관계를 끊으려고 생각하기보
다는 관계를 유지하려고 애쓰는 게 느껴지네요. ○○ 씨도 그
런 변화를 느끼고 있나요?

내담자 5: 사실 상담종결을 할 시점이 다가오는데 주변 사람들과 갈등이
생기니까 종결을 해도 되나 걱정이 되기도 해요. 혼자 잘할 수
있을까 싶기도 하고…….

상담자 5: 상담종결 시점이 되면 변화에 대해서 조바심이 나니까 그럴
수 있을 것 같아요. 갈등이 생기는 것은 막을 수 없지만 이전
과 다른 방법으로 해결하려고 노력하고 있고 또 그렇게 하고
있잖아요. 잘하고 있다는 생각이 드는데…….

내담자 6: 선생님이 그렇게 얘기를 해 주시니까 안심이 되네요. 저는 더
이상 싸우지 않고 잘 지낸다는 얘기를 하고 싶은데, 제가 상담
을 통해서 바뀌었다면 사람들과 싸우지 않고 잘 지내야 한다
는 생각을 했던 것 같아요. 그런데 자꾸 싸우고 힘들다는 얘기
만 하는 것 같아서 선생님께 미안하기도 하고 제가 변하지 않
는 것 같아서 마음이 무거웠거든요.

상담 중기에서 종결로 넘어가는 시점이 되면 내담자들이 조금
씩 변화에 대한 이야기를 하기 시작한다. 이때 상담자들은 변화에
대한 내담자들의 말이 인정받기 위한 말인지, 진짜 변화가 일어나
서 하는 말인지를 잘 살펴야 한다. 종결 시기에 내담자에게 변화
가 일어났다는 것을 확신할 수 있는 내담자 반응은 자기상담(self-
counseling)을 할 수 있다는 것이다. 즉, 상담자와의 상담 장면을 연
상하면서 상담자가 자신의 말에 이렇게 반응해 줄 것이라는 생각
을 하고, 그 반응에 기초해서 자신의 생각과 감정을 정리하고 행동
하는 것이다. 상담의 최종 목표는 미시적으로는 내담자가 호소하

는 문제를 해결하는 것이지만 거시적인 목표는 내담자가 스스로 자신을 보호하고 양육하고 성숙하게 문제를 해결할 수 있는 자기상담이 가능한 상태가 되는 것이다. 내담자가 자기상담을 하고 있다면 상담을 종결할 준비가 되었다는 신호이다.

내담자 1: 전과 결심을 굳혔어요.

상담자 1: 어떻게 결정하게 됐어요?

내담자 2: 계속 고민을 해 오긴 했는데…… 제가 어떻게 살지를 생각하다가 전과를 하는 게 맞는 것 같다는 생각을 하게 됐어요. 어학이 저한테 잘 맞고 중국어를 활용해서 일을 하고 싶어요.

상담자 2: 그렇구나. 전과하려면 뭘 준비해야 해요?

내담자 3: 그러지 않아도 가고 싶은 과에 다니는 친구한테도 학과 분위기를 물어봤고 학교에도 알아봤는데 우선 학점이 중요한 것 같더라고요. 그래서 이번 학기는 학점 관리를 좀 해야 할 것 같아요.

상담자 3: 목표가 생겨서 그런지 전과하려는 의욕이 느껴지네요.

내담자 4: 제가 좀 바뀐 것 같은데…… 예전 같으면 이런 생각을 하면 먼저 귀찮아지고 우울해지곤 했거든요. 잘 해낼 수 있을지 자신도 없고 언제 또 알아보나 하면서 지지부진한 상태로 시간을 보냈는데…… 요즘은 고민거리가 생겨도 별로 우울하지도 않고 고민이 생기면 상담선생님한테 얘기하면 되지라는 생각도 들고…… 머릿속으로 선생님과 상담하는 것을 상상해요. 내가 이렇게 말하면 선생님이 이렇게 말해 주실 거야…… 이러면서. …… 그렇게 하니까 제가 뭘 해야 하는지 알겠더라고요. 그래서 요즘은 조금 편해진 것 같아요. 상담하면서 변했다는 것이 느껴져요.

제**3**장

상담종결기

상담은 목표가 있는 만남이고, 목표가 달성되었을 때 상담자와 내담자는 종결을 다룬다. 언제 어떻게 헤어져야 하는지 아는 것은 일상적인 관계에서도 어려운 부분이지만, 상담에서 또한 어렵고 중요한 과정이다. 특히 초보상담자에게 종결은 제한된 회기 내에 성과를 내야 한다는 부담감으로 스트레스 요인이 될 것이다. 따라서 초보상담자는 상담종결에 대한 부담감을 덜기 위해서라도 앞 장에서 학습한 상담 초기와 중기 과정에 대해 충분히 이해하고 실습하는 것이 필요하다. 상담자는 내담자의 주호소문제를 명확히 하고, 내담자에 대한 정확한 이해를 바탕으로 한 사례개념화를 통해 실천 가능한 목표를 설정함으로써 내담자의 변화를 다룰 수 있다. 이러한 상담과정을 거쳐 만족스러운 종결에 이르게 된다.

상담자는 내담자와 상담에 대한 구조화를 하면서 상담의 전체 회기 진행에 대해 논의하여야 한다. 상담을 하는 기관이나 상담자에 따라서 종결 시점을 정하고 상담을 시작하기도 하고, 종결 시점을 정하지 않고 상담을 진행하면서 목표달성 여부에 따라 종결을 논의하기도 한다. 청소년 상담기관이나 대학 상담실과 같은 무료상담기관의 경우에는 기관의 사정에 따라 다소 차이가 있지만 12~15회기 내에 종결할 것을 미리 정해 두고 상담을 진행하는 경우가 많다. 유료상담의 경우에는 종결 시점을 정하기도 하지만 내담자의 상황에 따라 종결 시점을 조정할 수 있기 때문에 상담과정 중에 상담자와 내담자가 합의하여 종결을 결정하기도 한다. 상담 기간이 정해지면 자연스럽게 종결을 다룰 수 있지만 그렇지 않은 상담의 경우에는 종결 시점을 결정하기 위해서 여러 요인을 살펴보아야 한다.

상담을 종결해야 하는 상황은 다음 네 가지로 요약할 수 있다. 상담목표가 달성되었다고 합의될 때, 상담을 시작하면서 합의한 종결 시점이 되었을 때, 상담자와 내담자 중 이사, 입원, 졸업, 이직 등으로 인해 상담을 지속하기 어려운 상황이 생길 때, 내담자가 종결을 요청할 때이다. 상담자는 다음과 같은 질문을 스스로에게 하면서 상담종결의 시기가 되었는지 평가할 수 있다.

- 내담자가 호소하는 문제의 증상이 완화되거나 줄었는가?
- 내담자가 새로운 행동을 습득하고 지속적으로 적용할 수 있는가?
- 여러 유형의 문제에 대해 회피하지 않고 직면함으로써 융통성 있게 대처할 수 있는가?
- 내담자의 정서적 반응과 대인관계 반응이 적응적인가?
- 내담자가 자신의 문제에 대해 스스로 책임질 수 있는 자세를 갖추었는가?

종결기에서 해야 할 과제는, 첫째, 상담과정을 되돌아보고 상담자와 내담자가 함께했던 문제해결과정에 대해 기억하면서 복습하고, 상담성과로 나타난 변화를 확인하고 굳건히 하도록 돕는다. 이를 통해 상담자는 내담자가 성취감을 느끼고 상담에서 나타난 변화를 자신의 삶에 적용할 수 있도록 돕는다. 상담자는 내담자의 호소문제를 해결해 가는 과정에 대해 내담자와 함께 정리하면서 내담자가 겪은 문제는 반복될 수 있지만 상담 이전과는 다르게 그 문제를 내담자 스스로 해결할 수 있을 것이라고 격려한다. 또한 새로운 문제가 발생하더라도 상담자와 함께 상담과정에서 해 왔던 문제해결과정을 기억하고 적용할 수 있다는 것을 말해 줄 수 있는데, 이러한 변화된 모습이 상담의 성과임을 알려 준다.

둘째, 종결기에는 상담성과를 나누기도 하지만 종결 후 남은 과제에 대한 논의와 함께 미래 계획을 세운다. 이번 상담에서 모든 문제가 해결될 수 없음에 대해 인정하고 상담자는 내담자가 언제든 남은 과제를 위해서 다시 도움을 받을 수 있다고 안내해야 한다. 이때 추수상담을 어떻게 할 것인지를 함께 논의한다. 추수상담은 상담종결 후 2주에서 4주 정도의 간격을 가지고 상담회기를 갖는데, 그 시기는 내담자와 상담자의 사정에 따라 의논하여 정할 수 있다.

마지막으로, 내담자는 상담자에게, 상담자는 내담자에게 고마움을 표현할 수 있다. 종결에 대한 각자의 느낌을 나누며 함께했던 여정에 대해 서로 격려하며 마무리한다.

종결과정은 내담자가 이제 상담관계를 마무리하고 자신의 삶을 독립적으로 살아갈 수 있도록 준비하는 시기이기 때문에 충분한 시간을 확보하는 것이 필요하다. 따라서 종결기를 몇 회로 하느냐 하는 것은 정해져 있지 않고 내담자 문제의 심각성 정도, 전체 진행된 회기 그리고 내담자와 상담자 간에 현실적으로 남아 있는 회기 등을 고려하여 대체로 2~3회기를 종결기로 운영할 수 있다. 상담종결이라는 이별경험은 내담자뿐 아니라 상담자에게도 상실경험을 줄 수 있다. 이때 상담자는 종결을 미루거나, 종결을 권하지 않거나, 상담을 연장할 수 있다. 따라서 상담자는 내담자의 종결에 대한 감정을 다루어 줄 뿐 아니라 종결에 대한 자신의 마음도 잘 살펴보아야 한다. 상담자는 종결에 대한 감정을 수퍼비전을 통해 이해하고 도움받을 수 있다.

이 장에서는 상황에 따른 종결 논의하기, 상담성과 다루기, 상담관계 종결하기, 종결회기로 나누어 종결기에 다루어야 할 중요한 주제에 대해서 논의하고자 한다.

1. 상황에 따른 종결 논의하기

상담자와 내담자는 상담이 성공적으로 진행되어 합의된 종결에 이르기를 바란다. 그러나 종결에는 다양한 유형이 있다. 종결의 유형은 크게 합의된 종결과 조기종결로 나눌 수 있다.

상담자들이 가장 바라는 종결은 합의된 종결이다. 합의된 종결은 상담을 시작하면서 구조화를 통해 종결 시점을 정해 놓은 경우와 상담목표가 달성되어 상담자와 내담자가 종결에 동의한 경우를 말한다. 종결 시점이 정해져 있는 경우에는 상담목표를 검토하면서 상담성과를 다루고 내담자가 상담종결 이후의 적응을 준비할 수 있도록 종결기를 진행하면 된다.

종결 시점이 정해진 경우가 아니라면 상담자는 내담자의 종결 신호를 알아차리고 종결 주제를 다루면서 종결에 합의할 수 있다. 내담자가 보고하는 호소문제의 변화, 적응에 어려움을 지속시켰던 문제행동의 감소, 자신의 생각과 감정을 자연스럽게 표현하는 것, 적응력 향상과 같은 긍정적인 변화가 종결 신호일 수 있다. 반대로 상담에 대한 열의가 떨어지거나, 상담에서 할 이야기를 가지고 오지 않거나, 중요하지 않은 이야기를 맥락 없이 하거나, 종결 시점에 대해서 물어보는 것도 종결 신호에 포함된다. 이러한 변화가 나타

날 때 상담자는 내담자가 종결에 대해서 이야기하지 않더라도 종
결에 대한 주제를 나눌 수 있어야 한다.

다음 사례에서는 상담종결 시점을 정하지는 않았지만 내담자의
호소문제에서 변화가 나타나고, 상담목표 달성이 지속적으로 보고
되면서 상담자가 종결에 대한 주제를 다루고 있다.

> 상담자 1: ○○ 씨가 전에는 대인관계에서 말을 못하고 혼자 힘들어했는
> 데 오늘은 하고 싶은 말을 편안하게 잘 전달하고 있네요.
>
> 내담자 1: 아…… 정말요? (웃음) 저 실은 이제 혼자서 밥도 먹고 쇼핑도
> 해요. 선생님께 아직 말씀을 못 드렸는데 예전에는 이런 걸 못
> 했잖아요. 근데 해 보니까 어려운 게 아니더라고요. 혼자서 한
> 다고 아무도 이상하게 쳐다보지도 않고 또 저처럼 혼자서 하는
> 사람들도 많더라고요.
>
> 상담자 2: 이제는 다른 사람을 신경 쓰지 않고 혼자서 하는 일이 늘었네
> 요. 예전에는 못했는데 해 보고 나니 어때요?
>
> 내담자 2: 다른 사람들의 시선이 문제가 아니라 제가 스스로 못했던 것
> 같아요. 다른 사람을 신경 쓰느라 하고 싶다고 말하면서도 용
> 기를 내지 못했던 것 같아요. 상담을 하면서 용기가 생긴 것
> 같아요.
>
> 상담자 3: 처음 ○○ 씨가 상담을 시작할 때 목표로 삼았던 문제들이
> 지난 몇 주 동안 지속적으로 해결되고 있는 모습이 보이네요.
> ○○ 씨가 자기답게 변화되고 있는 모습을 보니 반가워요. 상
> 담은 우리가 목표했던 것들이 달성되면 종결을 하게 돼요. 이
> 제 우리가 종결에 대해서 이야기할 때가 된 것 같은데 ○○ 씨
> 는 어떻게 생각해요?

> 내담자 3: 아…… 사실 종결에 대해서 궁금하긴 했는데 막상 상담을 끝
> 낸다고 생각하니 좀 걱정이 되네요. 아직 완벽하게 변한 건 아
> 니지만 원하던 내 모습에 점점 가까워지고 있다는 생각이 들
> 긴 했어요. 그럼 언제 종결해야 하는 건가요?

한편, 내담자가 먼저 종결에 대한 이야기를 하기도 한다. "저 언제까지 상담에 와야 해요?" 혹은 "저 이제는 상담에 안 와도 될 거 같아요." "이제 학교에 가면 친구들이 있어서 학교 가는 게 재밌어요." "이제 상담 와서 할 이야기가 별로 없는 것 같아요."와 같은 반응은 내담자가 종결 주제를 다루기를 원한다는 것으로, 상담자는 종결을 준비해야 한다.

합의된 종결이 아닌 종결은 조기종결로 볼 수 있다. 조기종결은 대부분 내담자가 상담이나 상담자에 대해서 가졌던 기대가 충족되지 않아(예: 공감적이지 않다, 편안하지 않다, 해결책을 제시해 주지 않는다 등) 상담에 오거나 상담자를 만나는 것이 불편하기 때문에 나타나는 결과이다. 조기종결은 대체로 상담초기에 잘 나타나는데, 상담을 시작한 후에 짧게는 2~3회기 또는 그 이상 상담이 진행된 후에 나타나기도 한다.

또한 조기종결은 상담자와 내담자가 각기 처한 상황과 환경적인 변화에 의해서 나타나기도 한다. 우선 내담자의 사정에 따라 조기종결이 나타날 수 있다. "선생님, 이제는 제가 혼자 해도 될 것 같아요." "저 다음 주부터는 회사일이 갑자기 바빠져서 더 이상 상담에 오는 게 힘들 것 같아요." "상담을 신청할 때는 많이 힘들어서 신청했는데 다시 생각해 보니까 별로 심각한 게 아닌 것 같아요."

와 같은 이유를 말하면서 내담자가 상담종결을 일방적으로 이야기할 수 있다. 이때 내담자가 상담목표 달성 정도와 상관없이 종결을 원하기 때문에 상담자는 당황스러울 수밖에 없다. 상담자는 내담자의 갑작스러운 종결 이야기에 긴장되고 당황스러운 마음이 들었다는 것을 솔직하게 개방하고 다루도록 한다. 또한 내담자가 종결을 하고 싶은 이유에 대해 이야기하면서 상담에 대한 기대와 진행과정에 대해서 함께 논의하고 재구조화할 수 있다. 내담자의 종결 의지를 다루면서 상담을 다시 시작할 수도 있고, 내담자가 원하는 대로 종결할 수도 있다. 상담자는 갑자기 종결이 되더라도 의미 있는 종결이 될 수 있도록 종결회기를 다룰 필요가 있다. 가끔 내담자들 중에는 회기를 마칠 때쯤 "오늘이 상담에 오는 마지막 날이 될 것 같아요."라고 말하는 경우가 있다. 상담자는 당황스럽지만 종결에 대한 내담자의 생각을 들어 보고 상담에서의 종결은 상담의 전체 과정을 마무리하는 의미 있는 시간이므로 종결회기를 갖는 것이 필요하다는 것을 설명해 준다. 그리고 종결은 일방적으로 결정하는 것보다 상담자와 합의하여 결정하는 과정이라는 것을 알려 준다.

　내담자에 의한 조기종결의 또 다른 형태는 내담자가 자신의 내적 역동에 의해 일방적으로 상담종결을 요구하는 경우이다. 내담자는 해결방법이 제시되지 않고 속도감 없는 상담을 견디기 어려워하는 경우, 상담자와 친밀한 관계가 형성되기 전에 종결하여 상실감을 경험하지 않으려는 경우, 상담자가 자기에게 공감해 주지 않는다고 느끼는 경우, 변화되지 않는 자신에게 시간을 할애하는 상담자에게 미안함을 느끼는 경우, 상담을 통해 변화될 자신이 없는 경우, 상담 시작 후 정서적으로 더 힘들어지는 경우 등의 이유로 종결을 요구하거나 아무런 보고 없이 상담시간에 오지 않을 수 있다. 내담자의 일방적인 종결이기는 하지만, 상담자는 내담자의 종결 의사표현을 수용하는 자세를 보여야 한다. 그러나 내담자의 조기종결 요구가 초보상담자에게 반복해서 일어난다면 상담자는 수퍼비전을 통해 상담이 조기종결된 이유를 탐색하고 상담자 요인이 있다면 해결하기 위해 노력해야 할 것이다.

다음은 연락 없이 상담시간에 오지 않다가 전화 통화로 개인 사정상 조기종결을 원한다고 하는 내담자의 사례이다. 상담자는 내담자의 조기종결에 대한 사정을 이해하면서 종결회기의 필요성을 설명하고, 한 회기라도 종결회기를 가질 것을 권하여 상담을 마무리할 수 있었다.

내담자 1: 선생님, 죄송해요. 지난주에는 조별과제 모임 때문에 상담시간에 올 수가 없었고, 이번 주는 엄마가 갑자기 외할머니 댁에 심부름을 보내서 갈 수가 없었어요. 근데 다음 주에도 과제가 너무 많아서 힘들 것 같고, 바로 기말고사도 있어서 상담시간을 빼기가 힘들 것 같아요. 선생님께는 죄송하지만 여기서 상담을 그만해도 될까요?

상담자 1: 매주 바쁜 일이 상담시간과 겹쳐서 상담을 지속하기 어려운 상황인 것 같네요. 어쩔 수 없는 사정인 것 같긴 하지만 지금까지 우리가 해 왔던 상담을 정리하는 시간을 갖는 건 ○○ 씨나 나에게 도움이 될 것 같아요. 혹시 상담시간을 다른 요일이나 시간으로 바꾸면 가능할까요?

내담자 2: 저도 그랬으면 좋겠지만 정말 시간을 빼기가 어려워서 안 될 것 같아요.

상담자 2: 많이 바쁘군요. 하지만 상담을 종결한다는 건 지금까지의 상
담과정을 총정리하고 우리의 상담관계를 정리하는 시간으로
서로에게 중요한 경험이 될 수 있어요. 그래서 ○○ 씨와 마무
리를 잘 짓고 싶어요. 기말고사가 끝나면 바쁜 일이 끝날 것
같은데 기말고사 이후로 상담시간을 잡으면 어떨까요?

내담자 3: 아…… 그래도 될까요? 그럼 3주 뒤면 다 끝날 것 같은데 그때
다시 연락하고 찾아뵐게요.

상담자에 의한 조기종결은 상담자가 이 내담자를 상담하기 어렵
다는 판단을 하는 것과 같은 내적 원인과 상담자의 이직이나 업무
변경 등과 같은 외적 원인에 따른 것이다. 상담자에 의한 조기종결
의 경우도 상담목표가 달성되기 전이므로 상담자는 내담자에게 상
황을 설명하고 의논하여 내담자가 동의할 경우 다른 상담자에게
의뢰해야 한다. 내담자는 다른 상담자에게 의뢰되는 경우에 다양
한 생각과 감정을 갖게 된다. 상담에서 했던 이야기를 새로운 상담
자에게 반복해야 한다는 것에 대한 부담감, 새로운 상담자에 대한
낯섦과 관계형성에 대한 걱정, 상담자에게 거절당한 것 같은 느낌,
새로운 상담자를 만나는 것이 기존 상담자를 배신하는 것은 아닌
지에 대한 염려 등을 고려하여 상담자는 종결을 다루어야 한다.

상담자는 다음과 같이 조기종결의 주제를 다룰 수 있다.

• 상담자 때문에 종결을 하게 됐는데 이 얘기를 들으니 어떤 생각
이나 느낌이 드나요?
• 다른 상담자에게 의뢰되는 것에 대해서는 어떤가요?

- 새로운 상담자는 어떤 상담자이기를 바라나요?
- 새로운 상담자에게 어떤 이야기들이 전달되기를 바라나요?
- 새로운 상담자에게 다시 이야기를 하는 것에 대한 불편함은 없나요?

상담자는 새로운 상담자에게 의뢰할 때 소견서와 심리검사 결과를 전달할 수 있음을 내담자에게 고지하고 동의를 받아서 새로운 상담자에게 관련 자료를 전달한다.

2. 상담성과 다루기

상담종결과정에서 핵심적으로 다루어야 할 내용은 상담성과이다. 상담성과는 상담을 통해 내담자가 경험한 모든 종류의 궁극적 변화를 의미하는 것으로 내담자의 정서 상태, 행동, 신념 및 사고의 변화 등이 포함된다(전용오, 2000). 상담성과는 내담자의 주관적인 보고, 상담자의 관찰, 내담자 주변의 중요 인물(부모, 교사, 이외의 의뢰인 등)의 보고, 심리검사 평가 및 상담성과 질문지 등을 통해 얻은 자료로 논의할 수 있다.

상담자는 내담자가 보고하는 상담성과를 먼저 탐색할 수 있다. 상담자는 내담자에게 어떤 도움을 받기 위해 처음 상담을 시작했는지 묻고, 호소문제와 상담에 대한 기대가 상담과정을 통해 어떻게 변화되었고 얼마만큼 달성되었는지 내담자가 인식하는 상담성과에 대해서 충분히 이야기할 수 있도록 질문한다. 상담성과를 탐색할 때 "○○ 씨가 상담을 통해 변화된 부분은 무엇이라고 생각합니

까?" "○○ 씨가 변화하는 데 영향을 준 것은 무엇이라고 생각하나
요?" "상담 이후 달라진 주변 사람들의 반응이 있나요?"와 같은 질
문을 할 수 있다. 그리고 내담자에게 변화를 가져온 계기와 도움이
된 것은 무엇인지 등에 대해서 탐색한다.

상담성과를 검토하는 방법은 다양할 수 있는데, 내담자가 상담
성과를 구체화하고 명료화하도록 돕기 위해 수치화해서 표현하게
끔 도울 수 있다. 다음 사례에서는 상담목표의 달성 정도를 100점
만점으로 수치화해서 표현하도록 하여 내담자가 자신의 변화를 객
관적으로 표현하도록 돕고 있다.

상담자 1: 이제 우리가 상담종결을 앞두고 지금까지 상담을 진행해 오면
서 ○○ 씨에게 어떤 변화가 있었는지 검토해 보려고 해요. 처
음 ○○ 씨가 어떤 도움을 받기 위해서 상담에 왔는지 기억할
수 있을까요?

내담자 1: 제일 먼저 기억이 나는 건 실장님들과 편해지는 거? 친구들과
지내는 것도 불편하고 힘들어서 왔던 것 같아요. 그리고 그때
실장님들하고 불편해서 직장을 그만둬야 하는지 또는 계속 다
녀야 하는지 결정하는 데 도움을 받으려고 왔던 걸로 기억해
요. (웃음) 완전 사회부적응자 같네요.

상담자 2: 사회부적응자 같았던 ○○ 씨가 어떻게 변했는지 함께 검토
해 보지요. ○○ 씨가 기억하고 있는 문제들이 얼마만큼 변했
는지 평가해 볼 수 있을까요? 1점부터 100점까지 목표달성과
관련하여 점수를 준다면 몇 점을 주시겠어요?

내담자 2: 1번 목표는 100점. 직장에서 눈치를 보느라 실장님들한테 얘
기도 못했는데 이제는 제가 하고 싶은 얘기를 할 수 있어요.
특히 실장님들이 야근하면 눈치를 보면서 퇴근하지 못했는

데 이제는 제가 야근할 일이 없으면 얘기하고 먼저 퇴근해요. 전과 다르게 불편하지 않아요. 그리고 2번 목표는 110점. (웃음) 앞으로 알아 갈 날도 많이 있지만 친구들한테 뭐라 그럴까…… 자부심을 많이 느낀다고 그랬잖아요. 친구들이 어떻게 생각할까 의기소침하고 그랬는데 친구들이 절 있는 그대로 받아 주고 있다는 걸 알게 됐어요. 너무 고맙게 생각해요. 3번 목표는 아우…… 지금은 회사에 계속 다니고 싶어요. 이건 100점. 플러스는 주고 싶지 않은 게 이건 제가 아직 만족할 만큼 일을 못해서예요.

상담자 3: ○○ 씨가 자신의 변화를 잘 체크하고 있었군요. 처음을 생각해 보면서 나름대로 점수로 평가해 봤는데 생각나는 대로 자신의 변화 요인에 대해서 이야기를 해 볼까요?

내담자 3: 들으면서 딱딱 체크가 됐어요. 제가 상담하면서 너무 좋았던게 그동안은 내가 모르는 어떤 표면에 드러나는 문제에 대해 친구랑 떠들다가 끝났는데 상담을 하면서는 '나에게 이런 면이 있구나.'라는 걸 알게 돼서 참 좋았어요. 그리고 전에는 생각만 했는데 제가 행동을 하고 있는 걸 알게 됐어요. 저도 잘한 것 같아요. 그리고 실장님이나 친구들도 실은 제가 생각한 것처럼 절 이상하게 생각하고 있지 않았다는 걸 알게 된 것도 제가 예전에 못하던 얘기들을 편하게 할 수 있는 계기가 된 것 같아요.

또한 호소문제와 관련된 예를 기억해 두었다가 상담성과와 연결하고 내담자가 힘들어했던 부분이 어떻게 변화되었는지 비교하여 이야기함으로써 구체적으로 변화를 확인할 수 있다. 다음 사례에서는 상담성과를 계속해서 다루면서 내담자가 보고하는 상담성과를 내담자의 호소문제와 연결하여 구체적으로 확인하고 있다.

상담자 1: 이제 우리가 상담종결을 앞두고 지금까지 상담을 진행해 오면 서 ○○ 씨에게 어떤 변화가 있었는지 검토해 보려고 해요. 처 음 ○○ 씨가 어떤 도움을 받기 위해서 상담에 왔는지 기억할 수 있을까요?

내담자 1: 제가 사람들 눈치를 안 보고 하고 싶은 거 편하게 했으면 좋겠 다고 말했던 것 같아요. 예전보다는 많이 자유로워져서 혼자 서 못하던 일을 이제는 혼자서도 할 수 있게 됐어요.

상담자 2: 예전과는 다르게 혼자서도 하고 싶은 걸 할 수 있게 됐군요. 그 런 게 뭐가 있을까요?

내담자 2: 음…… 지금 딱히 생각은 안 나는데…… 이젠 사람들을 신경 안 쓰게 된 건 확실한 거 같아요.

상담자 3: ○○ 씨가 상담초기에 실장님들 눈치를 보느라 퇴근한다고 말 도 못하고 불편하게 사무실에 있다가 왔다고 했던 장면이 생 각나네요.

내담자 3: 아, 맞아요. 전에는 직장에서 실장님들한테 눈치를 보느라 얘 기도 못했는데 이제는 제가 하고 싶은 얘기를 할 수 있어요. 특히 실장님들이 야근하면 눈치를 보면서 퇴근하지 못했는데 이제는 제가 야근할 일이 없으면 얘기하고 먼저 퇴근해요. 그 렇게 해도 이제는 전과 다르게 불편하지 않아요.

상담자 4: 지금처럼 실장님들이나 다른 사람들 눈치를 안 보고 편안하게 자기가 하고 싶은 일을 할 수 있게 변화된 계기가 있을까요?

내담자 4: 상담을 하면서 '나에게 이런 면이 있구나.'라는 걸 알게 되고 그게 저를 힘들게 한다는 걸 인정하게 되니까 제가 힘들지 않 으려면 예전처럼 생각만 해서는 안 된다는 걸 알게 됐어요. 그 래서 조금 망설여지긴 했지만 하고 싶은 말을 조금씩 해 보기 시작한 것 같아요. 사람들은 저를 의식하지 않는데 제가 의식하고 있더라고요. 그런 것들이 보이니까 전에는 생각만 했는데 저도 모르게 행동을 하고 있는 걸 알게 됐어요. 저도 잘한 것 같아요.(웃음) 그리고 실장님이나 친구들도 실은 제가 생각한 것처럼 절 이상하게 생각하고 있지 않았다는 걸 알게 된 것도 제가 예전에 눈치를 보고 편하게 못하던 얘기들을 이제는 편하게 할 수 있는 계기가 된 것 같아요.

상담자 5: ○○ 씨가 용기 있게 시도해 보니 할 수 있고 어려운 일이 아니라는 새로운 변화를 경험했군요. 쉽지만은 않았을 텐데 스스로 어려운 틀을 깬 ○○ 씨의 용기에 박수를 보내고 싶네요.

상담자는 내담자와 상담성과를 평가하면서 겉으로 드러나는 변화뿐 아니라 변화의 과정과 내용을 볼 수 있도록 도와야 한다. 즉, 내담자가 상담 기간 동안 상담목표와 관련하여 어떤 노력을 했으며 그 과정에서 어떤 경험을 했는지를 이야기하고, 그 경험이 내담자 자신에게 어떤 영향을 줬는지 생각해 보도록 한다. 상담 이전의 나와 현재의 나를 비교해 보도록 안내하는 것이다.

내담자가 상담성과에 대해 이야기한 후 상담자도 자신이 생각하는 상담성과를 전달해야 한다. 상담자는 내담자의 호소문제와 상담목표의 변화뿐 아니라 내담자가 인식하지 못한 필요한 부분의 변화를 볼 수 있다. 예를 들면, 상담자는 상대방과 대화할 때 눈 맞춤이 편안해졌다든지, 밝아진 얼굴 표정, 언어표현력의 변화, 약속시간 지키기 및 거절하기 등과 같은 내담자의 다양한 변화를 관찰할 수 있고, 상담성과 다루기에서 피드백할 수 있다.

내담자 주변의 중요 인물들의 보고도 성과를 다룰 때 중요한 자료가 된다. 특히 부모나 담임교사의 경우 종결기에 만나거나 전화

통화를 하여 내담자의 변화와 성과에 대해 논의할 수 있다. 상담자가 직접 중요 인물과 접촉하지 않더라도 내담자를 통해 그들의 피드백을 들어 볼 수 있다. 또한 심리검사와 상담성과 질문지 등이 상담성과의 준거 자료가 될 수 있다. 시간이 충분한 경우에는 심리검사(예: MMPI나 SCT 등)를 재실시하여 내담자의 내적인 변화를 확인해 볼 수 있다.

상담성과를 구체화하기 위해 상담자는 내담자와 상담목표를 평가하고 상담을 정리하는 데 도움이 될 수 있는 활동지를 만들어 사용할 수 있다. 종결회기를 앞둔 상담자는 종결기에 다루어야 할 내용을 미리 정리하여 준비하는 과정이 필요하다. 상담자는 정리된 상담일지를 처음부터 검토하고, 수퍼비전을 받은 사례라면 수퍼비전 자료로 정리된 내용과 수퍼비전 받은 내용을 정리하고 다음과 같은 상담종결 보고서를 작성하여 내담자와 함께 상담성과를 검토할 수 있다. 상담이 내담자의 상담목표가 달성되었을 때 종결하는 것이라고 해도, 내담자의 모든 문제를 제한된 회기에서 해결할 수 없기 때문에 언제나 미해결 과제를 남긴다. 여러 상담목표 중 해결되지 않은 목표가 있을 수도 있고, 상담과정 중에 미처 생각하지 못했던 내담자의 문제가 새롭게 떠오를 수도 있다. 따라서 종결기에 상담자는 내담자와 미해결 과제에 대해서도 논의해야 한다. 미해결 과제의 내용과 미해결 과제가 앞으로 내담자에게 미칠 영향 등을 논의하면서 상담을 더 진행할지 또는 종결할지를 결정해야 한다.

상담종결 보고서

1. 내담자의 상담 목표와 성과

상담목표	상담성과(변화된 내용)	만족도

2. 상담성과 정리

	내용
정서 영역	
인지 영역	
행동 영역	
대인관계 영역	

3. 변화 요인에 대한 평가

	내용
내담자 요인	
상담자 요인	
환경적 요인	

4. 미해결 과제

3. 상담관계 종결하기

　Mann(1973)은 모든 상담과정 중에서 종결이 가장 어려우며 종결에서의 상실감은 실존과 관련된 문제이고 모든 사람이 대처해야 할 부분이라고 말하였다. 상담자가 미리 여러 차례에 걸쳐 이야기했어도, 내담자에게 종결은 상실의 경험을 다루어야 하기 때문에 힘든 작업이 될 수 있다. 상담자는 내담자가 상담과정 동안 일정한 시간을 내어 함께했던 시간을 마무리하는 것을 준비할 수 있도록 상담시간 동안 어떤 마음이었는지, 상담자와의 관계를 어떻게 경험했고, 종결을 앞둔 지금은 어떤 생각이 드는지 등 종결과 관련해 내담자가 느끼고 생각하는 것을 충분히 이야기할 수 있도록 한다.

　종결은 내담자에게 관계의 상실이라는 스트레스와 관계 상실로 인해 앞으로 내담자 혼자 변화를 이끌어 나가야 한다는 것에 대한 긴장감과 불안감을 경험하게 한다. 따라서 상담자는 내담자가 스트레스와 불안감을 해소할 수 있도록 관계의 상실에 대한 느낌을 충분히 다루어야 한다. 상담자는 헤어짐에 대한 내담자의 마음을 공감적으로 들어 주고 내담자와의 상담경험을 개방하면서 내담자가 성숙하게 관계를 맺어 가는 경험을 할 수 있도록 도울 수 있다.

　상담자는 내담자가 상담관계를 마칠 준비가 충분히 되어 있는지 평가하여 적절히 다루어야 한다. 즉, 내담자의 상담성과뿐 아니라 종결에 대한 내담자의 버려짐과 상실의 느낌을 다룰 수 있어야 한다. 상담자는 내담자가 갑자기 종결을 맞이하지 않도록 하기 위해 상담회기 중에 내담자에게 어느 과정쯤에 와 있는가를 상기시켜 줌으로써 내담자의 불안을 줄여 줄 수 있다.

> **상담자:** 오늘이 8회기네요. 우리한테는 이제 4회기 정도가 남았어요. 점점 종결할 시점이 다가오는데 어떠세요?

　의존적인 내담자들은 종결하기를 두려워하며 종결 주제를 다룰 때 새로운 문제를 호소하면서 상담을 지속해야 한다고 말하기도 한다. 어떤 내담자는 혼자서도 충분히 상담시간 밖에서 변화를 경험할 수 있음에도 '안 된다.' '못하겠다.'며 독립하지 않으려고 한다. 상담자는 내담자의 의존적인 모습이 내담자의 패턴인지, 그렇다면 의존적인 내담자를 상담시간에 잘 다루었는지 그 과정을 먼저 평가해야 한다. 문제가 잘 해결되었지만 내담자가 상담자와 종결하기 아쉬워하는 거라면 그 감정을 수용하고 상담자 또한 내담자와 같은 마음이라는 것을 전달하면서 이별을 준비하도록 한다. 그러나 내담자가 아직 종결할 준비가 안 되었거나 의존성 문제가 미해결 과제로 남아 있다면 상담연장에 대해서도 고려해 봐야 할 것이다.

　상담자가 종결 주제를 편안하게 다루기 위해서는 헤어짐이나 상실경험을 잘 수용할 수 있어야 하며 종결과정이 어려운 상담자는 수퍼비전과 함께 상담을 통해 이별과 관련된 주제를 다루어야 한다.

4. 종결회기

상담의 전체 과정을 마무리하는 시간이 종결회기이다. 종결기를 거치면서 상담자와 내담자는 상담목표의 달성 정도에 따른 상담성과 평가, 변화의 요인과 미해결 과제 등에 대한 논의를 하며 종결을 준비한다. 그렇지만 종결이 내담자와 상담자에게 주는 정서적인 영향에 대해 다루어도 종결회기는 여전히 어렵다. 상담을 마무리하면서 상담자가 해야 할 과제와 종결회기에 일어날 수 있는 몇 가지 고려사항을 살펴보자.

1) 과제

- 성과 다지기
- 추수상담에 대해 의논하기

(1) 성과 다지기

종결기를 통해서 상담자와 내담자는 문제해결과정을 검토하고 상담성과가 내담자에게 지속적으로 적용될 수 있도록 작업을 한다. 상담초기의 호소문제가 해결된 것을 확인하는 것뿐만 아니라 문제해결과정에 대한 학습과 학습된 내용을 상황에 적용해 볼 수 있는 적응력을 종결기에 다룬다. 상담과정에서 반복된 훈습의 과정을 검토하는 것이다. 상담의 성과가 내담자의 상담종결 이후에도 지속될 수 있으며, 내담자의 문제가 반복되더라도 훈습을 통해

연습한 것을 기억함으로써 효과적으로 대응할 수 있는 힘이 있음
을 확인하는 것이다. 상담자는 상담성과에 대해서 다음과 같이 말
해 줄 수 있다.

> 상담자: 상담성과란 고민했던 문제들이 다시 일어나지 않는 것이 아니
> 라 비슷한 문제들이 다시 생기더라도 대처해 나갈 수 있는 힘이
> 생긴 걸 의미해요. ○○ 씨가 해결한 문제들은 살면서 또다시 반
> 복될 수 있지만 그것은 실패를 의미하지 않아요. 따라서 우리가
> 상담을 통해 그 문제를 어떻게 해결했는지 생각해 보고 ○○ 씨
> 가 그대로 실천하면 돼요. 처음엔 혼자 하느라 어색하고 힘들겠
> 지만 예전과는 다르게 그 문제를 혼자서 해결해 갈 수 있을 거예
> 요. 그리고 또 필요하면 다시 상담을 받아도 되고요. 지금 어떤
> 생각이 드나요?

상담자는 내담자와 함께 상담성과가 무엇인지 논의하면서 내담
자의 변화와 그것이 자신의 삶에 어떻게 적용되는지 생각해 볼 수
있도록 돕는다. 이것은 이전에 있었던 문제가 반복되거나 새로운
문제가 발생하더라도, 내담자가 상담자와 함께 문제를 해결해 왔
던 과정을 기억하며 혼자서도 문제에 직면하여 스스로 해결해 나
갈 수 있도록 상담성과과정을 잊지 않게끔 되새기는 작업이다. 이
것을 '성과 다지기'라고 한다. 상담성과 다지기는 상담자 없이 내담
자 자신이 상담자가 되어 생각과 감정을 정리하고 행동에 변화를
이끌어 내는 내담자의 '자기상담(self-counseling)' 능력을 향상시키
는 것이다.

(2) 추수상담에 대해 의논하기

추수상담은 상담이 종결된 후 내담자의 문제해결이 일상생활에서도 유지되고 있는지 확인하기 위해 상담이 종결되고 일정한 기간이 지난 후에 상담자와 내담자가 다시 만나는 것을 말한다. 내담자는 상담이 끝나더라도 상담자와 지속적으로 관계 맺기를 원한다. 내담자에 따라서는 추수상담의 중요성을 느끼지 못할 수도 있는데, 내담자의 문제는 반복되고 재발되는 경향이 있으므로 상담자는 추수상담을 통해 내담자의 변화가 안정적으로 지속되는지 살펴보는 것이 중요하다. 또한 추수상담은 내담자에게 누군가 자신의 적응에 관심을 갖고 그 관계가 지속되고 있다는 안정감을 줄 수 있는 과정임을 설명해 줄 필요가 있다. 따라서 내담자에게 추수상담의 중요성을 설명하고 추수회기를 가질 수 있도록 안내해야 한다. 그러나 상담자 입장에서는 추수상담이 필요하다고 생각하지만 내담자가 원치 않는다면 추수상담을 강요할 필요는 없다.

추수상담에서 상담자는 내담자의 변화가 실제 생활에서 어떻게 유지되고 있는지 확인한다. 내담자가 자신의 변화가 잘 유지되고 일상생활에 긍정적인 영향을 주고 있다고 느낀다면 그 과정을 지지하고 격려하면서 변화를 지속할 수 있도록 힘을 준다. 그러나 상담에서 보였던 변화의 과정이 일상생활에서 유지되지 못하고 있다면 상담을 재개하는 것에 대해서 논의할 수 있다.

2) 내담자에 따른 대처방안

• 종결을 불안해하는 내담자
• 종결회기에 상담자의 개인적인 전화번호를 묻는 내담자
• 상담 녹음파일을 요구하는 내담자

(1) 종결을 불안해하는 내담자

상담자가 보기에 종결할 시점이 되었고 내담자 또한 이러한 상담자의 의견에 동의하면서도 쉽게 종결을 결정하지 못하는 내담자를 만날 수 있다. 종결을 다룰 때 내담자는 자신의 문제가 아직 다해결되지 않았다고 생각할 경우에 불안해한다. 불안한 내담자는 상담과정에서 핵심 문제를 충분히 다루었음에도 종결에 대한 이야기를 할 때면 문제해결에 대한 확신이 서지 않는다고 호소한다. 이때 상담자는 내담자의 불안한 마음을 수용하고 상담성과에 대해서 다시 한번 이야기하면서 필요한 경우 상담연장에 대해 내담자와 논의한다.

> **상담자 1:** 오늘이 상담의 마지막 회기네요. 그동안 상담종결에 대해서 얘기를 해 오긴 했는데 오늘 상담에 오면서 어떤 마음이었나요?
>
> **내담자 1:** 선생님, 아무리 생각해도 아직은 준비가 안 된 것 같아요. 상담을 하지 않으면서 혼자서 잘할 수 있을까 불안해요. 무슨 일이 있을지도 모르고, 같은 상황이 반복된다고 하더라도 선생님이 없으면 혼자서는 할 수 없을 것 같아요.

상담자 2: 자신에게 어떤 일이 생길지도 모르고, 혼자서 해결할 수 없을 것 같아 두려운 것 같아요. 우리가 함께해 왔지만 실제 생활에서 대처를 해 나간 건 ○○ 씨였는데…… 아직 스스로 할 수 있다는 믿음이 없나 봐요. 지금 종결하는 게 그렇게 불안하다면 ○○ 씨가 마음의 준비가 될 때까지 더 연장할 수 있어요.

내담자 2: 네…… 전 상담을 조금 더 했으면 좋겠어요.

상담자 3: 그렇다면 얼마나 더 연장하면 좋을까요?

내담자 3: 앞으로 다섯 번 정도 더 만날 수 있을까요? 그 정도면 제가 상담을 그만둘 수 있는 마음의 준비를 할 수 있을 것 같아요.

상담자가 종결을 앞두고 일어나는 상실과 헤어짐에 대한 저항으로 내담자가 불안할 수밖에 없다는 것을 수용하고 기다려 주면 내담자는 스스로 종결을 받아들일 수 있게 된다. 상담자는 종결 앞에서 불안해하는 내담자 모습에 실망하지 말고 믿고 기다릴 수 있어야 한다. 앞의 상담 사례에서 볼 수 있듯이 종결회기에 다시 상담연장에 대해 논의하고 상담자가 내담자의 불안을 수용하였더니, 내담자가 다음 회기에 와서 상담자에게 더 이상 의존하지 않고 스스로 해 보겠다는 의지를 보이고 있다.

상담자 1: 오늘은 어떤 이야기를 해 볼까요?

내담자 1: 선생님, 지난주에 상담을 연장하고 나서 생각해 봤는데 언제까지 선생님께 의존할 수 없다는 생각을 했어요. 그리고 지금까지 해 왔던 과정을 생각하면 혼자서 해 봐도 되지 않을까라는 생각이 들었어요. 혼자서 뭔가 한다는 게 불안하긴 하지만 하다가 힘들거나 못하면 다시 상담에 와도 되는 거죠?

기관이나 대학 상담실과 같이 상담연장이 안 되는 경우에는 추수 상담을 여러 번 반복하면서 내담자의 불안을 탐색하고 불안이 줄어 들 때까지 기다리면 된다. 이 경우 다음과 같이 진행할 수 있다.

내담자 1: 선생님, 아무리 생각해도 아직은 준비가 안 된 것 같아요. 상담을 하지 않으면서 혼자서 잘할 수 있을까 불안해요.

상담자 1: 우리가 함께해 왔지만 실제 생활에서 대처를 해 나간 건 ○○ 씨였는데 아직 스스로 할 수 있다는 믿음이 없나 봐요. 지금 종결하는 게 불안할 때는 상담을 연장하면 좋겠지만 우리 기관 방침으로는 상담연장이 안 돼요. 음…… 상담을 연장하는 대신 오늘처럼 2주에 한 번씩 2~3회 정도 ○○ 씨가 마음의 준비가 될 때까지 추수상담을 연장할 수는 있을 것 같아요. ○○ 씨는 어떠세요?

내담자 2: 네…… 선생님. 감사해요. 저도 준비가 된 줄 알았는데 막상 오늘이 되니 불안한 마음이 올라왔던 거 같아요. 선생님께서 말씀하신 대로 해 보고 싶어요.

내담자가 종결회기에서 종결을 하지 못할 것 같다고 말하는 경우가 종종 있다. 상담자는 내담자가 종결기를 통해 준비해 왔음에도 불안해하는 이유를 탐색해야 한다. 불안이 종결회기 당일의 일시적인 불안일 경우에는 시간을 더 할애하면 내담자 스스로 불안을 해결하고 종결을 받아들일 수 있을 것이다. 그러나 불안이 상담과정에서 드러나지 않은 잠재적인 문제였다면 상담자는 불안이라는 새로운 주제로 다시 상담을 시작할 수도 있다.

(2) 종결회기에 상담자의 개인적인 전화번호를 묻는 내담자

내담자는 상담이 종결된 이후에도 상담자와 좋은 관계를 유지하고 싶어 한다. 종결회기에 내담자는 상담자에게 개인 전화번호나 이메일 주소를 물으면서 이러한 마음을 표현할 수 있다. 이 경우 상담자는 개인적인 연락처를 줘야 하는지 고민이 생길 수 있다. 상담자 윤리강령(한국상담심리학회)에는 "상담심리사는 내담자와 상담실 밖에서 연애관계나 기타 사적인 관계(소셜미디어나 다른 매체를 통한 관계 포함)를 맺거나 유지하지 않는다."라는 조항이 있다. 상담자는 이 내용을 근거로 개인적으로 연락을 지속하는 것은 어렵지만 기관을 통한 공식적인 연락이나 기관 내에서의 만남은 가능하다는 것을 안내하면 된다. 상담기관에 소속된 상담자는 내담자에게 기관의 전화번호를 알려 주고, 필요할 때 내담자가 도움을 받을 수 있도록 돕는다. 상담자가 혼자 대응하기 어려운 내용일 경우에는 수퍼바이저나 기관의 책임자와 의논해야 한다.

(3) 상담 녹음파일을 요구하는 내담자

초보상담자들은 수퍼비전을 받기 위해 내담자의 허락하에 상담내용을 녹음한다. 그런데 내담자 중에는 상담종결을 앞두고 상담녹음파일을 요구하는 경우가 있다. 초보상담자는 녹음파일을 주는 것이 꺼려지거나 불편하더라도 내담자가 녹음파일을 요구하는 이유를 묻고 그에 따라 대응하면 된다. 대부분의 내담자는 자신의 상담내용을 들으면서 정리하려는 의도로 녹음파일을 요청하기 때문에 녹음파일을 줄 수 있다. 상담자는 내담자에게 녹음파일을 주면서 녹음을 들을 때 상담과정을 왜곡할 수 있으므로 전반적인 흐름속에서 각 회기를 들을 수 있도록 안내하고, 내용을 듣다가 이해가 안 되거나 궁금한 점이 있을 때는 언제든 상담자에게 연락할 수 있다고 알려 준다. 어떤 내담자는 자신의 상담 녹음파일이 남겨지는 게 싫어서 자신이 가져가거나 상담자에게 지울 것을 요구한다. 상담자는 기관의 방침에 따른 자료보관 기간에 대해 설명하고 또한 녹음파일은 처음에 동의를 구한 것처럼 수퍼비전과 관련해서만 활용된다는 것을 다시 설명하여 내담자가 비밀보장에 관하여 안심할 수 있도록 돕는다.

상담자가 상담 녹음에 대해 동의를 얻는 것처럼 내담자도 상담자에게 녹음에 대한 동의를 얻고 녹음할 수 있다. 최근에 상담자와 동시에 녹음하기를 원하는 내담자들이 증가하고 있다. 이 경우 내담자도 상담자의 동의하에 녹음할 수 있으나, 녹음파일을 상담자의 동의 없이 SNS나 제3자에게 공개하지 않을 것을 사전에 약속하도록 안내한다.

제2부

개입기술

셀프 수퍼비전을 통한 상담기술 훈련

셀프 수퍼비전을 통한 상담기술 훈련

제**4**장

경청

1. 잘 듣는다고 생각했는데 경청이 안 된다는 피드백을 받는다면?

2. 내담자가 쉴 새 없이 말할 때 언제까지 들어 줘야 할지 모르겠다면?

3. 언어적인 메시지에 집중하느라 내담자의 비언어적인 메시지와 감정을 놓치
   게 된다면?

경청은 상담에서 가장 기본적이고 중요한 기법이지만 단순한 기술 이상의 복합적인 능력이 요구되기 때문에 초보상담자에겐 어려운 기법이다. 상담자가 내담자의 삶에 함께 머물러 있는 경청을 하기 위해서는 내담자의 이야기를 진심으로 들으려고 노력하는 상담자의 진정성 있는 태도가 요구되며 내담자의 언어적 · 비언어적 메시지를 알아채는 능력이 필요하다. 경청을 통해 내담자가 받게 되는 메시지는 '당신의 이야기는 중요하다.' '당신의 존재는 나에게 중요하고 의미 있다.'라는 것이다. 이러한 경청을 경험한 내담자는 자신의 어려움을 공감받았다고 느끼며 상담자를 도움을 줄 수 있는 전문가로 신뢰하게 된다.

경청의 사전적 의미는 '남의 말을 귀 기울여 주의 깊게 들음'이다. 귀 기울여 주의 깊게 듣는다는 말은 단순히 잘 듣는 것을 넘어 어떻게 듣고 무엇을 듣느냐를 포함한다. 구체적으로 상담에서 경청한다는 것은, 첫째, 내담자의 이야기에 관심을 기울이고 주의집중해서 들어 주는 태도를 말한다. 이를 '관심 기울이기(집중하기)'라고 하며 어떻게 듣느냐와 관련이 있다. 둘째, 내담자가 전달하려고 하는 메시지를 상담자가 감지하고 이해하는 능력을 의미한다. 이를 '적극적 경청'이라고 하며 무엇을 듣느냐를 의미한다.

관심 기울이기는 상담자가 신체적으로나 심리적으로 내담자와 함께할 수 있는 태도를 말한다. 잘 알려진 관심 기울이기의 태도는 Egan(1997)의 SOLER 기법이다. 이 기법의 내용은 내담자를 바로(Squarely) 바라보기, 개방적인(Open) 자세를 취하기, 이따금 상대방 쪽으로 몸을 기울이기(Lean), 적절한 시선의 접촉(Eye contact)을 유지하기, 편안하고(Relaxed) 자연스러운 자세를 취하기이다. 또한 Hill과 O'Brien(2001)의 ENCOURAGES 기술이 있다. ENCOURAGES 기술의 내용은 적절한 눈 맞추기(Eye), 적절한 고개 끄덕임(Nod), 문화적 차이에 대한 존중과 인식 유지하기(Cultural), 내담자를 향한 개방적인 자세 유지하기(Open), 동의 표시하기(Umhmm), 편안하고 자연스럽게 행동하기(Relax), 방해가 되는 행동은 삼가기(Avoid), 내담자에 맞추어 말하기(Grammatical), 제3의 귀로 듣기(Ear), 적절한 공간 유지하기(Space)이다. 두 기법에서 공통적으로 강조하는 것은 언어적으로 전달되는 메시지도 중요하지만 비언어적 표현(상담자 몸의 위치와 방향, 얼굴 표정, 목소리 톤과 억양 등)으로도 관심 기울이기가 전달된다는 것이다.

다음 사례를 살펴보자. 상담 첫 회기에 내담자가 쉴 새 없이 이야기를 하면서 자신의 불안함을 드러내고 있다. 이때 상담자는 내담자의 불안한 모습을 알아차리고 관심을 기울인다. 상담자의 따뜻한 시선과 말투를 통해 내담자는 권위자에게 인정받고 싶은 자신의 마음을 알아차리게 되었고 불안이 감소되었다.

내담자 1: 제가 너무 두서없이 이야기하니 선생님이 알아듣기 힘드시죠? 지금 제가 무슨 얘기를 하고 있는지 저도 잘 모르겠어요.

상담자 1: (따뜻한 시선으로 내담자를 바라보며 고개를 끄덕인다.) 지금 이 자리가 낯설고 편하지 않은 것 같은데…… 지금 기분이 어떤가요?

내담자 2: 뭔가 얘기를 해야 할 것만 같아 긴장되고 불안해요.

상담자 2: (따뜻한 목소리로) 상담을 처음 시작할 때는 긴장될 수 있어요. 논리적으로 이야기하려고 하지 말고 하고 싶었던 얘기를

생각나는 대로 이야기하면 돼요. 얘기를 듣다가 궁금한 부분
이 생기면 내가 중간에 질문을 할게요. 말하다 보면 익숙해질
거예요.

내담자 3: 네~ 그 말을 들으니 조금 안심이 되네요. 제가 늘 잘 보이고
싶은 마음이 있어서 상담에 와서도 뭔가 말을 잘해야 한다고
생각했던 것 같아요. 선생님이 답답해하면 안 되니까…….

다음은 학교 부적응으로 상담에 의뢰된 여고생의 사례이다. 내
담자는 성 정체성에 대한 고민을 가지고 있으며 자신의 성 정체성
이 드러날까 봐 불안한 학교생활을 하고 있다. 내담자는 다른 사람
들이 자신의 고민을 이해하지 못할 거라는 생각에 아무에게도 말

상담자 1: (그동안 마음고생이 심했을 내담자를 따뜻한 눈길로 지긋이
바라보며 가끔씩 고개를 끄덕인다.) 음…….

내담자 1: 학교에 동성애자라고 소문난 아이가 있단 말이에요. 그 애는
다른 애들하고 어울리지 못하고 항상 혼자 있어요. 근데 그 애
가 어느 날 저한테 와서 "너도 나랑 같지?" 그러는 거예요. 그
러니까 제가 동성애자라고 알려진다면 그 애처럼 될 거잖아
요. 그래서 학교에 가기 싫어요.

상담자 2: (내담자 쪽으로 몸을 기울이며 나지막하지만 따뜻한 목소리
로) "너도 나랑 같지?"라는 얘기를 들었을 때 얼마나 놀랐을
까? 그동안 누구에게도 속 시원히 말할 수 없어 답답하고 외
로웠겠구나.

내담자 2: 네~ 진짜 깜짝 놀랐어요. 선생님한테 얘기하니까 조금 후련
해요. (눈물)

못 하고 외롭게 지내고 있었다. 상담자의 언어적 · 비언어적 관심 기울이기로 내담자는 누구에게도 이야기하지 못했던 고민을 공감받으며 이야기할 수 있었다.

상담자는 내담자의 비언어적인 메시지뿐 아니라 자신의 비언어적 메시지도 잘 이해하고 있어야 한다. 저자가 초보상담자 시절에 내담자에게 "선생님, 그렇게 슬퍼하지 않으셔도 돼요."라는 이야기를 들은 적이 있다. 내담자의 이야기를 듣고 깜짝 놀랐는데 수퍼비전을 받으면서 깊은 슬픔에 빠져 있는 자신을 알아차리지 못하고 있었던 것을 알게 되었다. 상담자가 내담자의 비언어적 메시지를 알아차리고 반응하듯이 내담자도 상담자의 비언어적 메시지를 읽고 해석할 수 있다. 상담자들은 자신의 불편한 마음을 잘 숨기고 상담을 하고 있다고 생각할 수 있지만 수퍼비전을 하다 보면 내담자를 불편해한다는 것을 언어적 · 비언어적으로 표현하고 있는 경우가 많다. 예를 들어, 상담자가 내담자를 이해하려고 노력하지 않거나, 내담자에게 공감하기보다 상대에게 더 공감하거나, 눈 마주침을 잘 안 하거나, 이야기를 하면서 인상을 쓰는 등 내담자에 대한 불편함을 자신도 모르게 드러낼 때가 있다. 이럴 경우 내담자들은 상담자의 태도를 통해 상담자나 상담에 대한 불편감을 경험할 수 있고, 이때 조기종결될 가능성이 높아진다. 내담자 입장에서는 자신에게 관심도 없고 이해하려고 하지도 않는 상담자에게 시간과 비용(유료상담일 경우)을 들여 상담을 받으러 올 이유가 없는 것이다. 따라서 상담자는 내담자에 대한 자신의 감정을 잘 알아차려야 하며, 내담자에 대한 불편한 감정이나 생각들이 관심 기울이기에 영향을 미친다는 것을 기억해야 한다.

적극적 경청은 내담자가 전달하려는 메시지를 상담자가 이해하고 포착하는 것으로 내담자 말의 의미, 행간의 의미, 침묵의 의미 등 들리는 것과 들리지 않는 것 모두를 들을 수 있는 능력을 말한다. 이 같은 상담자의 적극적 경청 능력은 상담자가 '무엇을 듣는가'와 관련된다.

　적극적인 경청을 하기 위해서는, 첫째, 내담자의 언어적 메시지를 듣고 이해할 수 있어야 한다. 인간은 자신이 경험한 모든 것, 즉 생각, 감정, 행동을 말로 표현한다. 따라서 언어적 메시지를 듣고 이해하는 능력이 경청을 위한 일차적 능력이라고 할 수 있다. 둘째, 내담자가 처해 있는 환경과 맥락 속에서 내담자를 볼 수 있어야 한다. 사람은 누구나 자신을 둘러싼 인적·물적 환경의 영향을 받으며, 각 개인의 경험을 바탕으로 세상을 바라보는 자신만의 틀을 형성한다. 이렇게 각자의 경험을 통해 만든 틀로 세상을 보기 때문에 같은 경험도 다르게 해석하고 이해할 수 있다. 따라서 상담자는 내담자가 하는 말의 의미를 자신의 틀로 생각하거나 유추하지 말고 내담자의 언어로 들을 수 있어야 한다. 예를 들면, 내담자가 '불안' 증상을 호소할 때 상담자는 자신이 생각하는 불안으로 내담자의 불안을 이해할 것이 아니라 내담자가 호소하는 '불안' 증상이 어떤 것인지를 되물어 볼 수 있어야 한다. 내담자 말의 의미를 내담자의 언어로 되짚어 보는 경험이 쌓이게 되면 상담자는 불안을 화나서 심장이 벌렁거리는 것과 혼동해서 표현하는 내담자들도 있다는 것을 알게 될 것이다. 이렇게 내담자가 세상을 보는 틀로 내담자의 어려움과 증상을 이해할 수 있을 때 내담자를 깊이 있게 공감할 수 있다. 셋째, 내담자의 말을 액면 그대로 듣기보다 숨은 의도나 의미를 들을 수 있어야 한다. 내담자들은 자신의 문제에 몰두되어 있어 현재 자신이 왜 힘들고 스트레스 받는지 모르는 경우가 많다. 상

담자는 내담자의 스트레스 이면에 있는 잘하고 싶은 욕구나 성장
에 대한 동기를 들을 수 있어야 한다. 일이 힘들어서 죽겠다는 내담
자의 말을 액면 그대로 죽겠다는 말로 듣는 사람은 없을 것이다. 죽
을 만큼 힘들다는 말로 이해하는 것이 일반적이다. 그러나 상담자
들이라면 죽을 만큼 힘들 것이라는 이해를 넘어서 그 이면에 일을
잘하고 싶은 욕구가 있다는 것을 알아차려야 한다. 다음 사례를 보
자. 고등학교에 진학한 후 같은 반 아이들이 자신을 좋아하지 않기
때문에 학교를 가지 않겠다는 내담자이다. 상담자는 학교가 싫다
는 내담자의 부정적인 표현 속에 숨어 있는 성장동기와 변화하고
자 하는 욕구까지 듣고 반영해 주고 있다.

내담자 1: 우리 반 아이들이 나쁜 애들은 아닌 것 같아요. 하지만 저를
　　　　 좋아하는 것 같지도 않아요. 그래서 학교에 가기 싫어요. 중
　　　　 학교 때는 애들이 먼저 다가왔는데 지금은 아무도 저에게 말
　　　　 을 걸지 않아요.

상담자 1: 반 아이들 중 누구라도 너에게 다가와 준다면 함께 어울리고
　　　　 싶은 마음이 있다는 얘기로 들리는데…….

내담자 2: 하지만 애들은 이미 다 끼리끼리 어울리고 있어서 제가 들어
　　　　 갈 틈이 없어요.

상담자 2: 너도 먼저 다가가려는 마음이 있었는데 다가갈 틈이 없어 보
　　　　 였구나. 언제 다가가 보려고 했었니?

내담자 3: 가끔 생각을 하긴 했는데…… 막상 하려고 하면 무서워서 못
　　　　 하겠어요.

상담자 3: 친구들에게 다가가 보려는 생각을 한 적이 있구나. 먼저 친구
　　　　 들에게 다가간다는 게 뭐가 두려울까?

초보상담자들은 경청의 중요성을 알기 때문에 인내심을 가지고 내담자의 이야기를 열심히 듣는다. 그러나 경청은 마음처럼 쉽게 빨리 습득되지 않는다. 이 장에서는 초보상담자들이 경청을 어려워하거나 힘들어하는 이유를 하나씩 살펴보고자 한다. 구체적으로 초보상담자들이 경청과 관련하여 자주 경험하는 어려움은 다음과 같다.

> 1. 잘 듣는다고 생각했는데 경청이 안 된다는 피드백을 받는다면?
> 2. 내담자가 쉴 새 없이 말할 때 언제까지 들어 줘야 할지 모르겠다면?
> 3. 언어적인 메시지에 집중하느라 내담자의 비언어적인 메시지와 감정을 놓치게 된다면?

1. 잘 듣는다고 생각했는데 경청이 안 된다는 피드백을 받는다면?

초보상담자들 중에는 경청하려고 노력했는데 수퍼바이저로부터 경청이 안 되었다는 피드백을 듣는 경우가 종종 있을 것이다. 내담자에게 집중이 되지 않을 때 상담자는 먼저 집중하지 못하고 있는 자신의 모습을 자각하는 것이 중요하고, 다음으로 집중하지 못하는 이유를 찾아야 한다. 집중하지 못하는 요인으로는 내담자 요인과 상담자 요인이 있다. 내담자 요인으로는 내담자가 같은 이야기를 반복하거나 횡설수설할 때, 감정 없이 사실만 나열할 때, 이야기가 길어질 때 등이 있다. 이럴 때 상담자는 지루하고 짜증이

나기 때문에 경청하기 어렵다. 상담자는 이러한 자신의 감정을 알아차리는 것이 중요하다. 왜냐하면 상담자의 감정을 불러일으키는 장면은 내담자가 상담 장면 밖의 대인관계에서 반복되는 장면일 가능성이 매우 높고, 그때 내담자와 상호작용하는 상대방도 제대로 듣지 않거나 화제를 돌리는 등 부정적인 반응을 할 수 있기 때문이다. 부정적인 피드백을 받는 의사소통을 경험하는 내담자는 자신의 존재에 대한 소외감과 거리감을 느낄 수 있다. 내담자 요인으로 경청이 어려워질 때 상담자는 내담자의 이야기를 따라가면서 "○○ 씨가 ~에 대해 ~하게 생각한다는 거지요?"라고 명료화할 수도 있고, "그때 ○○ 씨는 매우 화가 났었겠네요."라고 공감해 줄 수도 있다. 또한 "그때 ○○ 씨의 감정은 어땠나요?"라고 질문을 할 수도 있다. 상황에 따라 각각 다른 반응이 필요하겠지만 중요한 것은 상담자가 내담자의 이야기, 생각, 감정, 의도를 잘 듣고 따라가며 내담자의 이야기에 함께 머물러 듣고 있다는 것을 표현하는 것이다.

상담자 요인으로는 스트레스와 상담자 역전이가 있다. 상담자가 과도한 업무와 개인사로 인한 스트레스를 해소하지 못할 경우 내담자의 이야기에 온전히 집중하기 어렵다. 예를 들어, 청소년 상담기관이나 학교 상담실 같은 경우에는 개인상담뿐 아니라 집단상담, 교육, 각종 프로그램과 행정 업무까지 처리해야 하기 때문에 상담자는 심신이 지칠 수 있다. 이뿐만 아니라 상담자가 소화할 수 없을 정도의 많은 사례를 상담한다거나 상담자의 발달수준에 맞지 않는 어려운 사례를 맡게 되는 경우 내담자의 이야기에 집중하기 어렵다. 상담자 요인인 경우 개인 수퍼비전이나 상담 등을 통해 사례 다루기의 어려움이나 업무상 스트레스를 해소해야 한다.

경청을 어렵게 하는 상담자 요인 중 가장 큰 영향을 미치는 것은 상담자의 역전이이다. 상담자가 내담자에게 느끼는 모든 감정을 역전이라고 할 수 있으며, 역전이는 상담 어느 장면에서나 나타날 수 있다. 역전이가 상담에 부정적인 영향만을 주는 것은 아니지만 경청에 있어서만큼은 부정적인 영향을 미친다. 자신과 비슷한 경험을 한 내담자에게 긍정적인 역전이가 일어나면 내담자가 뭘 해도 예쁘고 도와주고 싶고 안쓰럽다고 느끼며 내담자에게 더 마음을 쓰게 된다. 이럴 경우, 상담자는 구체적인 탐색 없이 내담자가 하는 말을 자신의 경험을 바탕으로 이해하고 넘어갈 것이다. 부정적인 역전이도 마찬가지이다. 상담자는 내담자의 이야기를 중립적인 입장에서 듣고 공감해 줘야 한다. 그러나 부정적인 역전이가 일어날 경우 상담자는 내담자가 힘들고 불편한 자신의 상황이나 입장을 설명할 때 내담자를 이해하고 공감하기보다 주변인에 대해서 더 공감하게 된다. 즉, 상담자는 내담자의 입장이 아닌 상대의 입장에서 상황을 이해하고 조언하려고 하기 때문에 이미 내담자의 이야기를 내담자 입장에서 들어 줄 수가 없고 상황을 객관적이고 중립적으로 볼 수 없게 된다. 결과적으로 상담자의 역전이로 인해 내담자는 상담자와의 의사소통에서 어려움을 느낄 것이고, 상담자에 대한 불편한 감정들로 인해 상담을 조기에 종결할 수도 있다. 이 때문에 상담자는 역전이를 빨리 알아차리고 다룰 수 있는 방법을 배워야 한다.

다음 사례를 통해 살펴보자. 집에서 용돈, 게임시간 문제로 아버지와의 갈등이 심해 상담에 의뢰된 내담자이다. 내담자는 상담시간 내내 아버지와의 갈등에 대해 말하면서 불평불만을 늘어놓았다. 몇 회기 동안 불평하는 내담자에게 상담자는 다음과 같이 반응하였다.

> 상담자: 그렇게 불평만 해서는 아무것도 바뀌지 않아요. 방법을 생각하
>   고 찾아야 바뀔 수 있어요. ○○ 씨가 할 수 있는 방법은 무엇이
>   있을까요?

무려 다섯 가지 방법을 찾았으나 내담자는 다음 회기에 오지 않았고 상담은 조기종결되었다. 종결된 이유를 찾기 위해 수퍼비전을 받고 나서 상담자의 역전이 감정이 숨겨져 있었다는 것을 알게 되었다.

> 수퍼바이저 1: 음…… 상담을 열심히 하셨네요. 근데 상담자는 어린 시
>   절에 부모님께 짜증 부리고 불평하면서 컸나요, 어땠나요?
> 상담자 1: 아니요, 제가 짜증을 부리면 엄마가 힘드실 것 같아서 혼자서
>   해결하려고 노력하거나 말하지 않고 참았어요.
> 수퍼바이저 2: 이 내담자가 투정하고 불평하는 말을 할 때 어떤 감정이
>   들었어요?
> 상담자 2: 답답했어요. 불평만 해서는 아무것도 달라지지 않는데 왜 스
>   스로 방법을 찾고 해결하지 않는지…….
> 수퍼바이저 3: 답답한 나머지 상담자가 내담자 대신 방법을 찾아 준 거
>   네요. 상담자는 스스로 해결책을 찾으면서 자라 왔겠지만 내
>   담자는 투정 부리는 마음을 이해받고 싶었을 거예요.

이 사례의 내담자처럼 상담자도 부모에 대해 불평을 했지만 상담자는 스스로 해결하면서 자라 왔기 때문에 스스로 해결하지 못하는 내담자를 이해하기 어려웠다. 그래서 상담자는 어렸을 때 자신이 했던 것처럼 투정 부리지 말고 스스로 해결책을 찾도록 내담자를 몰아붙였고 그 때문에 상담은 조기종결되었던 것이다.

상담자가 경청이 안 되고 있다는 피드백을 받는 또 다른 이유는 내담자의 이야기가 마무리되지 않았음에도 상담자가 상담의 주제를 바꿀 때이다. 상담자는 자신이 다루기 버거운 주제라는 생각이 들면 상담의 주제를 바꾸는 경향이 있다. 상담자가 다루기 버겁다고 느끼는 주제로는 상담자 자신이 해결하지 못한 주제나 성(폭력), 자해 및 자살 사고나 행동 등과 같이 긴급한 조치가 필요한 위기 사례 등이다. 이러한 주제가 나오면 상담자는 탐색으로 들어가지 못하고 다른 주제를 찾게 되는 경우가 있다. 초보상담자는 다루기 어려운 주제가 나오면 수퍼바이저와 상의하여 수퍼비전을 받으며 진행할 것인지, 다른 상담전문가에게 의뢰할 것인지 결정해야 한다. 또한 자신이 어렵다고 생각하는 특정 주제가 있거나 다른 상담자에게 의뢰하는 상황이 반복된다면 상담자는 자신에게 해결되지 않은 문제가 있는지 고민해 보고 자신의 성장을 위해서라도 상담받기를 권한다.

2. 내담자가 쉴 새 없이 말할 때 언제까지 들어 줘야 할지 모르겠다면?

상담자라면 누구나 내담자가 쉴 새 없이 이야기를 해서 개입하기가 어려웠던 경험이 한 번쯤은 있을 것이다. 마음먹고 상담실을 찾은 내담자는 그동안 쌓아 놓은 자신의 어려움을 이야기하고 도움을 받고 싶어 한다. 상담이 시작되면 내담자는 상담자와 대화를 하기보다는 목구멍까지 쌓아 놓은 자신의 이야기를 쏟아 내듯이 말하는 경우가 많다. 이때 상담자는 내담자의 이야기를 들으면서 언제까지 들어 주기만 할 것인지, 들어 주기만 해도 되는지, 어떻게 피드백을 할 것인지, 많은 주제 중 무엇에 초점을 둘 것인지 등을 생각하며 혼란에 빠지게 된다. 상담자가 이러한 고민에 빠져 있는 것이 내담자의 이야기를 놓치게 되는 원인이 되기도 한다.

내담자는 하고 싶은 말이 많을 때 흥분된 상태에서 빠르고 쉴 새 없이 이야기하기 때문에 상담자의 이야기를 들을 생각조차 못하거나 상담자의 말에 집중하지 못하기도 한다. 상담초기에 내담자를 이해하는 데 필요한 이야기를 한다는 생각이 든다면, 개입하지 않고 내담자의 이야기가 끝날 때까지 경청하면서 기다리면 된다. 그리고 내담자의 이야기가 어느 정도 정리될 때쯤 상담자가 내담자의 쉴 새 없이 이야기하는 모습을 피드백하면 내담자는 상담자를 앞에 두고 혼잣말하듯 말을 한 자신의 모습을 볼 수 있게 된다. 그러나 내담자의 이야기가 지지부진하거나, 핵심 메시지를 담고 있지 않거나, 사건만 나열하면서 감정이 드러나지 않을 때는 상담자가 이야기 중간에라도 개입할 수 있다. 다음 사례에서 살펴보자.

상담자 1 반응은 장황한 내담자의 이야기를 끊지 않고 듣고 난 후 말하고 싶은 내담자의 마음을 읽어 주려고 하고 있다. 상담자 2 반응은 상담자의 질문에 반응하지 않고 이야기의 초점 없이 혼자 웅얼거리듯 말하는 내담자에게 개입하여 지금 내담자가 어떻게 하고 있는지 비춰 주고 있다.

내담자 1: 일단 제일 힘들었던 거는 갈수록 점점 다른 사람과 교류하고 이런 게 거의 없다는 거예요. 사람들을 만나는 것 자체가 귀찮게 느껴지고 불편하고 재미없고 뭔가 어색하게 느껴진다고 해야 하나? 가족이나 가깝다고 느껴졌던 사람들도 점점 불편해지고…… 그래서 친구들 연락도 피하게 되고, 애들이 있다 보니까 부모들하고도 만날 일들이 생기잖아요. 그때도 피하게 되더라고요. 교류하는 엄마들이 한두 명은 있어야 할 것 같다는 생각이 들긴 하는데 지금은 모든 관계가 단절된 것 같아요. 혼자 있다 보니 더 우울해지는 것 같고…… 외롭다는 생각이 들 때마다 내가 자초해서 생긴 일인데 누굴 탓하나 싶기도 하고…… 또 내가 자초한 일이니 변화 가능성도 없어 보이고…… 이렇게 살다간 폐인이 되겠다는 생각이 들었어요. 애들도 케어하기 힘들고…… 제대로 못 챙기는 것 같아서 엄마로서 죄책감도 들고…… 애들을 엄마한테 당분간 맡길까도 생각해 봤는데 그러면 제 상태를 모두 알게 돼서 더 큰 문제가 될 것 같기도 하고…… 지금 제 상태를 아는 사람은 남편밖에 없어요. 남편은 그래도 아직은 병원에 가 봐라, 여행을 다녀와라, 상담이라도 받아 봐라 하면서 도와주려고 하는데…… 제가 미루다가 이제 상담을 오게 됐네요. 상담도 겨우 오긴 했는데…… 무슨 얘기를 해야 하나 싶고…… 상담을 하면 나

아질 수 있나라는 생각도 들고…… 뭔가 뒤죽박죽인 거 같은
데…… 제가 지금 무슨 얘기를 하고 있는지도 잘 모르겠어요.
제가 왜 이렇게 됐을까요?

상담자 1: ○○ 씨, 이렇게 이야기가 하고 싶었는데 그동안 혼자서 어떻
게 참고 있었어요? ○○ 씨가 그동안 누구와도 마음 놓고 얘기
를 하지 못했을 것 같다는 생각이 드네요. ○○ 씨가 마음을 둘
곳이 어디에도 없나 봐요. 뒤죽박죽인 것 같지만 이야기하고
나니 지금 기분은 어떤가요?

내담자 2: 요즘은 불안까지 생겼는지 아침에 일어나면 가슴이 막 뛰고
새벽에도 한두 번씩 깨서 깊은 잠을 못 자요. 잠들기도 어렵고.
그냥 별거 아닌 일인데도 금방 화가 나고 낯선 사람 마주치는
것만으로도 불안하고…… 둘째 같은 경우에는 유치원을 다니
니까 차량이 온단 말이에요. 애가 차를 타고 인사를 하는데도
뭔가 불안감이 엄습할 때가 있어요. 그럼 애를 당장 차에서 내
리게 하고 싶지만 그러면 안 되는 걸 아니까 참는데…… 그러
면 애가 올 때까지 하루 종일 아무것도 못해요. 제가 가끔은 미
친 것 같기도 하고…… 애들도 요즘 제가 무섭다고 하고……
저를 피하는 게 느껴지더라고요. 제가 원래…….

상담자 2: (계속 이야기하려는 내담자의 말을 막으며) ○○ 씨, 잠깐만
요. 내가 ○○ 씨한테 기분이 어떤지를 물었는데 ○○ 씨는 계
속 혼잣말을 하듯이 얘기를 하네요. 본인이 지금 힘들다는 것
을 전달하고 싶은가 봐요.

내담자 3: 아~ 네, 죄송해요. 그러고 보니 제가 혼잣말을 하고 있네요.
제가 상담실에 와서 이렇게 말을 많이 하게 될 줄 몰랐어요. 정
말 제가 말을 많이 하고 싶었나 봐요. 누군가 내 얘기를 들어
준다고 생각이 돼서 그런지 계속 얘기를 하게 되네요. 지금 기
분을 물어보신 거죠? 지금 기분을 뭐라고 표현해야 할지 잘 모

2. 내담자가 쉴 새 없이 말할 때 언제까지 들어 줘야 할지 모르겠다면?   121

르겠는데…… 제가 제 기분을 잘 몰라요. 그냥 기분이 나쁘면 우울하다 정도로 생각하는 것 같아요. 지금 기분은 글쎄…… 좀 놀랍기도 하고 당황스럽기도 하고 혼란스럽기도 하고…… 뭔가 정리되지 않은 느낌이에요.

상담자 3: 계속 혼란스러운 마음을 얘기하네요. 왜 갑자기 사람들도 불편해지고 불안해졌는지 궁금하네요.

상담초기 이후에도 내담자가 끼어들 틈을 주지 않고 자신의 이야기를 쉴 새 없이 하는 경우에는 이런 모습이 내담자의 어떤 특성을 나타내는지 살펴보고 그에 따라 대처하면 된다. 일방적으로 자기 이야기만 하는 내담자는 기본적으로 말이 많거나 일방적인 의사소통에 익숙한 사람일 수도 있지만, 자신이 상담의 주도권을 갖고 싶어 하거나 상담자가 자신의 핵심 문제에 접근하지 못하도록 방어하는 경우일 수도 있다. 내담자가 말을 많이 하는 것이 어떤 이유이건 상담자가 해야 할 일은 내담자와 함께 상담에 대한 재구조화를 하거나 내담자를 이해하기 위해 중간중간 필요한 질문을 적극적으로 하는 것이다. 재구조화하는 반응은 다음과 같이 할 수 있다.

상담자: ○○ 씨, 잠깐만요. ○○ 씨가 이야기를 적극적으로 해 주는 것도 상담에 도움이 되지만 상담은 함께 대화를 하면서 자신을 이해하는 과정이기도 해요. 조금 천천히 나와 대화할 수 있었으면 좋겠어요.

끊임없이 이야기하여 중요한 주제를 놓치게 되는 경우에는 다음과 같이 개입할 수 있다.

> 상담자: ○○ 씨, 잠깐만요. 새로운 주제로 넘어갔는데 방금 이야기했던 내용 중에 제가 궁금한 점이 있어서 물어보고 싶은데…… 그 이야기를 좀 더 해도 될까요?

내담자가 말을 많이 하는 이유가 자신의 핵심적인 문제에 상담자가 접근해 오지 못하도록 방어하기 위해서인 경우에 상담자는 내담자가 회피하는 주제가 무엇인지 찾아내고 그 주제를 다루어야 한다. 또한 지금-여기에서의 내담자 모습에 대해 반영해 주어야 한다.

> 상담자: ○○ 씨는 엄마에 대한 감정을 묻는 질문에 엄마와 있었던 상황에 대한 얘기를 계속하고 있네요. 엄마에 대한 감정을 말하기 어려운가요?

> 상담자: ○○ 씨, 어린 시절 힘들었던 때를 계속 쉬지도 않고 얘기하고 말이 빨라지고 있네요. 잠깐 말하는 것을 멈추고 지금 어떤 감정이 느껴지는지 표현할 수 있을까요?

또한 내담자가 자신의 이야기가 아닌 다른 사람의 이야기를 지속적으로 하면서 상담의 초점을 흐트러뜨리는 경우가 있다. 다른 사람에게 초점이 맞춰진 상담은 내담자가 자신을 이해하고 통찰해 나가는 데 도움이 되지 않는다. 다음 사례에서처럼 내담자가 자신의 생각과 감정을 표현하기보다 남편의 상태에 대해서만 이야기하려고 할 때 상담자는 내담자가 자신에게 집중할 수 있도록 질문해야 한다.

내담자 1: 특별한 이유 없이 시댁에 가는 게 힘들어요. 그런데 남편은 좋아해요. 시어머니도 남편을 좋아하고요. 그래서 그런지 시댁에 가면 남편은 편안하게 잘 지내요. 어머니가 음식 솜씨가 좋기는 하지만 밥도 더 잘 먹고, 잠도 잘 자고, 웃기도 잘해요. 그래서 그런지 편해 보이고, 아이들과도 잘 놀아 줘요.

상담자 1: 남편이 시댁에서는 다른 행동을 보이는군요. 아이들도 시댁에 가는 걸 좋아하나요?

대안반응: 남편은 시댁에 가면 잘 지내는군요. ○○ 씨는 이유 없이 시댁에 가는 게 힘들다고 했는데 어떤 점 때문에 시댁에 가는 게 힘든가요?

내담자 2: 저는 시부모님과 함께 있으면 불편하고 눈치가 보여요. 그러고 보면 친정에서도 비슷한 것 같아요.

　내담자가 다른 사람에 대한 이야기만 하고 자신의 생각과 감정을 표현하지 않는다는 것을 알면서도 개입하지 못하고 이를 반복하고 있는 경우, 상담자는 수퍼비전에서 내담자에게 도움이 되는 이야기임에도 불구하고 할 말을 못하는 자신에 대해 다루어야 할 것이다.

3. 언어적인 메시지에 집중하느라 내담자의 비언어적인 메시지와 감정을 놓치게 된다면?

초보상담자는 내담자의 이야기를 집중하며 들으려고 애쓴다. 그런데 수퍼비전에서 "내담자의 말을 피상적으로 이해하는 것 같다." "내담자의 언어적 메시지와 비언어적 메시지 간의 불일치를 알아채지 못한다." "말과 감정의 불일치를 놓친 것 같다."라는 등의 수퍼바이저의 피드백을 들을 때가 있다. 이 같은 피드백을 들을 때 상담자가 가장 먼저 해야 할 일은 자신이 정말 제대로 잘 듣고 있는지를 점검하는 것이다. 내담자의 말을 들으면서 상담자는 많은 생각을 하게 되는데, 이때 상담자가 자기 생각에 빠지게 되면 순간적으로 내담자의 말을 경청하지 못하게 된다. 아무리 상담자의 생각이 내담자를 위한 것이라 하더라도 내담자의 말을 놓친다면 내담자를 위한 것이 아니다. 상담자는 경청을 방해하는 잡생각이 떠오르지 않게 조심해야 한다. 예를 들어, 상담자가 개인적으로 고민하거나 걱정되는 현안이 있을 때, 내담자의 반응 다음에 어떤 반응을 할지 고민할 때, 이전 상담회기를 기억하려고 할 때, 내담자의 이야기를 따라 적느라 지금 하고 있는 이야기를 못 들을 때 등과 같이 경청을 방해하는 요인을 극복하기 위해 노력해야 한다. 즉, 경청을 위해서 상담자의 염려는 뒤로하고 내담자의 말과 표정에 몰두하기 위해 노력해야 한다. 지금-여기에서 내담자가 언어적 · 비언어적으로 표현하는 생각과 감정에 머물러 함께할 수 있을 때 경청을 제대로 한 것이다.

앞서 상담자는 내담자가 나타내는 비언어적 행동을 관찰하고 읽

을 수 있어야 한다고 언급한 바 있다. 상담자는 내담자의 표현된 말
뿐 아니라 비언어적으로 표현하는 내담자의 이야기를 들을 수 있
어야 한다. 한 예로, 부모에 대한 부정적인 이야기를 하면 안 된다
고 생각하는 내담자가 있다. 그래서 부모와의 관계 문제로 상담에
의뢰되었더라도 부모에 대해서 시큰둥한 표정으로 "좋아요."라고
말하는 경우가 있다. 이때 상담자가 내담자의 비언어적인 메시지
를 알아차리지 못하고, '좋아요'라는 말만 듣고 부모와의 관계를 탐
색하지 않고 넘어간다면 이 상담은 지속되기 어려울 것이다. 왜냐
하면 상담자는 내담자의 본마음인 비언어적인 표현을 알아듣지 못
했기 때문에 내담자가 부모에 대해서 느끼는 불편한 감정을 탐색
하지 못할 가능성이 높고, 내담자도 부모와의 불편한 감정을 솔직
히 터놓기가 어려울 것이기 때문이다. 결국 내담자가 상담에서 하
고 싶은 말을 할 수 없게 되면 내담자는 상담에 대한 동기가 낮아질
것이다. 따라서 상담자는 내담자가 말하는 언어적 메시지뿐 아니
라 비언어적 메시지를 동시에 듣는 연습을 해야 한다.

　　다음은 대인관계 문제로 상담하게 된 대학생 내담자의 사례이다.
아버지에 대한 탐색과정에서 내담자는 비언어적 표현과 언어적 표
현에서 불일치를 보이고 있다. 상담자는 내담자의 비언어적인 표
현을 알아차리고 아버지와의 관계를 탐색하기 위해 질문을 하고 있
다. 언어적 · 비언어적 표현의 불일치를 다루는 것은 직면기술[1] 사
용 시 매우 중요한 요소가 된다. 즉, 경청을 잘해야 언어적 · 비언어
적 메시지 간의 불일치를 확인할 수 있고, 그 불일치에 대해 직면기
술을 사용하여 내담자의 더 깊은 속마음을 탐색할 수 있다.

---

1) 직면에 대한 자세한 내용은 제13장에서 다룰 것이다.

> 내담자 1: (시선은 아래를 쳐다보며 무표정한 얼굴과 건조한 말투로) 아
> 빠는 우리에게 자상했고 어렸을 때 많이 놀아 주셨어요. 좋으
> 신 분 같아요.
>
> 상담자 1: 아빠가 자상하고 좋았다고 하는데 아빠와 지냈던 시간들 중에
> 서 기억나는 일은 뭐가 있을까요?
>
> 내담자 2: 너무 어렸을 때라 기억이 잘 안 나요.
>
> 상담자 2: 자상하고 좋은 아빠에 대해 이야기하는데 무표정하고 건조하
> 네요. 지금 ○○ 씨 표정을 보면 아빠에 대한 좋은 감정이 전
> 달되지 않네요.
>
> 내담자 3: (10초 정도 침묵) 사실…… 아빠와의 기억이 별로 없어요. 아
> 빠가 자상하셨다고 말했지만 제 기억 속의 아빠는 그냥 생물
> 학적인 사람이에요. 아빠에 대해서 이런 얘기를 하는 것이 불
> 편해서 그냥 좋다고 한 건데…… 선생님한테는 티가 났나 보
> 네요.

어떻게 하면 내담자의 이야기뿐 아니라 비언어적 메시지를 놓치
지 않을 수 있을지 다음 사례를 통해 살펴보자. 이 사례에서는 상담
자가 내담자의 말보다 비언어적인 표현을 민감하게 알아채서 내담
자의 불편한 감정을 다룬다. 상담자는 앞 상담시간이 길어져서 5분
늦게 상담을 시작하게 된 상황이다. 내담자의 질투심에 대해서 잘
알고 있는 상담자는 내담자가 눈을 마주치지 않으면서 상담자를
걱정해 주듯 하는 말을 그냥 지나치지 않고 내담자의 질투심과 연
결하여 내담자의 생각과 감정을 좀 더 깊이 다루고 있다.

내담자 1: (시선을 피하며) 선생님 앞 시간에 상담하고 바로 상담하느라 힘드시겠어요.

상담자 1: 내가 힘들까 봐 걱정해 줘서 고마워요. 그런데 눈을 마주치지 않고 말을 하네요. 앞 상담이 늦게 끝나서 우리가 조금 늦게 시작했는데 기다리면서 어떤 생각을 했어요?

내담자 2: 사실…… 좀…… 말하기 그런데…… 질투가 났어요.

상담자 2: 질투 나는 마음에 대해서 좀 더 설명해 줄래요?

내담자 3: 음…… 선생님이 그 사람을 더 예뻐하는 거 아닐까? 나보다 그 사람을 더 좋아하는 것 같다는 생각이 들었던 것 같아요. 기다리면서 마음이 좀 복잡했어요. 선생님한테도 질투를 느끼는 제가 좀 이상하게 느껴지기도 하고…… 사실 들어올 때는 그런 마음을 숨기려고 했는데 말하고 나니 좀 더 후련하긴 하네요.

상담자 3: 왜 내가 앞 상담시간의 사람을 더 좋아한다고 생각했어요?

내담자 4: 저는 늘 제시간에 끝나잖아요. 저는 정각에 끝나는데 그 친구한테는 시간을 더 할애해 주는 것 같아서 저보다 그 친구를 더 좋아한다는 생각이 들었던 것 같아요.

이 사례에서도 볼 수 있듯이 내담자들은 불편한 주제나 대상에 대한 감정 또는 생각을 표현할 때 말보다는 비언어적인 표현으로 부정적인 생각이나 감정을 드러낸다. 내담자가 상담자와의 시선을 회피한다거나 말에 힘이 없다거나 굳은 표정으로 말하는 것과 같이 비언어적으로 부정적인 감정을 표현할 것이다. 상담자는 말과 함께 나타나는 내담자의 비언어적인 표현이 무엇을 말하고 싶어 하는 것인지 고민해야 한다. 다음 사례를 살펴보자.

내담자 1: (이야기를 하면서 자꾸 벽에 있는 시계를 쳐다본다.)

상담자 1: 지금 ○○ 씨가 나와 이야기하면서 계속 시계를 보고 있는데…… 시계를 자꾸 보는 이유가 있을까요?

내담자 2: 아…… 지루한 건 아니고…… 선생님한테 말할까 말까 고민했어요. 말하지 않으려고 했는데 말하는 게 낫겠네요. 지난 시간에 선생님이 저에게 관심이 없는 것 같다는 생각이 들어서 섭섭했어요. 그래서 오늘 상담을 끝내야 하나라는 생각을 하면서 왔어요.

상담자 2: 섭섭한 마음에 대해서 더 이야기해 줄래요?

내담자 3: 지난주에 선생님이 앞 상담이 늦게 끝나서 우리가 늦게 시작했는데 그것에 대해서 아무 말씀을 안 하셨잖아요. 상담할 때는 못 느꼈는데 집에 가는 길에 기분이 별로 안 좋아서 생각해 보니 선생님이 저를 별로 안 좋아하시나라는 생각을 하게 된 것 같아요. 그 생각을 며칠 하다가 잊었는데 오늘 상담에 오면서 다시 생각이 났어요. 섭섭함도 들고 제가 중요한 사람이 아니라는 느낌이 들어서…… 계속 상담을 받아야 하나라는 생각을 계속했던 것 같아요. 그래서 자꾸 시계를 봤던 것 같아요. 선생님을 보는 게 좀 불편해서…….

상담자 3: 지난주에 내가 늦게 시작한 것에 대해서 ○○ 씨에게 미처 설명이나 사과를 못 했네요. 그 점에 대해서 지금 사과할게요. 그 섭섭한 마음이 상담종결까지 생각하게 했네요. 지금이라도 섭섭한 마음을 표현해 줘서 고마워요. 그런데 나한테 솔직하게 말하는 것이 아직 어려운가 보네요. 그 섭섭함 때문에 나와의 관계를 끊으려 했다는 얘기를 들으니 좀 섭섭해지네요.

내담자 4: 진짜 끝낼 생각은 아니고요. 제가 여전히 솔직하게 말하는 게 어렵구나라는 생각이 드네요. 막상 말하고 나면 괜찮다는 걸 알면서도 계속 꽁해 있고 관계까지 끊으려고 하고 있는 것 같아서 제가 좀 답답하네요.

초보상담자는 경청하려고 노력하는 과정에서 오히려 긴장이 되어 경청하지 못할 수도 있다. 긴장을 하면 잘 듣기가 어렵고, 내담자 말에 대한 이해의 폭이 좁아지며, 비언어적인 표현도 놓치기 때문에 내담자의 감정에 접촉할 기회도 잃게 된다. 상담자는 자신이 긴장하는 이유를 탐색해야 한다. 내담자에게 정확한 반응을 함으로써 유능한 상담자로 보이려고 하는 건 아닌지, 상담자가 감정에 접촉하는 게 어렵거나 어색한 것은 아닌지 생각해 보아야 한다. 상담자가 내담자의 비언어적 메시지를 알아차리지 못하거나 감정을 놓친다는 피드백을 자주 듣는다면 수퍼바이저 또는 상담자와 함께 이러한 주제로 논의해 보기를 바란다.

제5장
......

탐색적 질문 및 명료화

1. 계속 질문만 하게 된다면?

2. 폐쇄형 질문을 자주 사용한다면?

3. 맥락에 맞지 않는 부적절한 질문을 한다면?

4. 한 번에 여러 개의 질문을 하게 된다면?

5. 내담자의 말 중 어떤 내용에 초점을 두고 질문해야 할지 모르겠다면?

제4장에서 가장 중요하고 기본이 되는 상담 기술은 경청이라고 설명하였다. 경청을 잘해야 내담자가 하는 말의 의미를 이해하고 그 이해를 바탕으로 내담자에게 탐색적 질문을 할 수 있다. 이 장에서는 경청 못지않게 상담을 이끄는 데 중요한 기술인 탐색적 질문을 설명하고자 한다.

상담과 심리치료는 상담자와 내담자의 대화를 통해 이루어진다. 대화는 질문과 응답의 형태로 진행되지만 상담에서의 대화는 일상적인 대화와 비교해서 몇 가지 차이점이 있다. 가장 큰 차이점은 상담자가 주로 질문을 하고 내담자가 상담자의 질문에 대답하는 형태를 취한다는 점이다. 그렇다고 상담자가 주도적으로 질문을 하고 내담자가 수동적으로 답을 하는 단순한 과정은 아니다. 상담자가 질문을 통해 내담자의 반응을 촉발하지만 상담에서 주도적인 역할을 하는 것은 내담자이다. 상담자의 적절한 질문은 상담과정과 상담의 질을 결정하는 데 중요한 역할을 한다. 왜냐하면 상담자의 질문은 내담자가 대답하는 과정에서 자신의 사고와 감정을 탐색하도록 돕고 나아가 자신을 이해할 수 있는 촉매제가 되기 때문이다. 우리는 이러한 질문을 탐색적 질문 또는 촉진적 질문[1]이라고 한다. 상담자가 내담자에게 하는 질문은 의도와 목적이 명확해야 한다. 상담자의 호기심을 해소하기 위한 질문이 아니라 내담자의 자기이해를 돕기 위한 의미 있는 질문을 해야 한다. 탐색적 질문을 통해 상담자가 설정한 가설들을 확인하고 확인된 정보들을 모

---

1) 이하 탐색적 질문으로 통일한다.

아서 종합하면 내담자에 대한 사례개념화가 되는 것이다. 즉, 탐색적 질문을 통해 내담자 이해에 필요한 정보들을 탐색해야 사례개념화를 할 수 있으며, 결과적으로 내담자의 문제해결을 위한 효과적인 접근이 가능해진다. 상담에서 탐색적 질문을 사용하는 목적은 다음과 같다.

첫째, 내담자가 자신을 이해하는 데 도움을 준다.
둘째, 상담자가 내담자를 이해하는 데 도움을 준다.
셋째, 상담의 효율성과 효과성을 높인다.

즉, 상담자가 질문을 잘하면 내담자의 자기탐색을 촉진하고 내담자가 자신을 이해하게 되면서 동시에 상담자도 내담자를 더 잘 이해하고 공감할 수 있게 된다. 그리고 최종적으로 상담자의 잘 계획된 탐색적 질문은 상담 시간과 비용을 절약할 수 있도록 도와 상담의 효율성을 높인다. 상담자가 중요하지 않은 질문으로 혹은 내담자의 자기이해에 도움이 되지 않는 질문으로 시간을 허비할수록 내담자는 많은 시간을 상담에 투자해야 하고, 유료상담일 경우는 결국 비용을 증가시켜 내담자에게 경제적 부담을 주게 된다. 상담자의 초점화된 탐색적 질문은 내담자의 자기탐색과 성찰을 촉진하고, 탐색적 질문을 잘 사용할수록 내담자는 문제해결에 보다 효과적으로 접근할 수 있다. 따라서 상담자들은 자신의 탐색적 질문 능력을 향상시키기 위해 노력해야 한다.

초보상담자들이 가장 빈번히 사용하는 상담기술이 질문 (questioning)이지만 상담과정에서 적절하고 적합한 질문을 하는 것은 어려운 작업이다. 질문은 대화를 계속 유지할 수 있게 해 주고 계속 대화에 참여하고 있다는 느낌을 주기 때문에 초보상담자들이 자주 사용하는 상담기술이다. 그러나 상담자가 질문을 사용할 때는 좀 더 세심한 준비와 노력이 필요하다. 즉, 상담자는 내담자에게 양질의 질문을 잘하기 위해 노력해야 한다. '잘해야 한다.'라는 말 속에는 내담자의 반응에 적합한 질문하기, 구체적인 탐색을 목적으로 하는 질문하기, 질문과 함께 다른 상담기술을 적절히 사용하기 등의 의미가 내포되어 있다. 즉, 상담자는 내담자가 한 말에 대한 의미와 맥락을 파악한 후 질문을 해야 하며, 내담자를 돕기 위한 의도와 목적을 가진 질문을 하고, 질문과 함께 다른 상담기술(재진술, 감정반영, 명료화 등)을 사용해야 내담자가 취조당한다는 느낌 없이 상담자의 질문에 반응할 수 있다.

상담자의 질문은 상담자가 가진 이론적 배경과 밀접한 관련이 있다. 즉, 상담자가 지향하는 이론적 배경에 따라 내담자 문제를 바라보는 시각이 다르기 때문에 해결을 위한 탐색적 질문의 내용도 강조점이 다를 수 있다. 예를 들면, 인지치료에서는 인지오류나 부정적 사고를 다루는 질문을 더 많이 하게 될 것이다. 또한 상담이론마다 다양한 질문기법(기적질문, 척도질문, 예외질문 등)을 활용하고 있기 때문에 상담자의 이론적 배경이 탐색적 질문에 영향을 미칠 수 있다. 그러나 초보상담자들의 경우는 아직 이론적 배경을 선택하지 못했거나 학습이 안 된 상태일 수 있기 때문에 다양한 이론에서 소개하는 질문기법들을 상담에 적용해 보는 연습이 필요하다. 그러나 이 장에서는 특정 이론적 접근을 배제하고 상담에서 기본적으로 해야 하는 질문에 대한 설명을 하고자 한다.

이 장에서는 질문과 관련하여 초보상담자들이 경험하는 실수를 살펴보고 질문을 효과적으로 할 수 있는 방법을 설명하고자 한다. 우선 질문과 관련하여 초보상담자들이 경험하는 어려움들은 다음과 같다.

1. 계속 질문만 하게 된다면?
2. 폐쇄형 질문을 자주 사용한다면?
3. 맥락에 맞지 않는 부적절한 질문을 한다면?
4. 한 번에 여러 개의 질문을 하게 된다면?
5. 내담자의 말 중 어떤 내용에 초점을 두고 질문해야 할지 모르겠다면?

1. 계속 질문만 하게 된다면?

초보상담자들이 가장 많이 하는 실수 중 하나가 질문만 하는 것이다. 초보상담자들이 상담에서 질문만 사용하는 경우를 살펴보면 다음과 같다. **첫째, 다양한 상담기술 사용에 대한 훈련이 부족할 경우 질문만 열심히 하게 된다.** 초보상담자들의 경우 대학원과정에서 상담기술과 관련된 실습과목을 경험하지만 상담기술의 개념적 정의와 실제 기술 적용 간의 괴리를 극복할 만큼의 실습을 경험하기는 어려운 실정이다. 따라서 초보상담자일수록 일상적인 대화 습관에 기반해서 상담을 진행하는 상황이 자주 발생하게 된다. 이런 경우 초보상담자들은 대화를 이끌기 위한 질문 중심으로 상담기술을 사용할 가능성이 커진다. 상담에서는 내담자의 사고와 감정을 함께 다루어야 하는데, 감정을 다루지 못하고 팩트 체크나 단순한 정보 수집 목적으로 질문을 자주 사용하게 되면 내담자 입장에서는 상담과정에서 이해받고 있다는 느낌을 경험하기가 어렵다. 다양하고 풍부한 내용을 이끌어 내기 위해서는 질문을 사용해야 하지만, 감정선의 변화나 내담자 생각의 변화를 잘 따라가려면 다양한 상담기술을 적절히 사용할 수 있는 훈련과 연습이 필요하다. 따라서 초보상담자들이 상담을 시작하기 전에 가장 먼저 해야 할 준비는 상담기술에 대해 훈련을 받는 것이다. 즉, 경청, 탐색적 질문, 감정반영 등의 개별 기술들을 익히고 수행할 수 있는 충분한 시간을 가져야 한다. 개념적 이해부터 실제 적용에 익숙해질 때까지 많은 연습이 필요하다. 내담자를 만나면서 연습을 한다는 것은 내담자의 복지와 안녕을 추구하는 상담의 목적에 부합하지 않는다. 상담기술의 기본은 익힌 상태에서 내담자를 만날 것을 권장한다. 다양한 상담기술을 사용하는 데 익숙해지고 숙련될 때까지, 이후 상담기술을 종합적으로 사용할 수 있고 자기만의 상담 스타일을 만들 수 있을 때까지 지속적인 수련이 필요하다.

다음 사례는 상담을 신청한 내담자를 만나서 상담의 목적을 탐색하기 위해 상담자가 질문하는 내용을 담고 있다. 상담자의 반응을 살펴보면 내담자 이해를 위해 모두 필요한 질문으로 문제가 없어 보인다. 그렇지만 상담자의 반응만 떼어서 다시 읽어 보면 상담자는 계속 끝말잇기 식 질문만 하고 있기 때문에 내담자가 취조당하는 느낌을 받을 수 있고, 대답을 계속해야 하는 상황에 대해 부담감을 느낄 수도 있다. 내담자를 도와주기 위해 필요한 질문이라 하더라도 내담자 입장에서는 낯선 사람에게 자신에 대해서 개방하는 것이 낯선 경험일 수도 있기 때문에 불편할 수 있음을 공감하면서 탐색적 질문을 해야 한다. 다음 사례의 대안반응에서처럼 '화를 내는 자신을 이해하고 싶은 마음'을 공감적으로 읽어 준 후 질문을 하는 것이 내담자의 불편함과 거부반응을 줄이는 데 도움이 된다.

상담자 1: 상담을 신청한 이유에 대해서 좀 더 설명해 주시겠어요?

내담자 1: 저에 대한 이해를 하고 싶어서 신청했어요.

상담자 2: 자신의 어떤 부분에 대해 이해를 하고 싶으신지 구체적으로 설명해 주시겠어요?

내담자 2: 음…… 제 성격 부분인데…… 제가 화를 좀 잘 내서요.

상담자 3: 화를 잘 낸다는 것이 구체적으로 어떻게 하신다는 말인가요?

내담자 3: 그냥 별일 아닌 것 같은데도 화가 자주 나는 것 같아요.

상담자 4: 별거 아닌 일에 왜 화가 날까요?

대안반응: ○○ 씨는 화를 내는 자신을 이해하고 싶으신가 보네요. 어떤 상황에서 화를 내는지 설명을 해 주실 수 있을까요?

이 사례에서처럼 상담자가 질문만 할 경우 내담자는 상담이 아닌 조사나 취조를 받는다고 느낄 수 있다. 특히 '왜'라는 질문을 할 때는 뉘앙스에 신경 써야 한다. 일반적으로 '왜'라는 질문은 정보를 구체적으로 탐색하거나 이유나 원인을 확인하는 데 많이 사용되지만 뉘앙스에 따라서 잘못한 행동에 대한 꾸짖음이나 추궁의 의미로 들릴 수 있기 때문이다. 따라서 '왜'라는 질문을 할 때는 뉘앙스에 특히 신경을 써야 하며, 구체적인 정보가 필요할 때 제한적으로 사용할 것을 권장한다. 상담자와 내담자 사이에 라포가 형성되고 상담자가 '왜'라는 단어를 사용하는 목적(이유가 궁금해서)에 대해서 내담자가 이해하게 되면 '왜'라는 질문에 민감하게 반응하지 않을 것이다.

상담자가 질문 일색으로 상담을 이끌어 가는 이유를 생각해 보면 다음과 같다. 즉, 내담자에게서 정보를 얻어 사례개념화를 해야 한다는 생각에 질문을 강박적으로 사용하기도 하고, 내담자의 침묵에 불안해하거나 침묵을 상담자의 무능력으로 인지해서 계속 반응을 이어 가야 한다는 부담감에 질문을 많이 하기도 한다. 또한 상담자가 상담을 이끌어 가야 한다는 책임감 또는 불안감 때문에 계속 질문을 하게 되기도 한다. 이렇듯 상담자마다 다양한 이유로 상담에서 질문만 하게 되는데, 이 경우 단순한 기술 사용의 문제인지, 상담자의 역전이와 관련된 문제인지 파악하고 적절하게 대처해야 한다. 즉, 사례개념화를 위해 질문만을 하게 된다면 기술 사용의 문제겠지만 침묵, 능력에 대한 평가와 관련된 불안이나 부담감은 역전이와 관련된 문제일 수 있다. 수퍼비전을 통해서 역전이 문제라는 것을 확인할 수 있지만 역전이 문제를 해결하기 위해서는 상담자가 상담을 받아야 한다.

둘째, 초보상담자들이 가장 많이 하는 질문 방식은 '끝말잇기' 식 질문이다. 상담에서 내담자 이해를 위해 큰 그림을 그리지 못하면 상담 과정에서 탐색적 질문을 하기 어렵다. 이때 초보상담자들이 가장 많이 하는 질문 패턴은 내담자의 반응에 물음표를 붙이는 것이다.

내담자 1: 제가 공감을 못해서 인간관계에 문제가 있는 것 같아요.
상담자 1: 인간관계에 문제가 있다고 생각하나요?
대안반응 1: 공감을 못한다고 생각하게 된 이유가 있을까요?
대안반응 2: 공감을 못해서 인간관계를 못한다고 생각하게 된 계기가 있나요?
대안반응 3: 최근에 공감을 못해서 인간관계에 문제가 생긴 일이 있었나요?

상담자가 내담자의 반응에 '끝말잇기' 식 질문을 하는 경우 내담자의 이야기에 끌려가기만 할 뿐 내담자가 호소하는 문제를 초점화해서 내담자의 문제를 구체화하고 사례개념화를 통해 가설검증을 하는 것이 어려워진다. 설령 끝말잇기 식 질문을 하더라도 내담자 이해를 위해 필요한 질문이면 상관없다. 그러나 내담자가 하는 얘기를 초점 없이 따라가기만 한다면 상담 주제가 방향을 잃어버리고 불필요한 대화로 시간을 허비할 가능성이 있다. 따라서 상담자는 내담자가 자신에 대해 평가하거나 어떤 감정을 표현할 때 그것이 내담자가 호소한 문제와 어떻게 연결되는지, 유사한 패턴(행동, 사고에서)을 반복하고 있는지, 모순점은 없는지 등을 파악해서 연결하는 질문을 해야 한다. 이때 사용하는 상담기법은 명료화와 직면이다. 이 장에서는 명료화를 설명하고 직면은 제13장에서 다루고자 한다.

명료화는 내담자가 표현하는 애매모호한 생각, 감정, 행동을 명확하게 이해하기 위해 사용하는 상담기술이다. 일반적으로 명료화는 질문 형태로 내담자에게 전달된다. 내담자들은 상담자가 자신이 한 의도나 의미를 정확히 알고 있을 거라 믿는다. 그러나 내담자가 한 말의 의미나 맥락을 질문 없이 그대로 이해할 수 있는 상담자는 드물다. 그래서 상담자 입장에서는 상담자가 이해하기 쉽게 자신이 말한 단어나 문장의 의미를 구체적으로 설명해 주는 내담자를 원할 수도 있다. 그러나 그런 내담자도 드물다. 우리가 기억해야 할 것은 일상에서 똑같은 단어를 사용한다 하더라도 내담자가 사용하는 단어의 의미가 상담자가 생각하는 의미와 다를 수 있다는 것이다. 내담자가 사용하는 말 속에는 내담자의 가치관과 세계관, 인간관, 사고체계가 응축되어 있기 때문에 내담자가 한 말의 의

미가 상담자가 생각하는 의미와 같을 것이라 생각하고 그냥 넘어
가면 내담자에 대해 제한된 이해를 하게 된다. 즉, 상담자의 틀로
내담자를 이해하게 되기 때문에 내담자에 대한 진정한 이해나 공
감이 어렵게 된다. 따라서 상담자는 내담자가 한 말의 의미를 내담
자의 언어로 이해하고 해석할 수 있도록 명료화하는 질문을 해야
한다. 다음 사례를 살펴보자.

상담자 1: 주변 사람들의 시선에 신경 쓰는 이유가 뭘까요?

내담자 1: 아마도 어릴 때 경험 때문인 것 같은데…… 엄마는 제가 어릴 때
부터 친척이나 친구들과 비교를 많이 했고, 늘 저에 대해서 부
정적으로 평가했어요. 그래서 친척들을 만나면 저를 어떻게 볼
까 신경을 썼던 것 같아요. 지금은 친구들이 신경 쓰이는데……
대학에 와서 보니까 저보다 잘난 친구들이 너무 많아서 쟤네
들은 어떻게 저렇게 할 수 있을까? 늘 이 생각을 했던 것 같아
요. 그러고 나면 나는 잘하는 것도 없고 잘난 것도 없고……
이런 생각이 들면서 우울해지고 아무것도 하기 싫어져요.

상담자 2: 우울하면 아무것도 하기 싫어지네요.

대안반응 1: ○○ 씨보다 잘났다고 생각하는 친구들의 특징을 좀 더 설명
해 줄래요?

대안반응 2: ○○ 씨는 어떤 부분에서 친구들보다 못났다고 생각하는지
얘기해 줄래요?

대안반응 3: 어머니께서 비교를 많이 하셨다고 했는데 어떻게 비교했는
지 구체적으로 얘기해 주세요.

수퍼바이저가 수련생에게 가장 많이 하는 피드백 중 하나는 구체적인 탐색을 하라는 것이다. 구체적인 탐색을 하라는 말 속에는 내담자의 말에 대한 정확한 이해를 위해 더 필요한 정보를 파악하고, 내담자가 말한 단어나 내용의 의미를 내담자의 언어로 파악하라는 의미가 담겨 있다. 상담기술로 표현하면 명료화 기술을 사용하는 것이다. 일반적으로 명료화는 특정 사실에 대한 이해를 얻고자 할 때 그리고 구체적으로 상황에 대한 설명이 필요할 때 사용되는 기술이다. 이는 곧 내담자의 시선으로 내담자의 언어적 표현과 의미를 이해하려는 노력과 연결된다. 즉, 상담자의 명료화 기술 사용은 내담자에게 공감받는다는 느낌을 갖게 한다.

> 내담자 1: 이번 시험은 중간고사 때보다 정말 열심히 했는데 성적이 전보다 안 나왔어요.
>
> 상담자 1: 열심히 했는데 성적이 안 나와서 어떡해요. 속상하겠네요.
>
> 내담자 2: 네~ 너무 속상해요. 그래서 다음 학기에 휴학할까 생각하고 있어요.
>
> 상담자 2: 성적이 안 나와서 휴학까지 생각하고 있네요. 휴학하면 뭐 하려고요?

이 사례에서 상담자는 열심히 했는데 성적이 안 나왔다는 내담자의 반응에 "속상하겠네요."라는 감정반영을 해 주었다. 나름 내담자에게 공감하고자 했던 반응이었을 것이다. 그러나 이러한 감정반응은 자칫 립서비스에 불과할 수 있다. 왜냐하면 내담자가 어떻게 열심히 했는지, 진짜 열심히 했는지 파악이 안 된 상태이기 때

문이다. 언뜻 보면 매끄럽게 흘러가는 상담처럼 보이지만 내담자
도 상담자도 내담자가 왜 성적이 안 나왔는지 이해하지 못한 상태
에서 휴학으로 주제가 넘어가 버렸다. 물론 여러 개의 주제를 돌고
돌아 다시 성적이 안 나온 문제로 돌아갈 수 있긴 하다. 내담자가
성적 문제를 다시 다룰 때까지 상담에 와 준다면 말이다.

　다음 사례에서 상담자 1 반응이 영혼 없는 립서비스가 되지 않으
려면 선공감, 후탐색의 방법을 쓰면 된다. 상담자 1 반응과 상담자
3 반응을 비교해 보면 어떤 반응이 내담자에게 더 공감적으로 느껴
질지 알 수 있을 것이다. 상담자 3 반응이 상담자도 공감적으로 반
응했고 내담자도 공감받았다고 느낄 수 있는 반응이다.

내담자 1: 이번 시험은 중간고사 때보다 정말 열심히 했는데 성적이 전보
　　　　다 안 나왔어요.

상담자 1: 열심히 했는데 성적이 안 나와서 어떡해요. 속상하겠네요.[선
　　　　공감]

내담자 2: 네, 너무 속상해요. 그래서 다음 학기에 휴학할까 생각하고
　　　　있어요.

상담자 2: 성적이 안 나와서 휴학까지 생각하고 있네요. 휴학하면 뭐 하
　　　　려고요?

대안반응 1: 근데 중간고사 때랑 어떻게 다르게 공부했는지 궁금하네
　　　　요.[후탐색]

대안반응 2: 어느 정도 성적을 기대했는데 성적이 안 나왔다고 하는 건가
　　　　요?[후탐색]

내담자 3: 중간고사 때는 수업도 열심히 안 듣고 필기도 안 하고 시험에
　　　　임박해서 공부했는데 기말고사 때는 수업에 들어가서 필기도

하고 시험 한 달 전부터 공부를 했어요. 평점이 3.5 정도는 나
올 거라 생각했는데 3.0밖에 안 나와서 힘이 빠져요.
상담자 3: 정말 기말고사는 중간고사보다 열심히 준비를 했네요. 얘기를
들으니까 속상하고 기운 빠진다는 얘기가 이해되네요.

그런데 이 사례를 다음 사례와 다시 한번 비교해 보자. 어떤 차이
가 느껴지는가? 차이는 단 하나이다. 명료화 질문을 한 후 내담자
에게 감정반영을 할 때 내담자와 상담자의 반응 수가 줄어들어 상
담시간을 효율적으로 운영할 수도 있다는 점이다. 물론 돌아가더
라도 종점에 도착하면 되겠지만 10~15회기에 상담을 종결해야 하
는 단기상담 환경에서 명료화하고, 초점화된 탐색을 못한다면 제
한된 시간 내에 상담성과를 이루는 것은 쉽지 않을 것이다.

내담자 1: 이번 시험은 중간고사 때보다 정말 열심히 했는데 성적이 전보
다 안 나왔어요.
상담자 1: 열심히 했는데 성적이 안 나왔다니 속상하겠네요.
대안반응 1: 근데 중간고사 때랑 어떻게 다르게 공부했는지 궁금하네요.
대안반응 2: 어느 정도 성적을 기대했는데 성적이 안 나왔다고 하는 건
가요?
내담자 2: 중간고사 때는 수업도 열심히 안 듣고 필기도 안 하고 시험에
임박해서 공부했는데 기말고사 때는 수업에 들어가서 필기도
하고 시험 한 달 전부터 공부를 했어요. 평점이 3.5 정도는 나
올 거라 생각했는데 3.0밖에 안 나와서 힘이 빠져요.
상담자 2: 정말 기말고사는 중간고사보다 열심히 준비를 했네요. 속상하
고 기운 빠진다는 얘기가 이해되네요.

　명료화 기법을 사용할 때도 너무 많이 또는 너무 적게가 아닌 적절히 활용해야 한다. 명료화를 하지 않으면 상담자가 자신의 생각과 판단으로 내담자의 이야기를 이해하게 되기 때문에 내담자의 세계로 들어가서 내담자를 이해하는 것이 어렵다. 반면, 명료화를 지나치게 많이 사용하게 되면 내담자 입장에서는 상담자가 자신의 이야기를 이해하지 못한다고 생각하면서 자신의 의사소통기술을 의심하거나 거꾸로 상담자가 자신을 이해하지 못한다고 지각할 수 있다. 다음의 차이를 살펴보자. 동일한 사례에서 상담자는 내담자의 상담신청 이유를 파악하기 위해 내담자에게 계속 명료화 질문을 사용하고 있다. 질문을 하나씩 살펴보면 모두 좋은 질문이다. 그렇지만 상담자의 계속된 명료화 질문은 내담자를 지치게 할 수 있다. 이럴 경우 상담자는 내담자가 앞에서 한 말에 대한 요약을 통해 상담자가 잘 이해하고 있다는 것을 표현하고, 내담자를 이해하려고 노력하고 있다는 메시지를 전달할 필요가 있다. 그다음으로 내담자에게 구체적인 에피소드를 생각해 보도록 요청한다. 에피소드 확인은 내담자가 한 이야기의 정황을 구체적으로 파악할 수 있기 때문에 내담자를 이해하기 위해 중요하다. 만약 내담자가 최근에는 그런 일이 없었다거나 잘 기억나지 않는다고 반응한다면 상담자는 다음과 같이 다시 요청할 수 있다. "최근 일이 아니더라도 화와 관련하여 기억나는 일이 있으면 이야기해 주세요." "별거 아닌 일에 화를 낸다고 생각하게 된 이유를 설명해 주시겠어요?" 이런 질문의 의도는 내담자의 생각대로 정말 별일이 아닌 건지, 아니면 내담자가 참지 못하고 화를 내는 것에 대한 자기비난이나 부정적인 자기인식으로 인해 그런 생각을 하는 것인지 파악하려는 것이다.

> 상담자 1: 상담을 신청한 이유에 대해서 좀 더 설명해 주시겠어요?
>
> 내담자 1: 저에 대한 이해를 하고 싶어서 신청했어요.
>
> 상담자 2: 자신의 어떤 부분에 대해 이해를 하고 싶으신지 구체적으로 설명해 주시겠어요?
>
> 내담자 2: 음…… 제 성격 부분인데…… 제가 화를 좀 잘 내서요.
>
> 상담자 3: 화를 잘 낸다는 것이 구체적으로 어떻게 하신다는 말인가요?
>
> 내담자 3: 그냥 별일 아닌 것 같은데도 화가 자주 나는 것 같아요.
>
> 상담자 4: ○○ 씨가 화를 내는 자신에 대해서 이해하고 싶으신가 보네요.[요약] 최근에 별일 아닌데 화가 났던 상황이 있었으면 얘기해 주시겠어요?[명료화]
>
> 내담자 4: 최근은 아닌데…….
>
> 상담자 5: 언제든 상관없어요. 화와 관련하여 기억나는 일이 있으면 얘기해 주시면 돼요.

자신의 문제나 현재 상태에 대해서 고민하고 생각과 감정의 흐름을 잘 따라가고 표현하는 내담자를 만났다면 매우 훌륭한 내담자를 만난 것이다. 그러나 대부분의 내담자는 상담자의 질문이 처음 생각해 보는 내용이거나 주제인 경우가 많기 때문에 즉각적인 반응을 어려워하거나 생각해 보지 않아서 잘 모르겠다는 반응을 빈번하게 한다. 그렇다 하더라도 상담자는 내담자가 자신을 이해하기 위해 필요한 주제에 대해서 생각해 볼 수 있는 탐색적 질문을 하기 위해 노력해야 한다. 내담자가 처음 생각하는 주제일수록 내담자가 무의식적으로 생각하기를 피했거나 전혀 자신과 관련 없는 주제라고 지각하고 있었을 가능성이 크다. 이러한 주제를 생각하고 표현하게 해 주는 것이 상담의 과정이 될 것이다. 반대로 상담자

의 질문이 적절치 않을 때 내담자는 자기탐색의 기회를 제한받게
된다. 따라서 명료화는 모든 내용에 대해 구체적인 묘사와 설명을
요구하는 것이 아니며, 내담자 문제와 연결된, 내담자 이해를 위해
필요한 내용에 한해 사용해야 한다.

〈명료화 질문의 예〉

- 어릴 때 힘들었다고 했는데 어떤 점에서 힘들었는지 설명해 줄
  래요?
- 다른 사람들의 시선이 신경 쓰인다고 했는데 이유가 뭘까요?
- 사람들과 가까워지는 것이 어떤 점에서 불편한 건가요?
- 우울한 상태에 대해서 좀 더 설명해 주시겠어요?
- 사회적 약자라고 표현했는데 구체적으로 설명해 줄래요?
- 아버지가 ○○ 씨를 미워한다고 생각하게 된 계기나 이유가 있
  을까요?
- 동생과 싸운 상황을 좀 더 설명해 줄래요?
- 어느 정도를 많이 먹는다고 얘기하는 건지 설명해 줄래요?
- 살이 빠졌다고 했는데 얼마나 빠진 건가요?
- 알코올 중독이라고 표현했는데 주량이 어느 정도인가요?

2. 폐쇄형 질문을 자주 사용한다면?

질문은 질문의 내용과 형태를 잘 조합해야 한다. 질문의 내용은
좋지만 내담자의 생각을 제한하는 질문 형태는 질문의 효과를 감
소시킨다. 예를 들어 보자.

> A 상담자: 엄마한테 꾸중을 듣고 화가 난 이유에 대해서 설명해 줄래요?
>
> B 상담자: 엄마한테 꾸중을 듣고 화가 났나요?

내담자가 엄마에게 꾸중을 듣고 화가 난 상황을 설명하였다. 상담자는 내담자가 화난 상황에 대해서 좀 더 탐색하기 위한 질문을 하였다. A 상담자와 B 상담자의 차이는 무엇일까? 질문의 의도는 내담자가 꾸중을 듣고 화난 이유를 묻는 것이지만 질문의 느낌과 의미가 전혀 다르다. 우선 질문의 형식으로 볼 때 A 상담자의 질문은 개방형 질문이며 B 상담자의 질문은 폐쇄형 질문이다. A 상담자의 질문은 꾸중을 들으면 당연히 화가 나겠지라는 상담자의 추측에서 벗어나 내담자가 화난 이유를 내담자의 언어로 듣기 위한 질문이다. 즉, 화가 난 이유가 엄마의 꾸중하는 태도 때문인지, 언어적 폭력 때문인지, 무시당하는 느낌이 들어서인지 등을 탐색해서 내담자가 화가 난 이유를 명확히 하고, 화나는 상황이 다른 관계나 상황에서도 비슷한 패턴으로 나타나는지를 확인할 수 있다. B 상담자의 질문은 폐쇄형 질문으로 내담자가 '네' '아니요'로 간단히 답할 수 있는 질문이다. 상담자는 화가 났다면 왜 났는지, 안 났다면 왜 안 났는지를 다시 물어야 한다. 물론 친절한 내담자들은 비록 상담자가 폐쇄형으로 간단히 질문했지만 개방형 질문을 받은 것처럼 자세하게 설명해 주기도 한다. 그러나 이런 요행을 바라면서 상담을 진행할 수는 없다. 질문을 효율적으로 한다는 것은 질문의 횟수를 줄이면서 내담자가 구체적인 이야기를 할 수 있는 질문을 하는 것이다.

　초보상담자들이 질문과 관련하여 자주 하는 실수는 자신도 모르게 폐쇄형 질문을 사용하는 경우가 많다는 것이다. 폐쇄형 질문의 목적은 사실관계 확인이기 때문에 내담자에게 깊이 있는 정보를 얻기 어렵다. 그렇다고 폐쇄형 질문을 사용하지 말라는 말은 아니다. 폐쇄형 질문이 더 효과적인 상황도 있다. 청소년 내담자의 경우 개방형 질문이 어렵게 느껴질 수도 있고 별로 말하고 싶어 하지 않아서 대답을 회피하려고 할 때가 있다. 이 경우 폐쇄형 질문과 개방형 질문을 적절한 비율로 사용하면 도움이 된다.

상담자 1: 친구들과 안 친하다고 했는데 어떤 점 때문에 그렇게 생각하니?[개방형 질문]

내담자 1: (침묵) 모르겠는데요.

상담자 2: 그럼 최근에 친구들과 안 친하다고 느끼게 된 사건이 있었니?[폐쇄형 질문]

내담자 2: 네~ 있었어요.

상담자 3: 어떤 일이었는지 선생님한테 설명해 줄 수 있을까?[개방형 질문]

　남자친구와 이별한 후 우울하다고 찾아온 여학생을 상담하면서 상담자는 폐쇄형 질문을 통해 내담자의 이별 패턴과 이별 후 우울한 감정이 왜 나타났는지를 확인하고 있다. 이 사례의 경우 사실 확인을 위해 폐쇄형 질문을 효과적으로 사용하고 있다.

　이 같은 폐쇄형 질문은 내담자에 대한 정확한 정보를 파악하는 데 효과적인 질문방법이다. 따라서 상담자는 무조건 폐쇄형 질문

> 상담자 1: 남자친구와 자주 헤어진다고 했는데 누가 주로 이별을 고하나
> 요?[폐쇄형 질문]
>
> 내담자 1: 주로 제가 먼저 헤어지자고 하는데요.
>
> 상담자 2: 그럼 헤어지자는 말에 남자친구가 순순히 동의했나요?[폐쇄
> 형 질문]
>
> 내담자 2: 음…… 그럴 때도 있고 아닐 때도 있었던 것 같아요.
>
> 상담자 3: 지금 헤어진 남자친구의 경우는 어느 경우에 해당하나요?[폐
> 쇄형 질문]
>
> 내담자 3: 헤어지자는 말에 순순히 동의해서 제가 화가 난 거죠.

을 사용하면 안 된다는 생각에서 벗어나 어떤 질문이 내담자의 정
보를 파악하고 내담자를 이해하는 데 도움이 되는지를 잘 판단해
서 더 효과적인 질문을 사용하면 된다. 그러나 내담자의 문제를 탐
색해야 하는 상담초기에는 '네' '아니요'라는 단답형 질문을 유도하
는 폐쇄형 질문보다 내담자에 대한 풍부한 정보를 제공할 수 있는
개방형 질문을 사용할 필요가 있다. 내담자 탐색 단계에서 사고와
감정을 탐색하기 위한 질문이 개방형 질문이다(이수현, 서영석, 김동
민, 2007). 개방형 질문을 주로 사용하는 것이 내담자에게 생각하고
표현할 수 있는 기회를 제공할 수 있지만, 필요에 따라서는 폐쇄형
질문을 통해 사실 확인과 함께 내담자가 간단히 자신의 의사를 표
현할 수 있는 기회를 제공하는 것도 필요하다. 따라서 상담자는 개
방형 질문과 폐쇄형 질문을 적절히 사용할 수 있도록 많은 연습을
해야 할 것이다.

상담자 1: 상담을 신청한 이유에 대해서 좀 더 설명해 주시겠어요?[개방
　　　　형 질문]

내담자 1: 저에 대한 이해를 하고 싶어서 신청했어요.

상담자 2: 자신의 어떤 부분에 대해 이해를 하고 싶으신지 구체적으로
　　　　설명해 주시겠어요?[명료화]

내담자 2: 음…… 제 성격 부분인데…… 제가 화를 좀 잘 내서요.

상담자 3: 최근에 어떤 상황에서 화를 냈는지 얘기해 주실래요?[개방형
　　　　질문]

내담자 3: 그냥 별일 아닌 것 같은데도 화가 자주 나는 것 같아요. 얼마
　　　　전에 친구들과 같이 밥을 먹으러 김밥 집에 갔는데 한 친구가
　　　　갑자기 김밥이 먹기 싫다면서 나가자고 하는 거예요. 그래서
　　　　모두 당황하기는 했는데 그 친구가 싫다고 하니까 모두 나왔
　　　　어요. 김밥 집 앞에서 어디를 갈지 다시 정하는데 그 친구는
　　　　자기가 어디를 가고 싶은지 얘기를 안 하는 거예요. 아무거나
　　　　먹으면 되는데 자기가 싫다고 점심시간 허비하게 만들고 어디
　　　　에 가고 싶은지 얘기도 안 해서 다들 우왕좌왕하게 만드는 게
　　　　너무 짜증이 나서 점심을 안 먹는다고 하고 그냥 와 버렸어요.
　　　　생각해 보니 제가 이렇게 불쑥불쑥 화가 나 짜증이 나는 경우
　　　　가 많은 것 같아요.

3. 맥락에 맞지 않는 부적절한 질문을 한다면?

초보상담자들이 탐색적 질문과 관련하여 반복하는 문제들 중 하나는 부적절한(맥락에 맞지 않는) 질문을 한다는 것이다. 수퍼비전이나 상담교육에서 상담자의 질문이 부적절하다(맥락에 맞지 않다)

는 피드백을 받았다면, 상담자가 가장 먼저 점검해야 하는 것은 경청이다. 경청을 한다는 것은 내담자의 이야기를 언어적·비언어적으로 들으면서 이해한다는 것이다. 경청이 안 되면 내담자의 자기 탐색과 이해에 도움을 줄 수 있는 적절한 질문을 할 수 없다. 초보상담자들이 경청을 어려워할 때는 내담자의 문제를 해결해 줘야 한다는 생각을 하거나, 무슨 이야기를 해야 할지 모르거나, 적절한 반응을 해야 한다는 부담감을 경험할 때 등이다. 또한 상담자가 지나치게 엄격하거나 내담자의 말과 행동에 대한 판단과 평가에 집중하거나 부정적인 역전이가 영향을 미칠 경우, 상담자는 내담자의 말을 경청하기보다는 자기 경험과 판단에 기반해서 내담자의 이야기를 듣고 이해하기 때문에 적절한 질문을 할 수가 없다. 이런 경우 상담자는 내담자의 이야기를 있는 그대로 듣고 이해하기 어렵게 되고, 자신에게 몰두된 상태에서 반응하게 되는 오류를 범하게 된다. 또한 초보상담자일수록 내담자의 호소문제를 간과하고 자신이 관심 있는 문제에 더 선택적 집중을 하는 경향이 있다. 상담의 기본은 말하는 것보다 잘 듣는 것이다. 잘 들으려면 상담자가 내담자의 이야기를 내담자 입장에서 가감 없이 들어 줄 수 있어야 한다. 그리고 중립적인 입장에서 내담자의 문제를 바라볼 수 있어야 한다. 여기서 중요한 것은 상담자가 내담자에게 도구로서 잘 활용되고 있는지를 점검하는 것이다. 상담자가 자신의 가치관과 무관하게 상담을 할 수는 없지만, 가치관을 제외한 다른 부분에서는 내담자가 생각하고 판단하고 행동하는 것에 대해 중립적인 자세와 태도를 견지하면서 내담자가 자신이 왜 그런 생각을 하고 그런 행동을 하는지 스스로 이해할 수 있도록 탐색적 질문을 해야 한다.

한편, 상담자들 중에는 내담자의 반응을 따라가려고 애를 쓰지만

3. 맥락에 맞지 않는 부적절한 질문을 한다면?

민감한 주제(성 이슈, 가족 갈등, 자해 및 자살 등)로 인해 내담자가 더 이상 이야기를 하려고 하지 않는다거나 그 주제를 다루기에 상담자 자신이 너무 부담스러울 때 상담자가 먼저 주제를 바꾸는 경우가 있다. 상담자가 내담자를 돕기 위해 나름 노력하는 것이지만 상담의 주제를 전환하는 것은 상담자의 문제(예: 상담자의 미해결 문제, 내담자 문제를 다룰 자신이 없을 때)와도 관련되기 때문에 간과해서는 안 된다. 특히 상담자가 다루고 싶지 않은 주제를 내담자가 꺼냈을 때 상담자는 자신도 인식하지 못한 상태에서 상담 주제를 전환하는 질문을 하게 된다. 상담자는 자신의 문제가 내담자를 돕는 데 방해 요인이 되지 않도록 노력할 필요가 있으며 이를 해결하기 위해서 상담받을 것을 권장한다.

다음 사례에서 내담자는 사람들 사이에서 눈치를 본다는 고민을 이야기했고, 상담자는 내담자가 눈치 보는 것이 부모님과의 관계와 관련이 있는지를 확인하기 위한 질문을 하였다. 내담자는 가족이나 부모님과의 관계에서 별문제가 없다고 답을 하였다. 상담자 3은 내담자의 별문제 없다는 이야기를 듣고 시험준비와 관련된 이야기로 화제를 전환하였다. 이 상담에서 상담자가 놓친 것은 내담자가 사람들 사이에서 눈치를 보는데 왜 가족이나 부모님과의 관계는 괜찮다고 이야기하는지 확인하지 않은 것이다. 상담자 3 반응에서 상담자가 왜 화제를 전환했는지 상담자는 자기탐색을 해야 한다. 내담자가 괜찮다고 했으니까 더 이상 탐색할 내용이 없다고 생각해서 화제를 전환한 것인지, 상담자도 부모와의 관계에 대한 이야기를 다루는 것이 어렵거나 불편해서 화제를 바꾼 것인지는 상담자만 알 수 있을 것이다. 화제를 전환한 이유를 잘 분석해서 상담자 문제와 관련된 이유라면 상담자도 자신의 문제를 해결하기 위한 노력을 해야 할 것이다. 앞서 상담자의 질문은 의도와 목적이 있어야 한다고 설명하였다. 대안반응 1, 2는 명료화 질문을 통해 내담자가 가족이나 부모님과의 관계에서 별문제 없다고 말한 이유와 눈치를 보는 사람들이 구체적으로 어떤 사람들인지 좀 더 구체화하기 위한 질문을 하고 있다. 대안반응 3은 상담자의 질문에 대해 내담자가 단어를 바꿔서 답한 부분을 예리하게 포착하고 부모님과

상담자 1: 사람들과의 사이에서 눈치를 본다고 했는데 부모님과의 관계는 어떤가요?[개방형 질문]

내담자 1: 가족관계는 그렇게 나쁘다고 생각하지 않아요.

상담자 2: 그럼 가족 중 부모님과의 관계만 따로 떼서 생각해 보면 어때요?[개방형 질문]

내담자 2: 부모님과의 관계도 별문제 없다고 생각하는데요.

상담자 3: 그렇군요. 다음 주가 중간고사 기간인데 준비는 잘되어 가나요?[폐쇄형 질문]

대안반응 1: 그렇군요. 부모님과의 관계도 별문제 없다고 생각하네요. 부모님과 별문제 없다고 생각하는 이유에 대해서 좀 더 구체적으로 설명해 줄래요?[명료화]

대안반응 2: 가족관계도, 부모님과의 관계도 나쁘지 않다고 했는데, ○○ 씨가 눈치를 보는 사람들은 어떤 사람들인지 설명해 줄래요?[명료화]

대안반응 3: 부모님과의 관계를 질문했는데 가족관계가 괜찮다고 얘기해서 다시 부모님과의 관계에 대해서 질문을 했어요. 부모님과의 관계에 대해서 구체적으로 얘기하는 것이 불편한가요?[폐쇄형 질문]

의 관계에 대해서 이야기하는 것에 불편감이 있는지를 확인하기
위해 폐쇄형 질문을 하고 있다.

4. 한 번에 여러 개의 질문을 한다면?

초보상담자들이 질문을 할 때 자주 하는 실수는 한 번에 여러 가
지 질문을 하는 것이다. 내담자의 역할은 상담실에 와서 자신의 이
야기를 가감 없이 하는 것이다. 그런데 상담자 입장에서 내담자가
폭포수처럼 자신의 이야기를 꺼내 놓으면 어느 타이밍에 질문을
해야 하는지도 판단하기 어렵고 중간에 내담자의 생각이나 감정의
흐름을 끊을까 봐 걱정되는 마음에 질문이 떠오를 때 바로 하지 않
고 잠시 기다리게 된다. 그러다가 질문할 것들이 많이 쌓이게 되면
상담자들은 마음이 급해지면서 질문을 쏟아 내기 시작한다. 이때
상담자는 한 번에 하나씩 질문한다는 원칙 아닌 원칙을 잠시 잊게
된다. 질문을 여러 개 받은 내담자는 어느 질문에 대답을 할지 몰
라 곤란을 느낀다. 그리고 자신이 대답하기 편하거나 간단하게 대
답할 수 있는 질문을 선택해서 대답을 하게 된다. 또한 어느 질문
에 대답을 해야 할지 판단이 어려울 경우 아예 대답을 안 하는 경우
도 있다. 따라서 상담자는 내담자가 혼란스럽지 않게 한 번에 하나
씩 질문하는 연습을 해야 한다. 생각난 질문을 꼭 오늘 할 필요는
없다. 오늘 다룬 내용 중 중요한 내용인데 질문할 타이밍을 놓쳤을
경우 기록해 두었다가 다시 그 이야기가 나왔을 때, 아니면 비슷한
주제가 나왔을 때 연결해서 질문을 하면 된다. 내담자들은 해결되
지 않은 문제를 계속 반복적으로 이야기하는 경향이 있다. 그래서

꼭 그 순간에 질문을 하지 않아도 괜찮다. 내담자가 지금 내 앞에서 하는 이야기에 몰입하는 것이 더 중요하다. 평소 한 번에 여러 개를 질문하는 대화 습관을 가진 상담자는 이유야 어떻든 간에(성격이 급해서든, 궁금한게 많아서든) 이런 습관을 고치기 위해 노력해야 한다. 상담을 녹음 또는 녹화해 보면 자신의 언어적 습관이나 질문 패턴을 쉽게 파악할 수 있을 것이다.

상담자 1: 지난 한 주 어떻게 보냈어요? 참 중간고사는 잘 봤나요?
대안반응: 지난 한 주 어떻게 보냈어요? 중간고사 기간이라서 바빴을 것
　　　　　같은데…….
내담자 1: 네~ 중간고사는 잘 본 것 같아요.

---

5. 내담자의 말 중 어떤 내용에 초점을 두고 질문해야 할지 모르겠다면?

탐색적 질문과 관련하여 초보상담자들이 경험하는 어려움 중 하나는 내담자가 하는 많은 이야기 중 어떤 이야기에 초점을 맞춰 질문을 해야 할지 모른다는 것이다. 내담자의 이야기를 그대로 따라가면서 질문하다 보면 초점 없이 이 이야기 저 이야기로 흘러가 버리게 되거나 상담목표와 관계없는 지엽적인 내용을 탐색하느라 상담시간을 허비하게 되는 상황이 종종 발생하게 된다. 특히 내담자가 상담목표를 결정하기 어려울 정도로 많은 문제를 이야기하거나 회기마다 새로운 주제를 이야기할 때 초보상담자들은 어떤 이야기

에 초점을 두고 상담을 진행해야 할지 맥락을 잡는 데 어려움을 겪을 수 있다. 그렇다면 상담자는 내담자의 어떤 이야기에 우선순위를 두고 질문을 해야 할까? 물론 내담자의 이야기 중에서 중요하지 않은 이야기는 없기 때문에 내담자의 말을 주의 깊게 잘 들어야 한다. 다만 시간과 비용의 문제로 내담자의 말 중 더 중요하다고 생각되는 내용을 먼저 다룰 뿐이다. 따라서 상담자는 내담자가 하는 이야기를 가볍게 여기거나 간과하지 말고 잘 기억해야 하며, 당장 그 이야기들을 집중적으로 다루지 않는다 하더라도 추후 내담자와 이야기해야 할 내용이라면 잘 기록해 두었다가 그 이야기를 다시 할 상황(내담자가 관련 주제에 대한 이야기를 꺼내거나 반복적으로 비슷한 상황이 발생한다는 생각이 들 때)이 되었을 때 내담자가 현재 하는 말과 연결 지으면 된다. 이런 과정을 반복하게 되면 내담자의 자기인식을 확장시키는 데 도움을 줄 수 있다. 다음 사례를 살펴보자. 내담자는 엄마와 싸우고 먼저 화해를 시도했다는 이야기를 상담자에게 전달하였다. 상담자는 내담자가 싸우고 나서 먼저 사과하는 패턴이 반복된다는 것을 인지하고 과거 내담자가 친구에게 먼저 사과했던 일을 연결시켰다. 이를 통해 내담자는 자신이 먼저 사과하는 패턴을 취하고 있다는 것을 인식하게 됐으나 남자친구에게는 먼저 사과하지 않고 냉전 상태를 유지하고 있다는 새로운 정보를 제공한다. 상담자는 내담자가 남자친구와 싸웠다는 이야기를 기억하고 있음을 전달하고 왜 남자친구에게는 먼저 사과하고 싶지 않은지를 탐색하기 위한 질문을 하였다. 이후 상담자는 내담자가 남자친구에게 무엇을 기대하는지, 어떤 관계를 원하는지, 왜 다른 관계와는 다른 대처를 하는지 등에 대한 질문을 통해 내담자와 남자친구와의 관계를 더 자세히 탐색해야 할 것이다.

상담자 1: 엄마와 싸우고 불편한 관계가 싫어서 먼저 사과를 했네요. 근데
전에도 친구와 다투고 나서 바로 먼저 사과했다고 했는데…….

내담자 1: 네~ 제가 그러네요. 왜 그런지 모르겠는데 먼저 사과를 해야
마음이 편해요. 근데 2주 전에 제가 남친과 싸운 얘기를 했잖
아요. 근데 남친한테는 먼저 사과하기가 싫은 거예요. 그래서
아직도 냉전 중이에요.

상담자 2: 남친과 싸웠다고 한 얘기는 기억이 나요. 그렇지 않아도 남친
과의 관계에서도 먼저 사과하는지 궁금했는데…… 남친한테
먼저 사과하고 싶지 않은 건 어떤 마음일까요?

상담과정에서 상담자가 초점화시켜 질문해야 할 주된 내용을 살펴보면 다음과 같다. 상담목표와 관련된 내담자 경험 및 그 경험에 대한 내담자의 생각과 감정, 과거나 현재에 좌절된 내담자의 욕구, 현재 내담자가 경험하는 어려움 등이다. 내담자가 이러한 내용을 알아서 잘 이야기하지 않기 때문에 상담자는 내담자의 이야기를 들으면서 질문을 통해 앞에서 말한 내용을 탐색해야 한다. 구체화된 탐색적 질문은 내담자의 경험을 재구성(새로운 조망으로 내담자의 경험을 볼 수 있는 시각을 제공)하고 더 깊은 자기이해를 할 수 있도록 돕는다. 즉, 양질의 질문은 내담자가 자신을 다른 시각으로 새롭게 볼 수 있는 기회를 제공하고 자기인식을 확장할 수 있도록 돕는다. 이러한 경험은 내담자에게 도전인 동시에 자기통찰을 할 수 있는 좋은 기회를 제공한다. 이상의 내용을 근거로 다음에 제시된 사례를 살펴보자. 내담자의 주호소문제는 '사람들에게 화를 덜 내고 싶다.'이며, 2회기 상담이라 가정하고 내담자 반응 중 상담자가 초점화시켜 질문해야 할 내용을 체크해 보자.

내담자 1: 지난 상담이 끝나고 나서 많은 생각을 했어요. 상담을 잘 받았다는 생각도 들고…… 제가 바뀔 수 있을까 싶기도 했고…… 그런데 주말에 기분이 안 좋은 일이 있었어요. 그래서 나는 언제쯤 화를 안 내고 살 수 있을까라는 생각을 했어요. 근데 막상 상담실에 오니 별일 아닌 것 같다는 생각도 드네요. 전 화가 날 때는 너무 심각한데 시간이 지나고 나면 별거 아닌 일에 화를 낸 것 같아 맥이 빠질 때가 있어요. 제가 왜 이런지 이해하기 어려운데…… 상담을 받으면 이런 제가 좀 나아질 수 있겠죠?

상담자 1: 네~ 상담을 잘 받았다고 생각했다니 다행이네요. 상담을 열심히 받으면 바뀔 수 있을 거예요.

내담자 2: 네~ 저도 그렇게 됐으면 좋겠어요. 그런데 제가 왜 자꾸 화를 내는지 궁금하기도 해요. 자꾸 화를 내는 게 반복되니까 제 문제가 심각한가라는 생각도 들고…… 그런데 제가 또 친한 친구들도 있어서 그렇게 인간관계에 심각한 문제가 있진 않아요. 초등학교 때 왕따를 당한 경험 빼놓고는 인간관계에 대해서 고민해 본 적이 별로 없거든요. 가끔 화를 내는 게 문제라는 생각이 제일 큰 것 같아요. 선생님은 화가 날 때 어떻게 하세요? 상담자 선생님은 화가 잘 안 날 수도 있겠네요. 전 제가 화가 날 때마다 다른 사람들도 화가 나는지, 나는 왜 이렇게 화가 잘 나는지, 다른 사람들도 나처럼 화를 내는지 이런 게 궁금해져요.

상담자 2: 나도 화를 내죠. 화를 낸다고 해서 문제가 되는 건 아니죠.

내담자 3: 그래요? 전 문제라고 생각했었는데…… 그럼 안심이 되네요.

상담자 3: 안심이 되세요?

내담자 4: 네~ 안심이 되네요. 그럼 전 무슨 얘기를 해야 할까요? 전에

　　는 제가 문제가 없는 사람이라고 생각했었는데…… 막상 상담
　　을 받으려고 생각하니 제가 또 너무 문제가 많은 사람이라는
　　생각이 드는 거예요. 다른 사람들도 다 저랑 비슷하겠죠? 저
　　는 이상한 행동을 하는 사람들을 보면 이해가 잘 안 돼요. 왜
　　저렇게 행동하는지 이해가 잘 안 되거든요. 그래서 그런 사람
　　들을 보면 화가 나요. 그런데 화를 내고 나서는 제가 별거 아
　　닌 일에도 화를 내는 것 같아서 속 좁은 사람이라는 생각을 많
　　이 했어요. 그런데 그건 제 동생도 그렇고 우리 아빠도 그렇
　　고…… 다 화를 잘 내서 전 다른 사람들이 다 우리 가족과 비슷
　　하다고 생각했었어요. 그런데 아빠가 저더러 제 성격이 이상
　　하다고 하는 거예요. 저는 너무 화가 나서 아빠한테 나보다 아
　　빠가 더 심하다고 했죠. 저희 집은 늘 이렇게 싸우는 게 일상
　　인 거 같아요. 그래서 전 싸우는 게 이상하지 않아요. 그런데
　　남친과 싸울 때는 좀 힘든 것 같긴 해요.

상담자 4: 남친이 있었어요? (네.) 몰랐네요. 근데 지난번에 상담 신청을
　　했을 때는 우울에 관해서 얘기를 하고 싶다고 했는데 오늘은
　　어떤 얘기를 하고 싶은 거예요?

내담자 5: 글쎄요. 말하다 보니 어떤 얘기를 해야 할지 모르겠네요.

상담자 5: 그럼 남친 얘기를 해 볼까요?

내담자 6: 네, 좋아요.

　　내담자 반응 중에서 질문을 통해 주호소문제와 관련하여 구체적
으로 탐색해야 할 내용을 살펴본 결과 16개로 확인되었다. 16개 반
응의 주된 내용은 첫 상담회기 이후 상담에 대한 내담자의 생각, 화
내는 대상(아버지, 남자친구, 다른 사람들), 감정표현 문제(화를 자주
내거나 화를 표현하는 방법), 자기지각(속 좁은 사람) 등이다.

내담자 1: 지난 상담이 끝나고 나서 많은 생각을 했어요. ① 상담을 잘 받았다는 생각도 들고…… ② 제가 바뀔 수 있을까 싶기도 했고…… 그런데 ③ 주말에 기분이 안 좋은 일이 있었어요. 그래서 ④ 나는 언제쯤 화를 안 내고 살 수 있을까라는 생각을 했어요. 근데 ⑤ 막상 상담실에 오니 별일 아닌 것 같다는 생각도 드네요. 전 화가 날 때는 너무 심각한데 시간이 지나고 나면 별거 아닌 일에 화를 낸 것 같아 맥이 빠질 때가 있어요. 제가 왜 이런지 이해하기 어려운데…… ⑥ 상담을 받으면 이런 제가 좀 나아질 수 있겠죠?

상담자 1: 네~ 상담을 잘 받았다고 생각했다니 다행이네요. 상담을 열심히 받으면 바뀔 수 있을 거예요.

내담자 2: 네~ 저도 그렇게 됐으면 좋겠어요. 그런데 ⑦ 제가 왜 자꾸 화를 내는지 궁금하기도 해요. 자꾸 화를 내는 게 반복되니까 제 문제가 심각한가라는 생각도 들고…… 그런데 제가 또 친한 친구들도 있어서 그렇게 ⑧ 인간관계에 심각한 문제가 있진 않아요. ⑨ 초등학교 때 왕따를 당한 경험 빼놓고는 인간관계에 대해서 고민해 본 적이 별로 없거든요. 가끔 화를 내는 게 문제라는 생각이 제일 큰 것 같아요. ⑩ 선생님은 화가 날 때 어떻게 하세요? 상담자 선생님은 화가 잘 안 날 수도 있겠네요. ⑪ 전 제가 화가 날 때마다 다른 사람들도 화가 나는지, 나는 왜 이렇게 화가 잘 나는지, 다른 사람들도 나처럼 화를 내는지 이런 게 궁금해져요.

상담자 2: 나도 화를 내죠. 화를 낸다고 해서 문제가 되는 건 아니죠.

내담자 3: 그래요? 전 문제라고 생각했었는데…… 그럼 안심이 되네요.

상담자 3: 안심이 되세요?

내담자 4: 네~ 안심이 되네요. 그럼 전 무슨 얘기를 해야 할까요? ⑫ 전
          에는 제가 문제가 없는 사람이라고 생각했었는데…… 막상
          상담을 받으려고 생각하니 제가 또 너무 문제가 많은 사람이
          라는 생각이 드는 거예요. 다른 사람들도 다 저랑 비슷하겠
          죠? 저는 이상한 행동을 하는 사람들을 보면 이해가 잘 안 돼
          요. 왜 저렇게 행동하는지 이해가 잘 안 되거든요. 그래서 그
          런 사람들을 보면 화가 나요. 그런데 화를 내고 나서는 ⑬ 제
          가 별거 아닌 일에도 화를 내는 것 같아서 속 좁은 사람이라는
          생각을 많이 했어요. 그런데 그건 제 동생도 그렇고 우리 아빠
          도 그렇고…… 다 화를 잘 내서 전 다른 사람들이 다 우리 가족
          과 비슷하다고 생각했었어요. 그런데 ⑭ 아빠가 저더러 제 성
          격이 이상하다고 하는 거예요. 저는 너무 화가 나서 아빠한테
          나보다 아빠가 더 심하다고 했죠. 저희 집은 늘 이렇게 싸우는
          게 일상인 거 같아요. 그래서 전 싸우는 게 이상하지 않아요.
          그런데 ⑮ 남친과 싸울 때는 좀 힘든 것 같긴 해요.

상담자 4: 남친이 있었어요? (네.) 몰랐네요. 근데 지난번에 상담 신청을
          했을 때는 우울에 관해서 얘기를 하고 싶다고 했는데 오늘은
          어떤 얘기를 하고 싶은 거예요?

내담자 5: 글쎄요. 말하다 보니 ⑯ 어떤 얘기를 해야 할지 모르겠네요.

상담자 5: 그럼 남친 얘기를 해 볼까요?

내담자 6: 네, 좋아요.

지금부터는 16개 내담자 반응을 탐색하기 위한 질문을 만들어
보자. 16개 내담자 반응을 탐색하기 위한 질문을 정리하면 다음과
같다. 유사한 패턴의 질문 같아 보이지만 질문의 공통점은 내담자
가 한 말의 의미를 이해하기 위해 구체적인 설명을 요구하거나 내

담자가 왜 그렇게 생각하고 느끼는지를 탐색하기 위해 이유, 느낌, 감정을 묻는다는 것이다.

① 상담을 잘 받았다는 생각도 들고……
  → 상담을 잘 받았다고 생각한 이유를 좀 더 설명해 줄래요?
  → 상담에 대해 어떤 기대를 가지게 되었는지 궁금하네요.
  → 상담을 받고 나서 어떤 생각들을 하게 됐는지 얘기해 줄래요?
② 제가 바뀔 수 있을까 싶기도 했고……
  → 바뀔 수 있을까라고 생각 했다는 게 어떤 의미인가요?
  → 안 바뀔까 봐 걱정했다는 의미로 들리는데…… 어떤 마음인지 궁금하네요.
  → 뭔가 걱정되는 마음이 느껴지는데…… 구체적으로 설명해 줄래요?
③ 주말에 기분이 안 좋은 일이 있었어요.
  → 주말에 어떤 일이 있었나요?
  → 주말에 있었던 일에 대해서 좀 더 설명해 줄래요?
  → 주말에 있었던 안 좋은 일에 대해서 얘기해 볼까요?
④ 나는 언제쯤 화를 안 내고 살 수 있을까라는 생각을 했어요.
  → 언제부터 화를 안 내고 살고 싶다는 생각을 하게 됐나요?
  → 화를 안 내고 살고 싶은 이유가 있나요?
  → 화를 내는 자신에 대해서 어떻게 생각해요?
⑤ 막상 상담실에 오니 별일 아닌 것 같다는 생각도 드네요.
  → 별일이 아니라는 생각이 드는 이유가 뭘까요?
  → 막상 얘기하려고 하니 별일 아닌 것처럼 느껴지는 것 같은데…… 이런 경험을 종종 하나요?

→ 상담실에 와서 생각이 바뀐 이유가 있을까요?

⑥ 상담을 받으면 이런 제가 좀 나아질 수 있겠죠?

→ 상담을 받아도 변하지 않을까 봐 걱정되는 건가요?

→ 변화되고 싶은 마음이 느껴지는데…… 상담을 통해서 어떤 변화를 기대하세요?

→ 스스로 변화될 거라는 믿음이 있는지 궁금하네요.

⑦ 제가 왜 자꾸 화를 내는지 궁금하기도 해요.

→ 스스로 화를 자주 낸다고 생각하는 이유가 있나요?

→ ○○ 씨는 본인이 왜 화를 낸다고 생각하세요?

→ ○○ 씨는 화를 내는 것에 대해서 어떻게 생각하세요?

⑧ 인간관계에 심각한 문제가 있진 않아요.

→ 인간관계에서 심각한 문제가 없다는 것이 어떤 의미인가요?

→ 인간관계에서 어려움을 경험한 적이 없다는 의미인가요?

→ 본인의 인간관계 능력에 대해서 어떻게 생각하세요?

⑨ 초등학교 때 왕따를 당한 경험 빼놓고는 인간관계에 대해서 고민해 본 적이 별로 없거든요.

→ 초등학교 때 왕따경험에 대해서 좀 더 설명해 줄래요?

→ 초등학교 때 인간관계에 대해 어떤 고민을 했는지 구체적으로 설명해 주세요.

→ 초등학교 때 이후로 인간관계에 대한 고민을 별로 안 한 것 같은데…… 중·고등학교 때 친구관계는 어땠는지 얘기해 줄래요?

⑩ 선생님은 화가 날 때 어떻게 하세요?

→ 다른 사람들이 어떻게 화내는지에 대해서 궁금한 이유가 뭘까요?

→ 화가 날 때 다른 사람과 다르다는 생각을 하는 건가요?

→ 내가 화내는 방법이 궁금한 건가요?

⑪ 전 제가 화가 날 때마다 다른 사람들도 화가 나는지, 나는 왜 이렇게 화가 잘 나는지, 다른 사람들도 나처럼 화를 내는지 이런 게 궁금해져요.

→ 다른 사람에 비해 화를 잘 낸다고 생각하는 것 같은데……
왜 그렇게 생각하세요?

→ 다른 사람들이 어떻게 화를 내는지 궁금한 이유가 뭘까요?

→ 화와 관련해서 스스로 다른 사람들과 다르다고 생각하는
거 같은데…… 왜 그럴까요?

⑫ 전에는 제가 문제가 없는 사람이라고 생각했었는데……

→ 문제가 없는 사람이라는 게 어떤 의미인가요?

→ 문제가 없는 사람이라고 생각한 이유가 있을까요?

→ 지금은 문제 있는 사람이라고 생각하는 것 같은데…… 그
렇게 생각하는 이유를 설명해 줄래요?

⑬ 제가 별거 아닌 일에도 화를 내는 것 같아서 속 좁은 사람이라
는 생각을 많이 했어요.

→ 별거 아닌 일에도 화를 낸다고 했는데…… 최근에 어떤 일
로 화를 냈나요?

→ 왜 속 좁은 사람이라고 생각하나요?

→ 별거 아닌 일에도 화를 낸다고 생각한 건 언제부터인가요?

⑭ 아빠가 저더러 제 성격이 이상하다고 하는 거예요.

→ 어떤 상황에서 성격이 이상하다는 말을 들었나요?

→ 성격이 이상하다는 얘기를 듣고 ○○ 씨는 어떤 생각(감정)
이 들었어요?

→ ○○ 씨가 생각하기에 아빠 성격은 어떤 것 같나요?

→ 아빠가 왜 성격이 이상하다고 얘기하는지 생각해 봤나요?

⑮ 남친과 싸울 때는 좀 힘든 것 같긴 해요.

→ 남친과 어떤 일로 싸웠나요?

→ 남친과 싸우면 더 힘든 이유가 뭘까요?

→ 남친과 어떻게 싸우는지 구체적으로 설명해 줄래요?

⑯ 어떤 얘기를 해야 할지 모르겠네요.

→ 어떤 얘기를 해야 할지 모르겠다는 게 어떤 의미인가요?

→ 우리의 상담목표가 무엇이었는지 기억하세요?

→ 갑자기 해야 할 얘기를 고민하는 이유가 뭘까요?

내담자 반응에 대한 최소한의 질문만 모아도 50여 개의 질문이 만들어진다. 그러나 이 모든 질문을 한 회기 안에 다 할 수는 없다. 따라서 상담자는 내담자와 지금-여기에서 느껴지는 감정이나 생각, 내담자가 하는 이야기의 흐름에 맞춰 더 중요하다고 생각되는 질문을 선별해야 한다. 그러나 불행히도 상담과정에서 상담자가 질문을 선별하는 데 많은 시간이 주어지지 않기 때문에 상담자는 머릿속에 떠오르는 대로 질문할 수밖에 없다. 질문의 질적 수준에 따라 상담의 방향과 탐색의 깊이가 달라지기 때문에 상담자는 의도와 목적이 있는 양질의 질문을 하기 위한 수련을 꾸준히 해야 한다. 처음엔 잘 안 되겠지만 지속적인 수퍼비전과 상담자 반응 연습을 통해 개발할 수 있다.

마지막으로, 내가 상담자라면 내담자 반응에 어떻게 반응했을지 대안반응을 적어 보기 바란다. 축어록을 푼 후 상담자 반응에 대안반응을 적는 것은 상담자 반응을 교정할 수 있는 좋은 방법이다. 초

보상담자일수록 수정이 필요한 상담자 반응(예: 내담자 반응을 따라
가지 못하거나, 상담자가 화제를 바꾸거나, 감정을 다루지 못하고 회피하
거나, 중요하지 않은 내용에 대해 질문할 때)에 대안반응을 기록하면
서 반응교정 연습을 꾸준히 할 필요가 있다. 대안반응에 정답은 없
다. 다만 내담자가 전달하고자 하는 말의 내용과 의미를 따라가면
서 내담자 이해를 위한 최선의 질문을 하기 위해 노력할 뿐이다. 앞
서 정리한 질문을 참고로 내가 상담자라면 내담자의 어떤 말에 초
점을 두고 질문할 것인지 작성해 보자.

축어록	상담자 대안반응
내담자 1: 지난 상담이 끝나고 나서 많은 생각을 했어요. 상담을 잘 받았다는 생각도 들고…… 제가 바뀔 수 있을까 싶기도 했고…… 그런데 주말에 기분이 안 좋은 일이 있었어요. 그래서 나는 언제쯤 화를 안 내고 살 수 있을까라는 생각을 했어요. 근데 막상 상담실에 오니 별일 아닌 것 같다는 생각도 드네요. 전 화가 날 때는 너무 심각한데 시간이 지나고 나면 별거 아닌 일에 화를 낸 것 같아 맥이 빠질 때가 있어요. 제가 왜 이런지 이해하기 어려운데…… 상담을 받으면 이런 제가 좀 나아질 수 있겠죠?	

상담자 1: 네~ 상담을 잘 받았다고 생각했다니 다행이네요. 상담을 열심히 받으면 바뀔 수 있을 거예요.	대안반응 1: 지난 상담 이후에 여러 가지 생각을 했던 것 같네요. 우리가 상담 목표를 화를 덜 내는 것으로 결정했던 것 같은데 바로 지난주에 화나는 일이 있었던 것 같네요. 하나씩 얘기를 해 보죠. 우선 지난주에 어떤 일로 화가 났는지 구체적으로 얘기해 줄래요? 대안반응 2: 지난 상담 후에 많은 생각을 했던 것 같은데…… 상담에 대해 어떤 기대를 가지게 됐는지 궁금하네요. 대안반응 3: 지난 상담 이후에 여러 가지 생각을 했던 것 같네요. 상담실에 오니 별일 아닌 것 같이 느껴진다고 했는데…… 어떤 의미인지 설명해 줄래요?
내담자 2: 네~ 저도 그렇게 됐으면 좋겠어요. 그런데 제가 왜 자꾸 화를 내는지 궁금하기도 해요. 자꾸 화를 내는 게 반복되니까 제 문제가 심각한가라는 생각도 들고…… 그런데 제가 친한 친구들도 있어서 그렇게 인간관계에 심각한 문제가 있진 않아요. 초등학교 때 왕따를 당한 경험 빼놓고는 인간관계에 대해서 고민해 본 적이 별로 없거든요. 가끔 화를 내는 게 문제라는 생각이 제일 큰 것 같아요. 선생님은 화가 날 때 어떻게 하세요? 상담자 선생님은 화가 잘 안 날 수도 있겠네요. 전 제가 화가 날 때마다 다른 사람들도 화가 나는지, 나는 왜 이렇게 화가 잘 나는지, 다른 사람들도 나처럼 화를 내는지 이런 게 궁금해져요.	

상담자 2: 나도 화를 내죠. 화를 낸다고 해서 문제가 되는 건 아니죠.	대안반응 1: 나도 화가 날 때가 있죠. 화를 내는 게 왜 문제라고 생각하는지 궁금하네요. 대안반응 2: 화를 내긴 하지만 인간관계에는 문제가 없다는 얘기로 들리는데…… 화를 내는 게 왜 ○○ 씨에게는 고민거리가 되는 걸까요? 대안반응 3: 초등학교 때 왕따경험에 대해서 구체적으로 얘기해 줄 수 있을까요? 대안반응 4: 초등학교 때 왕따경험을 얘기했는데…… 초·중·고등학교 때 인간관계가 어떻게 달랐는지 설명해 줄래요?
내담자 3: 그래요? 전 문제라고 생각했었는데…… 그럼 안심이 되네요.	
상담자 3: 안심이 되세요?	대안반응 1: 안심되는 이유가 궁금하네요.
내담자 4: 네~ 안심이 되네요. 그럼 전 무슨 얘기를 해야 할까요? 전에는 제가 문제가 없는 사람이라고 생각했었는데…… 막상 상담을 받으려고 생각하니 제가 또 너무 문제가 많은 사람이라는 생각이 드는 거예요. 다른 사람들도 다 저랑 비슷하겠죠? 저는 이상한 행동을 하는 사람들을 보면 이해가 잘 안 돼요. 왜 저렇게 행동하는지 이해가 잘 안 되거든요. 그래서 그런 사람들을 보면 화가 나요. 그런데 화를 내고 나서는 별거 아닌 일에도 화를 내는 것 같아서 제가 속 좁은 사람이라는 생각을 많이 했어요. 그런데 그건 제 동생도 그렇고 우리 아빠도 그렇고…… 다 화를 잘 내서 전 다른 사	

람들이 다 우리 가족과 비슷하다고 생
각했었어요. 그런데 아빠가 저더러 제
성격이 이상하다고 하는 거예요. 저는
너무 화가 나서 아빠한테 나보다 아빠
가 더 심하다고 했죠. 저희 집은 늘 이
렇게 싸우는 게 일상인 것 같아요. 그
래서 전 싸우는 게 이상하지 않아요.
그런데 남친과 싸울 때는 좀 힘든 것
같긴 해요.

상담자 4: 남친이 있었어요? (네.) 몰랐네요. 근데 지난번에 상담 신청을 했을 때는 우울에 관해서 얘기를 하고 싶다고 했는데 오늘은 어떤 얘기를 하고 싶은 거예요?	대안반응 1: 이상한 행동이라는 게 어떤 행동인지 설명해 주시겠어요? 대안반응 2: 최근에 이상한 행동을 한 사람을 보고 화낸 일이 있었나요? 대안반응 3: 화를 내고 나서 속이 좁다고 생각하는 이유는 뭘까요? 대안반응 4: 남친과 싸울 때 더 힘든 이유는 뭘까요?
내담자 5: 글쎄요. 말하다 보니 어떤 얘기를 해야 할지 모르겠네요.	
상담자 5: 그럼 남친 얘기를 해 볼까요?	대안반응 1: 얘기를 하면서 혼란스러워진 것 같은데…… 지금 하고 있는 생각이나 느낌을 표현할 수 있을까요? 대안반응 2: 하고 싶은 얘기가 많아서 하나만 결정하기 어렵다는 의미인가요?
내담자 6: 네, 좋아요.	

육하원칙에 근거해 개방형 질문, 폐쇄형 질문, 간접질문을 적절
히 활용해서 질문하면 내담자 이해에 필요한 내용을 탐색할 수 있
다. 즉, 언제(과거, 현재, 미래), 어디서, 누가, 어떻게 (말과 행동을)
했는지 구체적으로 탐색(질문)하면 된다. 탐색과정에서 파악되는

정보들은 내담자 이해를 위한 밑그림을 그리는 데 활용할 수 있다. 어떤 문제가 반복되는지, 문제가 되는 대처 방식은 무엇인지, 현재 경험하는 문제가 과거 경험과 어떻게 연결되는지, 과거 및 현재에 내담자가 경험하는 감정은 무엇인지, 왜 그런 생각과 감정을 경험하는지 등에 대한 질문을 통해 파악된 정보를 정리하면 사례개념화가 된다. 다음 사례를 통해 살펴보자.

상담자 1: 엄마와 싸우는 문제가 ○○ 씨에게는 상담을 받을 만큼 심각한 문제인 것 같네요. 엄마와 싸운 일이 이번이 처음이 아닐 텐데 왜 지금 상담받으러 오신 건지 궁금하네요.

내담자 1: 네~ 엄마와 싸운 건 오래된 문제이긴 해요. 늘 엄마와 싸우고 제가 그냥 넘어가고 그러면서 문제를 해결하지 않고 그냥 덮고 넘어가고 그랬는데…… 최근에 결혼에 대한 고민을 하게 되면서 엄마와의 관계가 계속 이 상태로 유지되는 건 아니라는 생각이 들었어요. 엄마와의 불편한 관계를 결혼할 사람에게 보여 주고 싶지도 않고…… 그래서 엄마와 잘 지내고 싶기도 한데 잘 안 되니까 엄마와 싸우는 것이 요즘엔 더 스트레스인 거 같아요.

상담자 2: 결혼을 앞두고 엄마와의 관계가 더 신경 쓰이는 것 같네요. 엄마와의 관계를 좋게 하고 싶다고 얘기하긴 했는데…… 어떤 상황에서 엄마와 싸우게 되는지 궁금하네요.

내담자 2: 엄마가 갑자기 화를 내거나 제게 뭔가를 요구할 때 싸우는 상황이 많이 발생하는 것 같아요. 엄마가 좋게 말하면 되는데 갑자기 화를 내면 저는 이유도 모르고 엄마의 화를 다 받아 내야 하니까 너무 짜증이 나는 거죠. 그리고 엄마는 뭔가를 요구할 때 정확히 얘기하는 게 아니라 추측하게 만들 때가 많아

요. 뭘 먹고 싶으면 먹고 싶다고 얘기를 하면 되는데 "저거 맛
있겠네."라고 말해요. 전 그냥 얘기하는 거라고 생각했는데
나중에 알고 보니 그 말이 먹고 싶다는 얘기인 거예요. 처음엔
엄마가 말하는 의미를 못 알아채서 엄마랑 많이 싸웠죠. 화낸
다는 이유로…… 그런데 지금은 엄마가 안 바뀐다는 걸 알아
서 그런지 엄마가 화내거나 짜증 내면 그냥 귀를 닫거나 피하
죠. 그래서 화해를 하거나 그런 건 없고…… 그냥 말을 안 하
고 지내다가 일이 생기면 어쩌다 말하게 되고 또 그냥 넘어가
고 또 엄마가 불편한 일이 생기면 일방적으로 화내고 전 또 피
하고…….

상담자 3: ○○ 씨는 싸운다고 했지만 얘기를 들어 보니 엄마가 일방적으
로 화를 내는 상황이 많은 것 같은데…… 그럴 때마다 ○○ 씨
는 귀를 닫거나 피해 버리는 상황이 반복되는 것 같네요.

내담자 3: 네~ 맞아요. 엄마가 일방적으로 화를 내시고 전 피하죠. 저는
싸운다고 생각했는데…… 엄마랑 싸운 게 아니네요.

상담자 4: ○○ 씨는 마음속으로 엄마와 싸우는 것 같은데…… 하고 싶은
말을 속으로만 하는 건가요?

내담자 4: 네~ 마음속으로 엄마한테 하고 싶은 얘기를 많이 해요. 소리
지르고 화를 내고…… 그런데 엄마를 보면 실제로 그렇게 하
지 못해요. 왠지 미안하기도 하고…… 제가 엄마한테 화를 낼
자격이 없다는 생각이 들어서요.

상담자 5: 상상으로 엄마와 싸우면서 실제로 싸운다는 생각을 하는 것
같네요. 엄마한테 화를 낼 자격이 없다는 게 무슨 의미예요?

내담자 5: 엄마가 저를 키우느라 고생을 많이 하셨어요. 아빠가 경제적
인 능력이 없어서 엄마가 주로 돈을 벌어 오셨죠. 제 학원비를
대느라고 식당에서 일하시고 마트에서도 일하시고…… 저는
그런 엄마가 창피해서 엄마를 모른 척한 적도 있어요. 그래서

엄마한테 잘해 줘야 한다는 생각도 있지만 엄마가 화를 내면 저도 모르게 화가 나니까 싸우기 싫어서 계속 피하게 되는 것 같아요.

상담자 6: 엄마에 대해서 고맙고 미안한 감정이 있어서 엄마에게 화를 내거나 불편한 마음을 표현하기 어려워 보이네요.

내담자 6: 네~ 화를 내면 죄책감이 들어서 제가 더 힘들더라고요. 그래서 계속 피하게 되는 것 같아요.

상담자 7: 화를 내면 죄책감이 느껴진다고 하니 화를 내기 어렵겠네요. 그럼 결혼할 남자친구에게는 어떤가요? 불편한 감정이나 화를 표현하나요?

내담자 7: 실은 그것도 문제인데…… 제가 남친한테도 화를 못 내요. 불편한 게 있어도 말을 못하고 꽁하게 있거나 말하는 걸 피하니까 남친이 오히려 답답해서 말을 하라고 하죠. 가만히 보니 저도 화가 났을 때 엄마와 비슷한 부분이 있네요. 엄마도 화가 나면 풀릴 때까지 말을 하지 않아요. 제가 먼저 사과를 해도 엄마는 자기가 풀릴 때까지 사과를 받아 주지 않아요. 그런 부분을 저도 닮았네요. 닮고 싶지 않았는데…….

상담자 8: 화낼 때 하는 행동이 닮고 싶지 않은 엄마와 비슷하다고 했는데…… 엄마와 비슷한 행동을 한다는 것을 지금 확인한 것 같은데…… 어떤 생각이 들어요?

내담자 8: 제가 문제가 좀 많네요. 엄마를 탓하는 부분도 있었는데 엄마를 탓할 문제만은 아닌 것 같아요. 그리고 남자친구한테도 좀 미안해지네요. 저도 그런 엄마 때문에 힘들었는데 남친도 저처럼 힘들었을 거라 생각하니……. (눈물)

이 사례에서 상담자는 엄마와의 갈등 문제가 어제오늘의 문제가 아닌데 왜 지금 상담을 받으러 왔는지 탐색하는 질문을 하였다. 내담자는 엄마와의 관계 개선을 원하기도 하지만 결혼을 준비하면서 엄마와 갈등하는 모습을 보이고 싶지 않은 마음이 있다는 것을 표현하였다. 상담자는 어떤 상황에서 엄마와 주로 갈등이 생기는지, 내담자가 그 상황에서 어떻게 대처하는지, 남자친구와의 관계에서는 화를 어떻게 표현하는지 등에 대한 질문을 하였다. 이러한 질문을 통해 내담자는 남자친구에게도 말을 안 하고 회피하는 대처를 동일하게 반복하고 있다는 것을 인지하게 되었다. 추후 상담자는 내담자가 엄마에게 가지는 양가감정을 통합할 수 있도록 돕기 위해 엄마와의 관계를 좀 더 탐색하고 미해결 감정을 상담에서 표현할 수 있도록 해야 할 것이다. 또한 엄마와의 관계에서 경험하는 분노감정과 감정을 처리하는 방법이 다른 중요한 대상들(예: 현재 남자친구, 직장동료 등)과의 관계에 영향을 미치고 있음을 인지했으니 추후 상담에서는 전이감정을 처리하고 새로운 대처방법을 경험하고 습득할 수 있도록 도와야 할 것이다.

제**6**장
....

감정반영

1. 언제/어떻게 감정반영을 해야 할지 모르겠다면?

2. 내담자의 감정이 잘 이해되지 않는다면?

3. 감정반영을 제대로 했는지 확신하기가 어렵다면?

4. 내담자의 감정을 제대로 다루지 못할 것 같은 불안함이 생긴다면?

감정반영은 내담자의 언어적 · 비언어적 반응에서 보이는 감정을 상담자가 내담자에게 거울 비추듯 표현하는 것이다. 감정반영의 목적은 내담자가 자신의 감정을 명확히 인식하고, 더 나아가 자신이 느끼는 감정을 수용하고 타당화 작업을 통해 궁극적으로 내담자 자신을 이해하도록 돕는 것이다.

상담자가 감정반영을 잘하기 위해서는 언어적 메시지와 비언어적 메시지를 함께 경청할 수 있어야 한다. 상담자의 모든 반응은 내담자의 언어적 · 비언어적 경청을 기반으로 한다. 말로 드러내는 감정은 비교적 쉽게 알아차릴 수 있지만 비언어적 반응(예: 눈 주위가 빨개진다거나, 갑자기 하늘을 본다거나, 얼굴을 붉힌다거나)을 통해 감정을 드러낼 경우 상담자가 주의 깊게 관찰하고 듣지 않으면 알아채기 어렵다. 따라서 상담자는 귀로 들리는 말의 내용뿐 아니라 비언어적 몸짓에 담긴 감정도 함께 알아차릴 수 있도록 경청 능력을 키워야 한다.

한편, 상담자가 감정반영기술을 사용하기 위한 전제조건은 내담자가 언어적이든 비언어적이든 감정을 표현해야 한다는 것이다. 그러나 감정을 표현하는 것은 생각보다 쉽지 않다. 더군다나 긍정적인 감정이 아닌 부정적인 감정을 표현하는 것은 내담자에게 매우 부담스러운 일이다. 특히 중요한 대상(가족이나 부모님)과 관련된 부정적 감정을 표현하는 과정에서 내담자들은 상당한 딜레마를 경험한다. 가족에 대한 불편한 감정을 속 시원하게 말하고 싶기도 하지만 다른 한편으로는 가족에 대한 부정적 감정을 표현하는 과정에서 죄책감도 경험하게 된다. 가족에 대한 부정적 감정을 표현할 때 내담자들이 보이는 반응은 다음과 같다.

> 상담자: 가족에 대해 불편한 점이 있지만 얘기하고 싶지 않다고 했는데 어떤 마음인지 좀 더 설명해 주실래요?
>
> 내담자: 가족에 대해서 말하는 것이 불편해요. 특히 엄마에 대한 감정이 좋지 않은데…… 말을 하다 보면 엄마를 욕하는 것처럼 보일까 봐……. 지금은 잘해 주시거든요. 그리고 남한테 가족에 대한 나쁜 점을 얘기하는 건 안 좋은 것 같아요.

이 같은 경우 상담자는 내담자가 가족에게 불편한 감정을 가지는 것과 그 감정을 표현하는 것은 나쁜 것이 아님을 알려 주고 안심시킬 필요가 있다. 가족에 대한 불편한 감정을 말하는 것의 목적은 가족을 욕하고 비난하는 것이 아니라 자신이 경험한 감정을 표현하고 그 감정이 나에게 어떤 영향을 미쳤는지 알고자 하는 것이다. 따라서 상담자는 내담자의 말이 욕이나 비난으로 들리지 않으며 오히려 가족에 대한 불편하고 처리하기 힘든 감정 때문에 고민하는 내담자의 어려움을 이해하게 됐다는 점을 강조해서 표현해 주어야 한다. 내담자들은 불편한 감정을 표현하지 않고 참는 이유에 대해서 다음과 같이 말한다. 말을 해도 상대가 변하지 않으니까, 말을 해도 감정이 바뀌지 않으니까, 나만 바뀌려고 노력하는 것이 억울하니까 말하는 것보다 참는 것이 더 낫다고 말한다. 이럴 경우 상담자는 어떻게 반응해야 할까? 우리가 상대에게 불편한 감정을 표현하는 이유는 상대를 바꾸려는 것이 아니라 경험한 감정을 표현하고 상대에게 알리는 것이 목적임을 내담자에게 알려 줄 필요가 있다.

상담자 1: 가족에 대해서, 특히 엄마에 대한 감정을 솔직히 표현하는 것이 가족을 욕하는 것처럼 보일까 봐 걱정이 되나 보네요. 그런데 난 ○○ 씨 얘기를 들으면서 가족을 욕한다기보다는 가족 관계에서, 특히 엄마와의 관계에서 느끼는 불편한 감정으로 인해 힘들었다는 것을 표현했다고 생각했어요. ○○ 씨 얘기를 들으면서 ○○ 씨의 마음이 얼마나 힘들었는지 좀 더 이해하게 된 것 같아요.

내담자 1: 선생님처럼 저를 이해해 준다면 저도 더 편하게 얘기를 할 텐데…… 우리 가족은 얘기를 해도 변하지 않아요. 그래서 가족한테 저를 이해시키려고 얘기하는 것도 싫고, 왜 나만 노력해야 하나라는 생각 때문에 억울하기도 해요.

상담자 2: 가족들이 ○○ 씨 얘기를 듣고 좀 변했으면 하고 기대하는데 달라지지 않으니 혼자 노력하는 것 같아서 억울한 마음이 생기는 것 같네요. 우리가 상대에게 내 생각과 감정을 표현하는 건 상대를 바꾸려고 하는 것보다 내 마음이 이렇다는 것을 상대에게 알리는 목적이 더 커요. 내 마음을 전달한 후 상대가 어떻게 반응하느냐에 따라서 그 관계를 어떻게 할지 결정하게 되겠죠. 내 얘기를 듣고 어떤 생각이 드나요?

내담자 2: 전 상대에게 제 생각이나 감정을 표현하면 상대가 변하려고 노력하는 게 당연하다고 생각했던 것 같아요. 그래서 바뀌지 않는 가족한테 자꾸 실망하게 되고 화가 나는 것 같아요. 제 감정을 표현하고 알리는 것이 목적이라고 하면 제가 가족한테 너무 큰 기대를 한 것 같긴 하네요. 가족들이 제 얘기를 듣고 안 바뀐 건 아닌데 제가 보기엔 부족하다는 생각이 들었던 것 같아요.

이 사례에서 내담자는 상담자의 설명을 들은 후 불편한 감정을 표현하는 목적이 상대를 바꾸는 것이라 생각했던 것을 자각하게 되었고, 자신의 감정을 상대에게 전달하고 알리는 것이 목적이라는 것을 이해하게 된 순간 자신의 기대가 너무 높아 가족의 노력이나 변화를 알아채지 못했음을 확인하게 되었다.

대부분의 내담자는 가족뿐 아니라 다양한 관계에서 경험하는 부정적 감정의 처리를 어려워한다. 감정과 관련된 문제를 가지고 오는 내담자들은 부정적인 감정의 홍수에 빠져서 자신의 감정을 어떻게 처리해야 하는지 혼란스러워한다. 특히 어떤 문제 상황에 대해 상반된 감정을 경험하는 내담자들의 경우는 더욱 그러하다. 다음 사례에서 내담자가 아버지에 대해서 표현하는 것을 보면 복잡한 양가감정이 잘 드러나 있다.

> 내담자 1: 아버지에 대한 기억이 별로 없어요. 너무 어릴 때 이혼을 하셔서. 아버지를 생각하면 복잡한데…… 그립기도 하고 화도 나는 것 같아요.

내담자는 어릴 때 헤어진 아버지에 대한 그리움과 분노를 표현하고 있다. 이때 상담자는 내담자가 가지고 있는 두 가지 감정을 잘 다루어서 혼란스러운 마음을 정리할 수 있도록 도와야 한다.

> 상담자 1: 얼굴도 잘 기억나지 않는 아버지에 대한 그리움과 분노를 표현했는데…… 구체적으로 어떤 상황에서 그런 감정들을 경험하는지 얘기해 볼래요?

내담자 2: 선생님 말씀대로 얼굴도 잘 기억나지 않는 아버지가 가끔 그리울 때가 있어요. 특히 친구들이 아버지 얘기를 할 때 나도 아버지가 있었는데…… 나도 아버지가 있었으면…… 하는 생각이 들면서 아버지라는 사람이 그리워져요. 그런데 한편으로는 우리를 버리고 간 아버지에 대해서 화가 나요. 왜 엄마한테 우리를 맡기고 떠났는지 모르겠어요. 어른들의 일이긴 하지만…… 우리도 아버지가 필요한데…….

내담자는 얼굴도 잊혀 가는 존재감 없는 아버지에 대한 그리움과 함께 아버지가 자신을 버렸다는 생각으로 화가 난다고 말한다. 상담자는 내담자가 아버지에 대해 가지고 있는 감정들, 즉 밉지만 완전히 미워할 수 없고 그립지만 그리워할 수 없는 내담자의 복잡한 감정에 대해서 표현하고 그것을 수용하고 이해할 수 있도록 도와야 한다. 우리는 보통 한 대상에 대해 좋은 감정과 나쁜 감정을 함께 경험한다(양가감정). 좋기도, 나쁘기도 한 대상을 통합할 수 있을 때 변화가 시작될 수 있기 때문에 상담자는 내담자의 혼란스러운 감정을 충분히 다룰 수 있어야 한다.

한편, 우리를 괴롭히는 감정은 대개 부정적 감정인데, 이를 미해결 감정 또는 핵심 감정이라고 한다.[1] 상담에서 다루는 대부분의 감정은 부정적 감정이다. 부정적인 감정을 느끼는 것은 불편하고 힘든 일이기 때문에 내담자들의 경우 부정적인 감정을 무시하거나 없는 것처럼 취급하려 한다. 그 과정에서 부정적인 감정들은 해소되지 않고 계속 축적되어 일상에서 여러 가지 부적응적인 문제를

---

1) 이후 감정은 부정적 감정, 미해결 감정을 의미한다.

만든다. 상담자는 상담과정에서 내담자가 감정을 인식하는지, 또 감정을 어떻게 표현하고 관리하는지 탐색하고 이 과정에서 내담자가 경험하는 어려움을 확인하고 해결할 수 있도록 도와야 한다.

감정을 억압하는 사람들은 자신이 감정을 억압한다는 사실조차 인식하지 못하는 경우가 많다. 그러나 부정적 감정은 결코 사라지지 않으며 오히려 퇴적물처럼 마음속에 쌓여 있다가 과거 부정적 감정을 경험했던 유사한 상황을 다시 경험할 때 문제 상황보다 과도한 분노나 화를 경험하고 더 이상 참을 수 없을 때 극단적으로 표출하게 된다. 이러한 경험을 반복적으로 하게 되면 결국 관계 문제를 경험할 수밖에 없다. 즉, 폭발적으로 화를 낸 사람도, 과도한 분노를 마주한 상대도 매우 당황스러운 상황에 놓이게 되고, 내담자가 부정적인 감정을 관리하거나 해결하려고 노력하지 않는 한 악순환은 반복될 수밖에 없다. 내담자가 감정을 억압하고 표현하지 않는 것이 관계를 위한 것이라고 생각할 수 있지만 오히려 관계를 파괴하는 것임을 인식할 수 있도록 도와야 한다.

내담자들이 상담에 와서 우울하다, 불안하다, 슬프다, 화가 난다 등 다양한 감정을 자발적으로 표현해 준다면 매우 고마운 일이다. 상담에서 다양한 감정을 분화시켜서 표현해 주는 내담자를 만나는 것은 결코 쉬운 일이 아니기 때문이다. 많은 경우 내담자들은 자신의 감정을 정확히 인지하지 못하거나 마치 로봇처럼 감정표현을 전혀 하지 않고 사실관계만 늘어놓는다. 또한 현재 자신이 경험하는 문제를 감정과 연결시키지 못하는 경우도 있다. 그래서 자신이 현재 왜 우울하고 불안하고 화가 나는지 그 이유를 잘 모른다. 이유없이 짜증 나고 화가 나고 불안하다고 하는 내담자들의 경우, 부정적 감정을 경험한 전후 상황을 잘 탐색해 보면 내담자에게 불편한 감정을 일으킬 만한 크고 작은 생활 사건들이 원인이라는 것을 확인할 수 있다. 혹은 부정적인 감정을 드러내는 것은 위험하고 심지어 부정적 감정을 완벽히 숨길 수 있다고 생각하기 때문에 감정을 억압하기도 한다. 부정적 감정을 억압하느라 긍정적 감정도 제대로 느끼지 못하고 표현하지 못한다는 것도 인지하지 못한다. 부정적 감정을 느끼고 경험하는 것을 어려워하는 내담자들은 많은 에너지를 부정적 감정을 억압하는 데 사용하기 때문에 내담자의 표현이 생생하지 않고 매우 건조한 느낌이 들며 삶의 에너지와 활력도 느껴지지 않는다.

상담자에 따라 감정반영이 어려운 내담자가 있을 수 있지만 일반적으로 감정을 표현하지 않는 내담자가 감정을 표현하는 내담자보다 더 어렵게 느껴질 수 있다. 우선 감정표현을 어려워하는 내담자들의 경우, 상담자는 감정을 느끼고 경험하는 것이 왜, 어떤 점에서 어려운지를 먼저 파악해야 한다. 감정을 표현하기 어려워하는 내담자들은 부정적인 감정뿐 아니라 긍정적인 감정을 표현하는 것도 불편해한다는 것을 참고할 필요가 있다. 대부분의 내담자는 부정적 감정을 처리하는 과정에서 다양한 어려움을 경험하기 때문에 감정을 느끼고 경험하는 것이 내담자에게 어떤 이유로 어려운지 탐색해야 한다. 감정을 말하는 것이 약해 보일까 봐, 감정을 말한다고 해서 해결이 되지는 않으니까, 단점을 드러내는 것 같아서, 그때의 감정을 다시 느끼고 싶지 않아서, 감정을 이야기하는 것 자체가 불편하니까 등의 다양한 이유가 있을 수 있다. 감정을 표현하는 것을 어려워하는 이유를 파악했다면 그와 관련된 경험, 즉 구체적인 에피소드를 통해 내담자가 감정과 경험을 어떻게 연결하고 해석하는지, 그 경험이 현재 어떤 영향을 미치는지 구체적으로 다루어야 한다.

　한편, 부정적 감정을 드러내지 않음으로써 얻는 이차적 이득이 있는지도 파악해야 한다. 예를 들어, 친구와의 관계가 깨지는 것을 걱정해서 부정적인 감정을 드러내지 않고 참는 내담자가 있다고 가정하자. 내담자는 친구와의 관계가 깨질 것을 염려해서 웬만한 일에 대해서 불편감을 표현하지 않고 관계를 유지하고 있다. 내담자는 자신이 친구에게 불편한 마음을 표현하면 친구가 기분이 나빠져 자신과 멀어지거나 관계가 서먹해질 것이기 때문에 자신이 참는 것이 관계를 위한 최선의 선택이라고 생각한다. 내담자는 자신이 참으면 관계가 유지되기 때문에 괜찮다고 생각할 수 있지만 결론적으로 불편한 감정을 숨기면서 맺는 관계는 오래 유지하기 어렵다. 결국 내담자는 불편한 감정을 숨기면서 친구관계를 유지하는 것의 어려움을 토로할 수밖에 없다. 내담자는 친구와의 관계가 깨지는 것을 염려해서 부정적 감정을 표현하지 않았지만 결과적으로 친구와의 관계가 불편해져서 거리 두기를 하고 관계를 끊으려고 한다면, 불편한 감정을 숨기는 노력이 관계 유지에 도움이 안 된다는 것을 알게 될 것이다. 이 같은 관계 패턴을 가진 내담자들의 경우 상담자와의 관계에서도 불편감을 숨길 수 있으며, 이는 상담관계에 부정적인 영향을 미칠 수 있다. 즉, 내담자가 상담실 밖에서 맺는 대인관계 패턴을 상담에서 상담자와도 반복하기 때문에 상담자는 내담자가 상담자와 관계를 맺는 패턴에 대해서도 잘 살펴야 한다. 상담자는 내담자의 밑마음과 생각을 확인하고 내담자가 상담자와의 관계에서 보이는 모습을 확인하기 위해 다음과 같은 질문을 할 수 있다.

- 감정을 솔직하게 드러내는 것이 왜 어려운가?
- 부정적인 감정을 드러내면 어떤 상황이 벌어질 것 같은가?
- 불편한 감정을 속이면서까지 관계를 유지하고 싶은 이유는 무엇인가?
- 원하는 관계를 맺는 데 자신의 감정을 숨기는 것이 도움이 되는가?
- 이전에도 비슷한 경험이 있는가?
- 혹시 지금 나(상담자)와의 관계에서도 불편한 감정을 숨기고 있는 것은 아닌가?

부정적인 감정을 참고 회피하는 것만으로는 자신이 원하는 관계를 맺을 수 없다는 것을 이해해야만 내담자가 변화를 시도할 수 있다. 상담자는 내담자가 그동안 억눌렀던 부정적 감정을 소화할 수 있도록 도와주어야 한다. 감정을 소화하도록 돕는다는 것은 내담자가 그 감정과 관련된 경험들을 충분히 표현하고 그러한 감정으로 인해 마음이 어려웠을 것이라는 점을 상담자에게 이해받는 경험을 통해 자신의 감정을 타당화하는 과정을 의미한다.

반대로 자신의 감정에 과몰입되어 감정을 훨씬 더 극적으로, 격하게 표현하는 내담자도 있다. 이들은 부정적 감정을 적절한 수위로 표현하기 위해 또는 적절한 시기에 표현하기 위해 일시적으로 감정을 담아 두거나 관리할 수 있어야 하는데 참지 못하고 욱하는 감정을 여과 없이 표현한다. 이렇게 감정에 압도되는 내담자들의 경우 상황을 실제보다 더 부정적으로 지각하고 충동적으로 표현하기 때문에 주변 상황이나 주변인을 배려할 여유가 없다. 감정을 표현하는 방법도 극단적인 방법(언어적·물리적 폭력)을 사용할 가능성이 크기 때문에 과도한 감정표현을 완화시켜 표현할 수 있도록 도와야 한다. 내담자가 자신의 감정처리방법에 대해 문제의식을 가지고 있어야 변화를 위한 노력이 가능하기 때문에 상담자는 내담자가 감정표출방법에 대한 문제의식을 가질 수 있도록 도와야 한다. 즉, 부정적인 감정을 여과 없이 표현했을 때 내담자가 감당해야 하는 어려움과 이로 인해 파생되는 또 다른 문제들을 내담자가 인지할 수 있도록 돕는다. 내담자에게 문제의식이 생겼다면, 화가 났을 때 감정을 다스리고 평정심이 생겼을 때 자신의 감정을 표현해야 한다는 것을 학습할 수 있도록 교육해야 한다. 특히 상대에게 표현할 때 상대가 방어적인 모습을 보이지 않도록 공격적이지 않은 표현방법을 고민하고 연습할 수 있도록 도와야 한다.

자신의 감정을 민감하게 알아차리지 못하는 내담자든 자신의 감정에만 몰두해 있는 내담자든 간에 내담자의 변화를 도모하기 위해 상담자는 내담자의 감정을 다루어야 한다. 이 과정에서 상담자에게 필요한 기술이 감정반영이다. 내담자의 감정을 반영해 주는 것은 단순한 공감과 이해의 차원을 넘어서 내담자 변화에 매우 중요한 조건이 된다. 상담자는 내담자가 여러 상황에서 반복적으로 경험하는 부정적 감정이 무엇인지, 부정적 감정을 어떻게 처리하는지(억압하는지, 과도하게 표현하는지), 부정적 감정을 처리하는 과정에서 파생되는 이차적인 문제나 어려움은 무엇인지(관계갈등 및 관계단절, 외로움, 고독감 등), 부정적 감정을 표현하기 어려워하는 이유는 무엇인지 등을 탐색해야 한다. 그러나 감정만 다루면 실제적인 변화로 이끌기엔 한계가 있다. 변화를 위해서는 감정과 생각, 행동을 모두 함께 다루는 것이 효과적이다. 상담자는 내담자가 표현하는 감정 밑에 숨어 있는 생각과 다양한 감정을 처리하기 위해 내담자가 대처하는 행동 등을 파악할 수 있어야 한다.

이 장에서는 초보상담자들이 감정반영을 어려워하거나 힘들어하는 이유를 하나씩 살펴보고자 한다. 구체적으로 초보상담자들이 감정반영과 관련하여 자주 경험하는 어려움은 다음과 같다.

1. 언제/어떻게 감정반영을 해야 할지 모르겠다면?
2. 내담자의 감정이 잘 이해되지 않는다면?
3. 감정반영을 제대로 했는지 확신하기가 어렵다면?
4. 내담자의 감정을 제대로 다루지 못할 것 같은 불안함이 생긴다면?

1. 언제/어떻게 감정반영을 해야 할지 모르겠다면?

초보상담자들의 가장 큰 고민은 언제/어떻게 감정반영을 해야 하는지 잘 모르겠다는 것이다. 특히 상담초기에 내담자에 대한 구체적인 탐색이 필요한 상황에서 내담자가 감정표현을 할 경우 내담자의 감정을 따라가야 하는지, 내담자에 대한 탐색을 계속해야 하는지 혼란스러울 수 있다. 결론부터 말하자면, 내담자가 감정을 표현할 때는 탐색을 미루고 감정을 먼저 다루어야 한다.

내담자가 감정을 표현했다는 것은 상담자와 내담자에게 매우 중요한 의미가 있다. 즉, 내담자가 감정을 표현했다는 것은 감정을 다룰 준비가 됐다는 의미일 수 있기 때문에 그 순간이 상담에서 매우 중요하다. 내담자가 부정적인 감정을 표현하는 것은 상담관계에서 어떤 표현을 해도 괜찮다는 안전감을 경험하고 있음을 의미한다.

따라서 상담자는 내담자의 감정반응에 압도되거나 두려워하지 말고, 감정에 초점을 두고, 감정에 머무르고, 떠오른 감정을 정리할 수 있도록 도와야 한다.

감정반영과 관련된 많은 연구를 통해 감정반영을 해야 할 때, 감정반영을 조심해야 할 상황, 감정반영기술을 사용하지 말아야 할 경우에 대한 결과들이 보고되었다. 먼저, 감정반영을 해야 할 때는 상담자와 내담자의 상담관계가 잘 형성되었을 때, 감정을 해결하려고 노력할 때, 내담자가 감정을 회피할 때, 감정에 대한 자각이 부족하여 내담자가 부적응적인 행동을 보일 때, 내담자가 충격적인 경험을 되살리려고 노력할 때이다. 반면에 내담자가 상담에 안정감을 갖지 못할 때, 상담자를 신뢰하지 못할 때, 상담자가 내담자에 대한 정보가 충분하지 않을 때는 감정반영을 신중하게 해야 한다. 또한 내담자가 극심한 감정장애, 망상, 극도의 화 때문에 감정을 주체하지 못할 때, 내담자가 감정을 주체하거나 대처할 능력이 부족할 때(폭력, 우울증, 약물남용, 자해 등), 내담자가 감정을 표현하는 것에 극심한 거부반응을 보일 때, 감정을 해결하기 위한 시간이 충분하지 않을 때, 상담자가 감정적으로 비정상적인 행동을 보이는 내담자를 다룬 경험이 많지 않을 때는 감정반영기술을 사용하지 말아야 한다(Hill & O'Brien, 2001).

일반적으로 상담에서 내담자의 감정을 반영해야 할 시점을 단순하게 구분하면 내담자가 감정을 표현할 때, 내담자가 감정을 표현하지 않을 때, 내담자가 감정을 인식하거나 자각하지 못할 때로 나눌 수 있다. 부정적인 감정을 표현하는 내담자는 자신이 느낀 감정이 정당하다는 것을 확인받거나 지지받기 위해서, 또는 자신이 느낀 부정적 감정으로 인해 죄책감을 경험하면서 죄책감과 같이 파생

된 감정으로 인한 불편감을 호소한다. 상담자는 내담자가 경험한 감정을 지지하고 인정해 주는 타당화 작업을 통해 상담관계를 더 공고히 하고 내담자에게 더 깊이 공감할 수 있게 된다. 특히 상담자는 감정을 극단적으로 표현하는 내담자에 대해서는 자신이 감정을 과장되게 느끼고 표현한다는 것을 인식하고 왜 과장된 표현을 하는지 자기이해를 할 수 있도록 도와야 한다. 예를 들어, 내담자가 극단적으로 자신의 감정을 표현해야만 중요한 대상들이 이야기를 들어 주는 환경에서 자랐다면, 자극적인 방법으로 더 과장되게 자신의 감정을 표현했을 때 비로소 원하는 것을 얻을 수 있다는 점을 학습했을 가능성이 높다. 상담 장면에서 상담자는 내담자가 경험했던 기존의 중요한 대상들과는 다르게 차분히 감정을 드러내도 수용되고 이해받을 수 있다는 경험을 새롭게 할 수 있도록 반응해야 한다.

반대로 내담자가 감정표현을 자제하거나 회피할 때도 감정반영을 해야 한다. 내담자들 중에는 슬프고 짜증 나고 화나는 감정을 언어로 표현하기 어려워할 뿐 아니라 감정이 복받치는 순간에도 울지 않으려고 참거나 화제를 돌려 감정에 빠지는 것을 피하려 하는 경우가 종종 있다. 감정을 느끼지 않고 차단하거나 회피하려는 내담자들은 부정적인 감정을 경험하고 소화해 내기가 어려워서 감정과 거리를 두는 경우가 많다. 그 당시 힘들었던 자신의 감정과 맞닿을 경우 내담자는 현재도 과거처럼 힘들어질 것 같은 불안감, 버티던 힘이 사라질 것 같은 두려움, 무너질 것 같은 공포감 등 다양한 감정을 경험하게 된다. 그래서 감정과 거리를 두고 마치 자신의 이야기를 남의 이야기하듯이 말하게 된다. 내담자의 말에 감정이 느껴지지 않기 때문에 상담자는 내담자의 이야기에 집중하기 어렵고 공감도 안 되고 심지어 졸린 경험까지 하게 된다. 이 같은 상황에서 상담자가 할 일은 감정표현에 대한 내담자의 어려움을 먼저 다루는 것이다. 감정을 표현하면서 파생되는 두려운 감정들을 다루어 감정을 표현해도 안전하다는 것을 경험하도록 해야 불편한 감정들을 꺼낼 용기가 생긴다.

마지막으로, 내담자가 자신의 감정을 자각하지 못하거나 어떤 감정인지 명명하지 못할 경우에도 상담자는 내담자가 경험했을 감정들에 대해서 반영할 수 있다. 내담자들 중에는 자신이 경험한 감정이나 느낌을 감정단어로 표현하거나 명명하기를 어려워하는 경우가 있다. 감정을 이성과 대척점에 두고 감정적인 것을 열등하게 지각하거나 감정을 느끼는 것 자체가 약한 모습이라고 생각해서 자신의 감정이나 정서에 민감하지 않을 뿐 아니라 오히려 감정이 없는 사람처럼 행동한다. 그러나 이들이 감정을 자각하지 못하는 것은 못 느껴서가 아니라 안 느끼려 해서이다. 감정을 명명하는 그 순간 자신이 그 감정에 굴복되고 몰입되고 압도될까 봐 두려운 것이다. 이들은 감정을 회피하는 사람들보다 감정을 느끼는 것에 대한 두려움과 공포가 더 심할 수 있다. 자신의 감정 상태를 자각하지 못하기 때문에 불일치감을 더 많이 경험할 수 있으며 부적응적인 대처를 할 가능성도 높아진다. 이러한 내담자들에게 상담자가 할 수 있는 것은 내담자가 경험하고 느낄 법한 감정들을 명명해 주고 반영해 주는 것이다. 내담자들이 비언어적으로 감정을 표현하는 방법은 매우 다양하다. 눈물을 흘리거나, 목소리 톤에 변화가 생기거나(높아지거나 낮아짐), 말을 멈추거나, 얼굴이 붉어지는 경우 상담자는 쉽게 내담자의 감정 변화를 알아챌 수 있다. 그런데 눈에 쉽게 보이지 않는 신체적 반응으로 감정을 나타내는 경우 상담자가 주의를 기울이지 않으면 알아차리기 어렵다. 예를 들어, 몸에서 땀

이 나거나, 신체 일부(손, 다리, 몸 등)에서 경련이 일어나거나, 몸이 굳어지는 등의 증상은 내담자가 자신의 상태에 대해서 표현해 주지 않으면 알아차리기 어렵다. 이러한 신체적 반응들은 내담자가 부정적인 감정을 자각하지 않으려고 오랜 시간 억압하고 표현하지 않았음을 말해 준다. 내담자는 상담에 와서도 감정을 억압해 왔던 방식대로 부정적인 감정을 처리하기 위해 신체반응을 보이는 것이다. 감정을 못 알아채는 내담자들의 경우 신체반응과 감정반응을 분리된 것으로 지각하는 경우가 많다. 감정을 차단하려고 하거나 느끼지 않으려 해도 신체적으로 표현되는 반응은 통제하기 어렵기 때문에 상담자는 내담자의 신체반응에 주목해야 한다. 이때 상담자는 내담자의 신체적 반응이 부정적 감정과 연결되었음을 설명하고, 신체적 반응이 일어나기 전에 어떤 감정이 스쳐 지나갔는지 알아챌 수 있도록 질문을 통해 탐색해야 한다. 또한 이 같은 신체반응이 주로 어떤 상황에서 나타나는지 탐색하고 내담자가 주로 경험하는 부정적 감정에 대해서 탐색해야 한다.

다음 사례들을 살펴보자.

〈감정을 표현하는 상황〉

내담자 1: 제가 형제도 없고 부모님이 너무 바빠서 어릴 때 혼자 지내는 시간이 많았어요. 저한테 외로움은 친구 같은 감정이에요. 그래서 오히려 외로움을 잘 못 느끼는 것 같기도 해요.

상담자 1: 어릴 때부터 혼자 지내는 것이 익숙해서 외로움이라는 감정이 친구처럼 친근한 감정으로 느껴지나 보네요. 그런데 난 외로움이 친구 같다는 말이 더 외롭게 느껴지네요. 지금 말하면서 느껴지는 감정이 있을까요?

내담자 2: 네~ 선생님 말을 듣고 나니 갑자기 눈물이 나네요. 제가 너무 불쌍한 것 같아요.

〈감정을 회피하려는 상황〉

내담자 1: 제가 형제도 없고 부모님이 너무 바빠서 어릴 때 혼자 지내는 시간이 많았어요. 저한테 외로움은 친구 같은 감정이에요. 그래서 오히려 외로움을 잘 못 느끼는 것 같기도 해요. 그리고 외로움을 느낀다는 것을 안 순간부터 더 힘들어질 것 같아서 가급적이면 외로움을 느끼지 않으려고 해요. 외로움에 대한 얘기는 그만해도 될 것 같은데요. 방학 동안은 상담실도 문을 닫나요?

상담자 1: 화제를 바꾸는 것을 보니 외로움에 대해서 얘기하고 싶지 않은가 보네요. 어릴 때부터 혼자 지내는 것이 익숙해서 외로움이라는 감정이 친구처럼 친근한 감정으로 느껴지고, 외로움을 인정하면 더 힘들어질까 봐 피한다고 했는데…… 지금도 피하고 싶은 마음이 생기나 보네요. 지금 어떤 감정인지 얘기해 볼래요?

내담자 2: 뭔가 울컥하는 것 같은 느낌…… 더 얘기하고 싶지 않아요.

상담자 2: 마음은 울고 싶어 하는데 참으려고 애쓰는 게 느껴지네요. 눈물이 나면 울어도 돼요. 상담에서는 ○○ 씨가 표현하고 싶은 것을 모두 표현해도 괜찮아요.

내담자 3: (눈물) 이런 얘기를 해 보지 않아서 어색해요. 남 앞에서 잘 안 우는데…… 울어도 된다고 얘기해 주시니 눈물이 자꾸 나네요.

〈감정자각이 안 되는 상황〉

> 내담자 1: 제가 형제도 없고 부모님이 너무 바빠서 어릴 때 혼자 지내는
> 시간이 많았어요. 저만 그런 게 아니라 다 그렇다고 생각해서
> 별로 문제라고 생각하지 않고 지냈지요. 근데 어느 순간 힘도
> 없고 아무것도 하고 싶지 않고 뭔가 제가 동떨어진 느낌 같은
> 것이 들면서…… 뭐랄까 제가 사람들 사이에서 섬처럼 느껴
> 질 때가 있었어요. 이런 느낌이 들면 우울해지는 것 같기도 하
> 고…… 왜 그런지는 모르겠지만 우울해지니까 일상생활이 불
> 편해져서 상담에 왔어요.
>
> 상담자 1: 어릴 때부터 혼자 지내는 것이 익숙해졌다는 얘기를 들으니 많
> 이 외롭지 않았을까라는 생각이 드는데…… 지금 말하면서 느
> 껴지는 감정이 있을까요?
>
> 내담자 2: 네~ 선생님 말을 듣고 나니 갑자기 눈물이 나네요. 왜 눈물이
> 나는지 모르겠네요. 잘 안 우는 편인데…… 외로움에 대해서
> 는 생각을 해 본 적이 없는데…… 제가 외로웠던 걸까요? 당
> 황스러워요.

감정을 표현하는 상황의 대화에서 내담자는 외로움이 오히려 친
구 같은 감정이고 외로움을 인정할 때 더 외로워질까 봐 느끼지 않
으려 한다고 이야기하고 있다. 이때 상담자 1 반응에서처럼 외로움
이 오히려 친구같이 친근한 감정이라는 것에 초점을 맞추어 감정
반영을 할 수 있다. 그렇게 하면 내담자는 자신의 외로운 감정에 더
집중할 수 있고 외로운 자신의 모습을 떠올리면 자신이 불쌍해서
슬프다는 메타감정까지 인식하게 된다. 한편, 감정을 회피하려는
내담자에게는 외로운 감정을 피하려 하는 내담자의 모습을 비춰

주면서(반영) 지금 경험하는 감정을 표현하게 하고 어떤 이야기를 해도 괜찮다는 표현을 통해 안전한 분위기를 형성해 주려고 노력해야 한다. 감정을 표현하기 어려워하는 내담자는 자기 경험과 감정을 연결하지 못하기 때문에 자신의 상태를 온전히 인식하고 이해하기 어렵다. 이 경우 상담자는 그때-거기의 감정이 아닌 지금-여기에서 경험하는 내담자의 감정을 반영해 주면 내담자는 훨씬 생생한 감정을 드러낼 수 있게 된다. 여기서 상담자가 할 일은 감정을 잘 따라가면서 내담자가 경험했을 법한 감정들을 반영해 주는 것이다.

초보상담자들 중에는 자칫 내담자에게 공감 또는 감정반영을 해준다고 내담자가 표현하지도 않은 감정을 미리 앞서 표현하는 경우가 있다. 상담자 입장에서는 도움을 주기 위한 노력일 수도 있지만 내담자 입장에서는 자신의 감정을 떠올리고 경험하는 데 오히려 방해가 되거나 상담자로 인해 감정이 오염될 수도 있다. 자기표현을 잘하는 내담자들 중에는 상담자가 표현한 감정에 대해 아니라고 말할 수 있지만, 대부분의 내담자는 상담자가 그랬을 거라는 추측에 가까운 감정을 반영해 줄 경우 그런 것 같다고 그냥 받아들이게 된다. 따라서 상담자는 내담자가 표현한 말의 내용과 드러난 감정을 바탕으로 감정반영을 할 수 있어야 한다.

2. 내담자의 감정이 잘 이해되지 않는다면?

초보상담자 시절 내담자가 우는데 왜 우는지 공감이 잘되지 않아 당황스러웠던 경험이 있다. 내담자의 감정이 잘 이해되지 않을 때

는 두 가지 요인을 살펴보아야 한다. 첫째는 상담자 요인이고, 둘째
는 내담자 요인이다. 우선 상담자 요인부터 살펴보자. 내담자의 감
정이 잘 이해되지 않을 때 상담자는 우선 내담자의 감정선을 따라
갈 만큼 내담자 이야기를 경청하고 충분한 탐색을 통해 이해하고
있는지에 대해 살펴봐야 한다. 초보상담자들이 감정반영을 못하거
나 어려워하는 가장 큰 이유 중 하나는 내담자의 감정을 반영해 줄
만큼 내담자에 대한 이해가 충분하지 않기 때문이다. 이해가 충분
하지 않다는 것은 내담자가 그런 감정을 느낄 수밖에 없었던 상황
에 대한 이해가 부족하거나 정보가 부족하다는 것이다. 상담자가
내담자의 입장에서 그 상황을 바라볼 수 있어야 감정반응을 할 수
있고 내담자를 이해할 수 있다. 그러나 완벽한 이해를 해야 한다는
의미는 아니다. 완벽하게 이해가 되지 않더라도 그 상황에서는 나
라도 힘들었을 거라는 이해 정도만 되면 내담자의 감정을 반영하는
데 어려움은 없을 것이다. 단, 상담자가 내담자의 감정을 이해하지
못했을 때는 억지로 이해한 척하기보다는 재진술을 통해 상담자가
이해한 내용을 내담자에게 정리해서 전달하고 동시에 내담자가 왜
그런 감정을 느꼈는지에 대해서 좀 더 구체적인 탐색을 하면 된다.

　다음의 사례를 살펴보자. 내담자는 어릴 때 부모에게 혼나는 장
면을 떠올리면서 마치 지금도 혼나는 것 같은 느낌과 함께 억울하
다고 흐느끼며 울고 있다. 상담자는 침착하게 내담자의 반응을 따
라가면서 내담자가 어떤 경험을 했는지 탐색하고 있다. 특히 내담
자가 흐느껴 우는 장면에서 상담자는 내담자가 충분히 그 감정을
느낄 수 있도록 10초 정도 기다려 주고 내담자의 울음이 어느 정도
잦아들었을 때 어떤 의미로 억울하다고 했는지 탐색적 질문을 하
였다. 이 질문이 중요한 이유는 잘못을 했을 때 벌을 받는 것이 왜

억울한지를 내담자 사고의 틀로 이해할 수 있는 질문이기 때문이다. 즉, 행동에 비해 과도한 벌을 받았다고 생각하는 건지, 아니면 잘못하지 않았는데 부모가 오해해서 혼났다고 생각하는 건지 확인할 수 있다. 내담자가 억울해하는 이유가 명확해질 때 상담자는 내담자의 감정을 더 잘 반영해 줄 수 있다.

내담자 1: 초등학교 때 혼났던 장면을 떠올리니 갑자기 몸이 떨리네요.

상담자 1: 그때의 고통이 몸으로도 느껴지나 보네요. 어떻게 혼났길래 그 생각만으로도 몸이 떨릴까요?

내담자 2: 네~ 마치 지금도 맞는 것같이 생생하게 느껴져요. 억울하다는 생각이 너무 많이 드네요. (흐느껴 운다.)

상담자 2: (10초 동안 침묵하고, 내담자의 울음이 잦아든 후) 우는 모습을 보니 많이 서럽고 억울했던 것 같네요. 어떤 점 때문에 억울했는지 조금 더 설명해 줄래요?

내담자 3: 내가 이렇게까지 맞을 정도로 잘못했나라는 생각도 들었고…… 내가 잘못한 게 아닌데 왜 나한테 이렇게 화를 내나 싶기도 했어요. 닥치는 대로 물건을 던지고 소리 지르고 잡히는 걸로 무조건 때렸으니까요. 골프채로 맞은 기억도 있어요. 그때는 제가 쓰러지니까 멈추더라고요. 그냥 어릴 때는 죽고 싶다는 생각을 제일 많이 했던 것 같아요.

상담자 3: 어떤 상황이었는지 좀 더 얘기해 볼래요?

내담자 4: 그날 동생과 놀고 있었어요. 평소에 제가 동생을 좀 잘 때리기도 하고 싸워서 혼날 때가 있긴 했는데…… 그날은 동생이랑 잘 놀았는데 제가 잠깐 장난감을 가지러 간 사이에 쿵 하는 소리가 나면서 갑자기 동생이 큰 소리를 내면서 우는 거예요. 그래서 뛰어갔더니 동생이 넘어져 있고 입 주위에 피가 나고 있

었어요. 엄마가 보더니 화를 내면서 동생을 밀쳤냐고 하면서
갑자기 저를 때리셨어요. 저는 제가 한 게 아니라고 했는데 엄
마가 제 말이 안 들렸는지 계속 때리시더라고요. (눈물을 흘린
다.) 그래서 나중엔 그냥 맞았어요. 동생은 계속 소리 지르고
울고…… 엄마가 계모인가라는 생각도 했던 것 같아요.

상담자 3: ○○ 씨가 동생을 때린 것도 아닌데 엄마가 상황 파악도 안 하
고 때렸다면 정말 억울했겠네요. 초등학생이 감당하기에 힘
들었을 것 같은데…… 죽음을 생각할 정도로 힘들었다는 것이
전달되네요.

두 번째 상담자 요인은 상담자의 역전이 문제이다. 상담자의 역
전이는 내담자의 감정을 이해하는 데 방해가 된다. 특히 유사한 상
황에서 내담자가 표현한 감정이 상담자의 경험에 반할 경우 상담
자는 내담자의 감정을 그대로 따라가기 어려울 수 있다. 그리고 내
담자의 감정표현에 대해 징징대는 것 같은 느낌이 들거나 구질구
질하다는 생각이 들면서 내담자의 감정표현에 대한 불편감을 경험
할 수도 있다. 또 내담자의 감정에 압도당하는 상담자들도 내담자
의 감정을 따라가고 감정반영기술을 사용하기가 어렵다. 상담자가
내담자의 감정에 압도될 때, 상담자는 내담자가 드러내는 감정을
직면하고 그 의미를 들여다보기보다는 오히려 더 불안해하고 감정
을 피하게 된다.

상담경험이 부족한 초보상담자일수록 상담 장면에서 경험하는
부정적인 감정으로 인해 감정반영을 못할 뿐 아니라 공감적이지 못
해서 상담을 망치는 경우가 더러 있다. 초보상담자라면 누구나 경
험할 수 있는 일이다. 이 같은 경험을 통해서 상담자는 내담자의 특

정 반응에 부정적인 감정이 느껴져서 상담이 뭔가 잘 진행되지 않았다는 것을 인식할 수 있는 자기인식 능력을 키워야 한다. 다시 말해, 상담을 망친 무능력한 상담자라고 생각하면서 자신을 비난할 것이 아니라 상담을 망친 요인이 자신의 역전이라는 것을 알아차리고, 그 문제를 해결하기 위해서 노력하는 상담자의 태도가 중요하다는 것이다. 역전이 문제는 수퍼비전을 열심히 받는 것만으로는 해결되지 않는다. 수퍼비전은 내담자를 이해하고 상담을 좀 더 효과적으로 하기 위한 학습의 시간으로 활용하고 상담자가 해결하지 못한, 상담에 영향을 미치는 자신의 문제를 해결하기 위해서는 상담을 받아야 한다.

다음은 내담자 요인에 대해서 살펴보자. 내담자의 감정이 잘 이해되지 않을 때 상담자 요인뿐 아니라 내담자 요인도 확인해야 한다. 일반적으로 내담자의 감정이 잘 이해되지 않을 때 다음과 같은 내담자 요인을 가정할 수 있다. 감정가가 느껴지지 않을 때, 감정을 과장되게 표현할 때, 감정과 경험이 잘 연결되지 않을 때 등이다. 내담자 요인이라 해도 내담자는 자신의 문제를 객관화하여 인식하기 어렵기 때문에 상담자는 어떤 이유로 내담자의 감정이 잘 이해되지 않는지를 탐색하고 이해하기 위해 노력해야 하며 이 과정을 내담자와 함께 공유해야 한다.

내담자 중에는 자신의 경험을 남 이야기하듯이 감정을 쏙 빼놓고 마치 책을 읽는 것처럼 말하는 내담자들이 있다. 이 경우 상담자는 모노톤으로 흘러가는 내담자의 이야기를 들으면서 '도대체 저 이야기를 지금 왜 하는 걸까? 뭐가 힘들다는 이야기일까? 무슨 질문을 해야 하나?'를 고민하게 된다. 즉, 감정가가 없는 내담자의 이야기를 들을 때 상담자는 내담자가 얼마나 힘든지 가늠하기 어렵기 때문에 상담자 역시 생각에 빠지게 된다. 이럴 경우 상담자는 내담자의 무미건조한 이야기를 계속 들을 것이 아니라 내담자가 이야기하는 사건과 상황마다 내담자가 느꼈을 감정이나 느낌을 질문으로 표현해 주어야 한다.

상담자: ○○ 씨가 지금 엄마와 싸운 얘기를 했는데 엄마와 싸우는 과정에서 ○○ 씨를 힘들게 했던 감정은 무엇일까요?

상담자: ○○ 씨가 지금 친구와 다툰 얘기를 했는데 다툰 순간이나 지금 말하면서 느껴지는 감정이 있으면 표현해 볼래요?

상담자: 지금 남자친구와 다툰 얘기를 들으니 직접적으로 표현하지는 않았지만 서운한 감정도 느껴지던데…… ○○ 씨는 남자친구와 다투면서 어떤 감정을 느꼈나요?

상담자는 내담자가 느낀 감정을 언어화할 수 있도록 질문을 통해 감정을 물어봐 주고 감정이 표현되면 그때 그 감정에 대해서 반영해 줌과 동시에 좀 더 자세한 탐색을 해야 한다.

두 번째 내담자 요인은 감정을 과장되게, 극적으로 표현하는 경우이다. 상담자는 내담자가 경험하고 표현하는 감정가에 대해 그 정도로 슬프거나, 화나거나, 속상해할 일이 아닌 것처럼 느낄 때가 있다. 이럴 경우 상담자 요인이 아니라는 전제하에 내담자 요인으로 이 상황을 이해해 본다면 자기연민에 빠져 있거나 자기중심적인 사고를 하는 내담자일 가능성이 높다. 자신이 너무 불쌍하고 가엾고 안쓰러워서 조금만 서운해도, 불편해도, 화가 나도 북받쳐 오르는 감정을 참기 어려운 것이다. 세상에서 내가 제일 불쌍한 사람이라는 생각이 든다면 어떨까? 그러면 내담자가 과장되게 표현하는 이유가 이해될 것이다. 또한 과장되게 표현해야 원하는 것을 얻거나 돌봄을 받은 경험이 있는 내담자들도 있다. 이들은 생존본능처럼 자신의 상황을 과장되게 표현해서 주의를 끌려고 애쓴다. 상담자가 극단적으로 표현하는 내담자의 감정이 잘 이해되지 않는다면 이 또한 내담자의 어려움을 이해할 수 있는 중요한 단서가 될 수 있다. 내담자를 이해하려고 노력하는 상담자조차 이해가 안 되는 내담자의 감정과 행동이 다른 사람들에게 쉽게 이해받을 수 있을까? 이런 관점에서 본다면 내담자의 과장된 표현이 이상하게 보이지만은 않을 것이다. 사랑과 관심, 인정을 받고 싶어 애쓰지만 내담자의 말과 행동이 오히려 주변 사람들과 더 멀어지고 이해받지 못하게 하는 원인이 되기 때문에 내담자가 얼마나 외로웠을까를 이해하게 된다면 내담자에게 공감적인 감정반영을 하는 것이 어렵지 않을 것이다. 즉, 내담자의 과도한 감정표현의 원인을 이해한다면 상담자는 내담자를 더 공감하고 이해할 수 있을 것이다. 그러나 정말 내담자가 이해되지 않을 때도 있다. 그럴 때 상담자는 내담자를 이해한 척하지 말고 더 구체적인 탐색을 통해 내담자를 이해하기 위한 노력을 해야 한다. 그럼에도 불구하고 이해가 안 된다면, 솔직하게 이해하는 것이 어렵다고 말하는 것이 더 치료적이고 공감적일 수 있다.

마지막으로, 감정과 경험이 연결되지 않을 때도 상담자는 내담자의 감정이 잘 이해되지 않을 수 있다. 내담자가 자신이 왜 우울하고 불안하고 짜증이 나는지 이해하지 못해 답답하다고 할 때 상담자도 답답하기는 마찬가지이다. 내담자가 자기 상태에 대한 인식

이나 지각 능력이 부족할 경우 특정 상황에서 화가 났지만 그 순간
에는 화난 감정을 지각하지 못하고 있다가 시간이 지나고 나서 화
난 감정을 뒤늦게 지각하게 된다. 이 경우 내담자는 시간이 지난 후
에 느껴진 감정이기 때문에 이 감정이 과거의 어떤 일 때문에 화가
난 건지 이해하지 못하고 그냥 막연히 느껴지는 감정만 지각하여
불편감을 느끼는 것이다. 내담자도 자신이 왜 화가 나는지 이해했
다면 답답해하지 않고 상담에 오지도 않았을 것이다. 상담자가 해
야 할 일은 내담자가 불편한 감정을 인지한 순간부터 과거로 역추
적하면서 어떤 일이 있었는지 탐색하는 것이다. 탐색과정에서 내
담자의 심기를 불편하게 하는 사건들이 확인되면 그 사건들이 내
담자에게 어떤 의미가 있었는지, 왜 화가 났는지, 그 순간에 지각하
지 못한 이유가 무엇인지 등을 탐색하면 된다.

3. 감정반영을 제대로 했는지 확신하기가 어렵다면?

감정반영을 할 때 초보상담자들이 걱정하는 것은 내담자가 경험
했을 법한 감정을 정확히 짚어 내지 못하는 것이다. 그러나 내담자
가 경험했을 법한 감정을 정확하게 표현하지 못했다고 해서 걱정
할 필요는 없다. 사람마다 비슷한 상황에서 경험하는 감정은 다를
수 있기 때문이다. 상담자가 해야 할 일은 내담자의 감정이 드러나
는 순간을 잘 포착해서 감정을 드러낼 수 있도록 반응을 해 주는 것
까지이다. 만약 다른 감정을 반영했다면 내담자는 자신이 경험한
감정으로 친절히 정정해 줄 것이다. 상담자가 다른 감정을 표현했
다고 해서 내담자가 상담자에게 불쾌해하거나 상담자의 공감 능력

이 부족하다고 생각하지는 않는다. 그러니 정확하게 반영하려다가 오히려 감정반영의 타이밍을 놓치지 말고 유사한 감정이라도 표현해 주려는 노력이 필요하다.

- 지금 어릴 때 맞는 장면을 떠올리면서 몸을 떠는 걸 보니 맞을 때 경험했던 공포감이 그대로 느껴지나 보네요.
- 눈물을 흘리는 것을 보니 많이 슬퍼 보이네요.
- 시험에 떨어진 것을 확인하고 자신에 대해서 실망스러웠나 보네요.
- 얼굴이 빨개지는 것을 보니 지금 말하면서도 그때의 부끄러움이 올라오나 보네요.
- 무기력하다는 말이 널브러지고 싶다는 말로 들리네요.

그러나 감정반영은 내담자가 표현한 감정단어를 그대로 표현해 주는 립싱크식의 단순한 기술은 아니다. 다음의 사례를 살펴보자.

내담자 1: 어릴 때 벌받았던 장면을 떠올리니 머리가 띵하고…… 너무 슬프네요.
상담자 1: 지금 슬프군요.
대안반응: 어릴 때 벌받던 ○○ 씨 모습을 떠올리니 그때의 고통이 몸으로도 느껴지면서 슬픈가 보네요.

상담자 1 반응에서는 내담자의 감정단어를 그대로 사용하였고, 대안반응에서는 내담자의 말을 재진술하면서 구체적으로 그때의

감각과 감정을 지금도 동일하게 느끼고 있음을 전달해 주고 있다. 내담자 입장에서는 상담자 1 반응보다 대안반응을 들었을 때 더 공감받았다고 느낄 것이다. 슬픈 감정을 느낀 이유를 상담자가 이야기해 주면서 내담자가 느낀 감정을 확인시켜 주었기 때문이다. "~하기 때문에 ~하군요." 혹은 "~라고 느끼시는군요."라는 도식적인 표현은 자칫 내담자에게는 영혼 없는, 상투적인 반응으로 들릴 수 있기 때문에 조심해서 사용해야 한다. 감정반영을 할 때 상담자는 내담자가 왜 그런 감정을 느꼈는지를 설명하는 내용을 잘 듣고 나서 재진술이나 요약을 한 후 내담자가 느낀 감정을 표현해 주면 된다.

4. 내담자의 감정을 제대로 다루지 못할 것 같은 불안함이 생긴다면?

　초보상담자일수록 내담자의 감정 문제를 다루는 것이 상당히 조심스럽고 두려울 수 있다. 특히 내담자가 상담과정 중에 눈물을 보이거나, 화를 내거나, 분노의 감정을 표현할 때 초보상담자들은 대부분 당황하게 되고 내담자의 감정을 어떻게 수습해 주어야 하나 고민하게 된다. 그러나 초보상담자들이 가장 많이 하는 실수는 내담자를 위해 무언가를 해 주려고 할 때 발생한다. 상담자가 내담자에게 무언가 해 주어야 한다거나 문제를 해결해 주어야 한다는 부담감이나 책임감을 과도하게 느낄 때 내담자가 부담스러워지게 되고, 결국 상담자는 내담자에게 다가가기보다 주춤하게 되는 상황이 발생한다. 내담자가 표현하는 부정적인 감정을 해결해 줘야 한다는 생각 때문에 내담자의 감정표현을 부담스럽다고 느낀다면 초보상담자로서 자연스러운 경험일 수 있지만 내담자의 감정표현 자체가 부담스럽거나 불편한 상담자라면 상담자의 문제와 관련이 있을 수 있기 때문에 분석을 통해 감정 문제를 다뤄야 한다. 감정을 느끼는 것 자체가 부담스럽고 불편한 상담자라면 내담자가 느끼는 감정을 함께 바라보기 어려워 내담자가 감정을 떠올리고 표현하려고 할 때 오히려 내담자의 감정 작업을 막게 되므로 치료에 방해가 될 수 있다. 내담자의 감정을 상담에서 다루기 위해서는 상담자가 자기 감정을 인식하고 다룰 수 있는 준비가 되어 있어야 한다. 상담자가 자신의 부정적 감정을 처리하지 못하고 회피한다면 내담자가 회피하는 모습을 봐도 문제로 인식하지 못하기 때문에 내담자 문제를 해결하는 데 도움을 주기 어렵다.

상담자가 내담자의 감정을 다룰 때 가장 먼저 해야 할 일은 내담자가 자신이 느낀 감정과 경험을 상담에서 편하게 이야기할 수 있도록 하는 것이다. 이 과정에서 상담자는 내담자가 눈물을 흘릴 때 충분히 울 때까지 기다려 주고, 휴지도 챙겨 주고, 내담자의 울음이 잦아들 때까지 곁에 있어 주면 된다. 우는 모습을 보는 것이 불편해서 딴짓을 하거나 상담자도 따라 울까 봐 딴생각을 하면서 내담자가 우는 장면에 함께 있어 주지 못한다면 내담자의 감정을 제대로 이해하거나 다뤄 주기 어려울 것이다.

감정을 다룬다는 것은 내담자가 느끼는 감정을 상담자도 함께 느끼고 경험하는 것이다. 울면 우는 대로, 화내면 화내는 대로 상담자가 그 장면에 함께 있어 주면서 내담자의 이야기에 장단을 맞춰 주면 된다. 그래서 내담자가 느낀 감정과 경험을 상담과정에서 충분히 이야기할 수 있게 도와주면 감정을 잘 다룬 것이다. 즉, 내담자가 감정을 떠올리는 과거의 그때로 걸어 들어갈 때 상담자가 내담자와 함께 동행해 주면 된다. 상담자가 내담자와 함께 있어 주면서 내담자가 그 상황에서 얼마나 슬펐는지, 화났는지, 무서웠는지, 즉 내담자가 직면하기 두려워하는 감정들을 안전하게 재경험할 수 있도록 해 주는 것이다. 다음 사례를 통해서 살펴보자.

> 상담자 1: 얘기하다가 갑자기 감정이 올라온 것 같네요. 충분히 울었어요?
>
> 내담자 1: 네~ 좀 창피하네요. 얘기하면서 울지 몰랐어요.
>
> 상담자 2: 그래요? 울 때 많이 슬퍼 보였는데…… 어떤 감정 때문에 눈물이 났는지 궁금한데…….
>
> 내담자 2: 전 지금까지 그때 엄마가 동생을 두둔한 건 어쩔 수 없다고 생각했어요. 그래서 이해했다고 생각했는데…… 말하다 보니 제가 동생이 부러워서 쳐다보는 모습이 떠올랐는데…… 제가 너무 불쌍한 거예요. 엄마 바라기인 제가 오래전부터 엄마가 저를 봐 주기를 기대했었는데 엄마는 동생만 챙겼어요.
>
> 상담자 3: 불쌍한 ○○ 씨가 떠오르면서 눈물이 났군요. 엄마가 왜 그 상황에서 동생을 두둔한 걸까요?
>
> 내담자 3: 동생이 좀 아파요. 발달장애가 있어서…… 지능도 좀 낮고…… 어릴 때부터 치료받으러 많이 다니고 하면서 엄마가 동생한테만 붙어 있었어요. 동생이랑 제가 싸우게 되면 엄마가 동생이 아픈데 양보도 안 하고 동생을 괴롭힌다고 주로 저를 혼냈어요.
>
> 상담자 4: 동생이 아프다고는 하지만 그때 ○○ 씨도 어렸을 텐데 동생만 두둔하는 엄마한테 어떤 감정이 들었어요?
>
> 내담자 4: 처음엔 엄마 말을 거역하지 않으려고 동생한테 많이 양보하고 참았는데…… 저도 힘드니까 엄마가 점점 미워지기 시작했어요. 초등학교 때는 '내가 주워 온 앤가?'라는 생각이 들어서 엄

마한테 내 진짜 엄마가 누구냐고 물어본 적도 있었어요. 엄마 가 무슨 소리를 하는 거냐고 그냥 넘겼는데…… 전 그때 심각 했었죠. 중학교 때까지 반항하고 엄마한테 온갖 심술을 다 부 렸던 것 같아요. 엄마가 밉고 원망스럽고 화도 나고…… 동생 이 아프게 태어난 건 내 잘못이 아닌데 왜 내가 힘들어야 하나 싶고…….

상담자 5: 동생만 챙기는 엄마한테 서운하고 화도 나고 원망스럽기도 하 고…… 그 감정들을 어떻게 느끼면서 살았어요? 아까 이해했 다고 했는데 정말 엄마를 이해한 거예요?

내담자 5: 아니요. 이해한 척한 것 같아요. 이해해야 내가 편하니까…… 엄마는 변하지 않으니까…… 이해했다고 생각하고 그냥 기대 도 안 하고 그러려니 하면서 살았던 것 같아요. 그런데 지금 얘기하다 보니 제게 아직 풀리지 않은 감정들이 많이 남아 있 는 것 같아요.

상담자 6: 기회가 된다면 엄마에게 어떤 말을 하고 싶어요?

내담자 6: 생각 안 해 봤는데…… 그냥 나 좀 봐 달라고? (눈물) 나한테도 관심 좀 가져 달라고…… (침묵) 제가 하는 건 다 당연한 거라 고 생각하시는 것 같아요. 성적을 잘 받아도 잘했다는 말만 하 고…… 더 열심히 하라고만 하고…… 엄마 힘드니까 네가 알 아서 하라는 말을 많이 듣고 자랐어요. 그래서 전 엄마한테 혼 나지 않을 정도로만 노력해요. 1등을 해도 10등을 해도 엄마 의 반응은 똑같아요. 그래서 알았죠. 엄마가 나한테 관심이 없 다는 걸…….

상담자 7: 인정받으려 노력해도 엄마의 반응은 별 차이가 없었네요. 엄 마가 ○○ 씨에게 관심이 없다는 것을 확인하는 순간 마음이 어땠을까요?

> **내담자 7:** 그럴 줄 알았지만 확인한 순간 너무 허무했어요. 내가 왜 이렇게 인정받으려고 애쓰고 살았나 싶고…… 그 뒤로는 뭐든 열심히 하진 않아요.

이 사례에서 상담자는 내담자가 느끼고 표현하는 감정을 따라가면서 관련 질문을 하고 있다. 내담자가 엄마에 대한 감정을 좀 더 표현하고 엄마에 대해서 어떤 생각과 감정을 가지고 있는지, 엄마와의 관계가 내담자에게 어떤 영향을 미치고 있는지를 이야기하고 있다. 상담자는 내담자가 그때 그 순간에 경험했던 느낌과 생각에 더 몰입할 수 있도록 재진술, 감정반영, 감정에 대한 탐색적 질문을 반복하면서 내담자의 감정을 다루고 있다.

제 7 장

재진술

1. 언제/어떻게 재진술을 사용해야 효과적인가?

2. 재진술을 하는데 앵무새 같다는 피드백을 듣는다면?

3. 내담자의 말이 정리가 안 되고 재진술 타이밍을 놓치기도 한다면?

재진술은 경청하기와 관련 있는 기법으로 상담자가 내담자의 이야기를 듣고 이해한 내용이나 의미를 다른 비슷한 말로 바꾸어 표현하는 것을 의미한다(Hill, 2004). 재진술 기법은 상담기술에 대한 저서마다 다양한 정의로 설명되고 있다. Hill(2004) 및 Hill과 O'Brien(2001)은 요약을 재진술의 한 종류로 보았으며, 강진령(2016)은 재진술을 내담자 진술에 대한 내용반영이라고 설명하고 있다. 이 장에서는 내용반영, 요약하기를 재진술 개념에 포함하여 기술한다. 재진술은 상담자가 내담자에게 내담자의 말 속에 담겨 있는 핵심 내용을 반영하고, 말 속에 담긴 주된 의미를 부연 설명하는 것으로 내용반영이라고 할 수 있다. 또한 두루뭉술하거나 산만한 내담자의 이야기를 명확하게 정리하여 말하거나 상담을 시작하거나 마무리할 때 상담내용을 요약할 수 있다.

내담자의 말이 장황하고 두서가 없거나 애매할 때 상담자는 내담자의 이야기를 경청하고 내담자가 한 이야기의 핵심 내용을 이해하고 있음을 내담자에게 전달할 수 있다. 상담자의 재진술을 통해 내담자는 자신이 한 말을 다시 들음으로써 자신의 생각과 감정을 객관적으로 이해할 수 있게 된다. 즉, 상담자는 내담자가 자신이 한 말의 의미를 이해하도록 돕기 위해 상담자가 이해한 내용을 정확하고 간략하게 요약하여 피드백하는 방법으로 재진술 기법을 사용한다.

재진술은 다음과 같은 진술문으로 표현할 수 있다.

> • ○○ 씨가 ~라고 생각하는 것 같네요.
> • ○○ 씨가 말하고 싶은 내용은 ~인가요?
> • ○○ 씨의 마음이 ~인 것 같습니다.
> • ○○ 씨의 말은 ~라는 의미로 들리네요.

재진술 기법은 내담자가 하는 말의 내용을 다른 용어로 바꾸어 말하기 때문에 다른 기법과 비교해서 상대적으로 수월해 보이기도 한다. 그러나 재진술은 내담자가 하는 말의 핵심적인 의미를 파악하고 그 의미를 유지하면서 내용을 반영하고 요약하여 내담자에게 전달해야 하므로 초보상담자들은 종종 어려움을 경험하게 된다. 따라서 상담자는 내담자가 하는 말 속에 담긴 생각, 감정, 의도를 파악할 수 있어야 하며 파악한 내용의 핵심을 전달할 수 있어야 한다. 또한 상담자는 내담자가 자신의 문제를 자각할 수 있도록 정확하고 간결하게 재진술 기법을 사용하는 능력을 향상시켜야 한다. 이 장에서는 재진술의 어려움에 대해 살펴보고 어떻게 그에 대처해야 하는지를 이야기하고자 한다.

1. 언제/어떻게 재진술을 사용해야 효과적인가?
2. 재진술을 하는데 앵무새 같다는 피드백을 듣는다면?
3. 내담자의 말이 정리가 안 되고 재진술 타이밍을 놓치기도 한다면?

1. 언제/어떻게 재진술을 사용해야 효과적인가?

상담자는 상담의 모든 회기에서 내담자의 말을 명확히 하고, 구체화하고, 초점화하기 위하여 재진술 기법을 사용한다. 또한 내담자가 자신을 더 깊이 탐색하고 이해하도록 돕기 위해 재진술 기법을 사용할 수 있다. 즉, 재진술은 두서없이 말하는 내담자의 이야기에 초점을 맞추어 상담을 진전시켜야 할 때, 내담자가 좀 더 깊이 자신의 주제를 탐색해 들어갈 수 있게 방향을 잡도록 도울 때 그리고 상담을 시작할 때와 마무리할 때 사용할 수 있다.

상담자는 내담자가 명확한 주제 없이 사건만 나열하여 이야기하거나 중구난방으로 이야기하는 경우 내담자의 말에 집중하기 어렵고, 내담자의 이야기에 초점을 맞추기 어렵다. 이 경우 상담은 진전되지 않고 내담자는 비슷한 에피소드만 반복해서 나열하게 된다. 이때 상담자는 내담자가 이야기하는 하나하나의 사건에 반응할 수 없고, 또 그럴 필요도 없다. 상담자는 내담자가 이야기한 여러 에피소드를 간단히 요약하여 반영하고, 내담자가 하고 싶은 이야기의 주제가 무엇인지 질문하면서 내담자의 이야기를 초점화시켜 나가면 된다. 다음은 남편과의 관계에서 힘들다고 이야기하면서 시댁과의 관계, 아이들 문제 등 다양한 주제를 동시에 이야기하고 있어 무엇이 자신을 힘들게 하는지 초점을 맞추지 못하고 에피소드만 나열하고 있는 내담자의 사례이다. 상담자는 내담자가 핵심적인 한 가지 주제에 초점을 맞추도록 돕고(상담자 1 반응), 내담자 이야기의 핵심 내용을 재진술함으로써(상담자 3 반응) 내담자가 자신의 생각을 정리하고 자신을 이해할 수 있도록 돕고 있다.

내담자 1: 지난주에 남편하고 싸웠어요. 집에 일찍 오기로 약속했으면서 갑자기 전화를 해서 시댁에 가야 한다고 통보하듯이 말을 했어요. 이런 적이 한두 번이 아니에요. 처음에는 그냥 작은 말다툼으로 시작됐는데 집에 와서 얘기하다 보니 더 크게 싸우게 됐어요. 시댁에 가서도 비슷해요. 시누와 시어머니는 저를 너무 불편하게 해요. 지난번에는 저희 애들이랑 외손주를 돌봐 주는 일로 사건이 있었어요. 시어머니는 외손주들을 더 편하게 생각하는 것 같아요. 우리 아이들이 친할머니 집에 가면 항상 아웃사이더가 되는 것 같아요.

상담자 1: 지난주에 남편과 싸움이 있었고, 또 시댁에 가서 시댁 식구들 사이에서 소외감도 느낀 것 같아요. 두 가지 이야기 다 중요하겠지만 ○○ 씨는 지금 우리가 어떤 주제로 더 이야기하기를 원하나요?

내담자 2: 아…… 저는 남편과 시댁 일이 별개라고 생각하지 못한 것 같아요. 나만 빼고 다 같은 편이라고 생각했어요. 하지만 남편에게 더 화가 난 것 같아요.

상담자 2: 남편한테 왜 화가 났나요?

내담자 3: 저와의 약속을 너무 쉽게 생각하는 것 같아요. 저하고는 의논하지 않고 그렇게 하기로 했으니 따르라는 말만 하는 것 같았어요. 아이들을 돌보는 일에서도 마찬가지예요. 하나도 도와주려고 하지 않고 자기 하고 싶은 일만 하려고 해요.

상담자 3: 남편이 ○○ 씨와 의논하지 않고 일방적으로 결정하고 따르라고만 하는 행동이 ○○ 씨를 화나게 하는 것 같네요.

내담자 4: 네…… 남편은 저를 배려하지 않고 무시하는 것 같아요. 제가 남편에게 중요한 사람이 아닌 것 같아요. 집에서 저녁을 해 놓고 기다리고 있는 저의 마음을 너무 몰라 줘요. 그런 남편이 저를 사랑한다고 믿기가 힘들어요.

상담자는 내담자가 핵심 문제를 깊이 있게 탐색하고 해결해 가기를 바란다. 그러나 내담자는 명확하게 자신의 감정이나 생각을 표현하지 못하고 빙빙 돌려 말하거나 주변부의 이야기만 나열할 수 있다. 상담자는 재진술을 통해 내담자가 말하고자 하는 주제를 확인하면서 좀 더 깊이 자신의 주제를 탐색해 들어갈 수 있게 방향을 잡도록 도와야 한다. 다음 사례에서 내담자는 부모에게 요구하지 못했던 억울함에 대해 두루뭉술하게 표현하고 있다. 상담자는 재진술(상담자 2와 3 반응)을 통해 내담자가 이야기하고 싶어 했던 내용을 구체화하면서 내담자가 자신이 미처 자각하지 못했던 자기를 이해하도록 돕고 있다.

내담자 1: 어렸을 때부터 진짜 제가 갖고 싶었던 걸 사 달라고 한 적이 없어요. 사고 싶은데 필요 없는거…….

상담자 1: 꼭 필요는 없지만 그래도 갖고 싶은 것, 그런 걸 얘기해 본 적이 없었군요.

내담자 2: 진짜 크게 산 거는 제일 처음 휴대 전화 샀을 때, 그때도 되게 눈치 보면서 그랬던 것 같아요. 그래서 저는 막 맥북 이런 거 사 주는 엄마 아빠를 보면 신기했어요. 엄마 아빠가 그런 거 쓰셔서 사 주는 거 말고 사 달라고 해서 사 주는, 저걸 사 주네, 이러면서…….

상담자 2: 다른 부모님들이 자녀가 원하는 것을 사 주는 걸 보고 부러워하면서도 ○○ 씨가 부모님에게 원하는 걸 말하지 못했군요. 그럴 때 ○○ 씨는 어떤 마음이었을까요?

내담자 3: 집안 사정이 좋지 않은데 저까지 사 달라고 하면 부모님이 힘드실까 봐…… 동생이 말하면 사 주셨는데 동생이 그러니까 저는 더 말할 수가 없었어요. …… 저까지…….

> 상담자 3: 부모님이 힘드실까 봐 ○○ 씨는 사고 싶은 것도 말 못하고 참
> 았는데 동생이 말하면 부모님은 다 사 주셨네요. 동생이 눈치
> 가 없었던 건지, ○○ 씨가 너무 눈치를 본 건지 잘 모르겠네
> 요. 어느 쪽인 거 같아요?
> 내담자 4: (11초 동안 침묵) 동생에게 화가 나고 부러웠지만 저는 말을
> 안 했던 것 같아요. 동생은 눈치를 안 봤고요. …… 애들은 눈
> 치 안 보고 떼를 쓰기도 하는 게 자연스러운 건데…… 제가 못
> 했던 거네요.

재진술은 상담회기를 시작하거나 정리할 때 사용하기도 한다. 상
담을 시작할 때 지난 상담을 간결히 요약하면서 시작할 수 있다. 전
시간에 상담한 내용에 대한 요약은 상담자 또는 내담자가 할 수 있
다. 상담을 시작하면서 다음과 같이 지난 회기를 재진술하면 된다.

> 상담자 1: 오늘 상담을 시작할까요?
> 내담자 1: 글쎄요. 특별히 할 얘기는 없는 것 같아요.
> 상담자 2: 지난 시간에 우리는 조금 어려운 주제에 대해 얘기했어요. 가
> 족 이야기를 하면서 아버지와의 양가적인 감정에 대해서 이
> 야기했지요. 그때 ○○ 씨가 조금은 힘들어했던 기억이 나네
> 요. ○○ 씨는 지난 회기가 어땠나요?

상담회기를 마무리할 때 상담자는 내담자가 회기경험을 요약하
도록 요청할 수 있다. 내담자가 상담회기를 정리하면 상담자는 내
담자의 반응을 그대로 반복하기보다는 중요한 부분을 요약·정리

해서 마무리한다.

상담자 1: 이제 마무리해야 할 시간이 되었네요. ○○ 씨는 이번 회기가
어땠나요?

내담자 1: 오늘은 가족에 대해서 많이 얘기한 것 같아요. 부모님에 대해
서 얘기하고 누나에 대해서 얘기하면서 한 번도 생각해 보지
못한 걸 생각해 보게 된 것 같아요.

상담자 2: 네…… 오늘은 가족에 대해 ○○ 씨가 느끼고 생각하는 이야
기를 솔직하게 잘 이야기해 주었어요. 특히 아버지에 대한 좋
은 감정과 싫어할 수밖에 없었던 경험에 대해서 이야기하면서
아버지와의 관계에 대해 깊이 생각해 보는 시간을 가진 것 같
아요. 쉽지 않은 감정과 이야기였을 텐데 저에게 나누어 주어
서 고마워요. 말하는 ○○ 씨는 어떠셨나요?

내담자 2: 평소에 아버지와의 관계에 대해서 생각해 보지 않고 그냥 무
시만 했는데 저에게도 아버지에게 인정받고 싶은 욕구가 있었
다는 걸 알게 되었어요. 아버지한테 인정받고 싶은 마음을 그
동안 회피했던 것 같아요. 그런 저의 마음을 인정하고 나니 조
금은 편안해진 것 같아요.

상담자 3: ○○ 씨와 아버지의 관계에 대한 새로운 면을 발견하는 시간
이 되었군요. 솔직하게 잘 이야기해 줘서 고마워요.

이렇게 상담자와 내담자가 상담회기의 시작과 끝을 요약하고 재
진술을 함으로써 회기를 의미 있게 마무리할 수 있다.

2. 재진술을 하는데 앵무새 같다는
피드백을 듣는다면?

초보상담자가 수퍼비전에서 가장 많이 듣는 피드백 중의 하나
는 앵무새처럼 내담자의 말을 따라 한다는 것이다. 아마도 초보상
담자들은 내담자의 이야기를 담은 비슷한 적절한 단어가 생각나지
않아 내담자가 한 표현을 그대로 따라 사용하게 되는 것 같다. 내
담자가 쓴 단어를 한두 번은 그대로 사용할 수 있지만 그 이상 되면
앵무새 같다는 피드백을 듣게 된다. 상담자가 앵무새같이 내담자
의 말꼬리를 따라가면서 말할 때 내담자는 더 이상 자신이 무엇을
경험하고 있는지 깊이 탐색하기 어렵게 되고 상담은 지루해진다.
또한 내담자가 상담자의 전문성을 의심하게 될 수도 있다.

상담자가 재진술을 할 때 내담자의 말을 따라 하는 경우는 상담
자가 내담자의 이야기를 통합적으로 이해하지 못할 때나 내담자가
한 번에 여러 가지 주제를 말할 때 등이다. 이때 상담자는 어떤 내
용에 초점을 두어 반응해야 할지 몰라서 끝에 나오는 주제에 반응
하게 되는 것이다. 이런 경우에는 상담자가 많은 주제 가운데 맥락
상 가장 중요하다고 생각하는 주제에 초점을 맞추어 재진술하면서
상담의 방향을 잡아 나갈 수 있다. 또는 긴 이야기 속에 나온 주제들
을 반영하면서 내담자에게 하나의 주제를 선택하도록 하여 진행할
수도 있다. 다음 사례에서 상담자는 여러 주제 중에서 내담자가 하
나를 선택할 수 있도록 내담자가 말한 주제를 요약하여 이야기하고
있다.

> 상담자: ○○ 씨가 많은 주제의 이야기를 하고 싶은 것 같네요. 그중에는 아버지와의 관계에 대한 이야기도 있고, 학교생활 부적응과 또래와의 관계에 대한 이야기 그리고 진로와 관련된 이야기들이 있군요. 이 이야기들을 동시에 상담할 수 없어서 각 주제의 우선순위를 정해야 할 것 같아요. ○○ 씨는 이 이야기들 중 어느 주제를 먼저 얘기하고 싶은가요?

앵무새처럼 내담자의 말을 따라 하는 것처럼 보여 상담이 어려워진다면, 먼저 상담자는 재진술을 할 때 내담자의 구체적이지 않은 표현이나 혼란스러운 진술에 초점을 맞추어 어떤 의미를 전달하고자 했는지 상담자가 이해한 내담자 이야기의 의미를 표현해 주면 된다. 다음 사례에서 앵무새처럼 말하기의 예와 대안반응을 살펴보자.

> 내담자 1: 너무 정신없이 지냈어요. 진짜 왜 그러는지 모를 정도로요.
> 상담자 1: 왜 이러는지 모를 정도로요?
> 대안반응: 많이 바빴군요.
> 내담자 2: 시간이 훅 지나가고 바쁘게 지냈던 거 같아요.
> 상담자 2: 바쁘게 지냈군요.
> 대안반응: 시간 가는지도 모를 정도로 바빴군요. 어떤 일들이 있었나요?
> 내담자 3: 애들 학교 가는 것도 챙기고, 병원에 친정어머니도 모시고 가고, 올케언니가 자기 일하는 것도 와서 좀 도와 달라고 해서 고민 중이에요. 아 참, 그리고 아파트 단지 내에서 하는 독서 모임도 새로 시작했어요.

> 상담자 3: 독서 모임은 어떻게 시작하게 됐어요?
> 대안반응: 많은 일이 있었군요. 뭔가 활기찬 느낌도 들긴 하는데 갑자기 일이 많아진 느낌도 드네요. 올케언니가 도와 달라고 한 일은 어떤 점에서 고민이 되는 건가요?

다음으로 상담자가 재진술을 할 때 다양한 진술 형식을 사용하면 앵무새 같다는 지적을 듣지 않을 수 있다. 상담자가 "~하군요." 또는 "~하다는 말이지요."와 같은 재진술 형식을 매번 반복하면 지루할 수 있다. 다음 내담자의 사례를 보면서 다양한 형태의 재진술반응을 연습해 보자.

> 내담자 1: 마음속에 자신에 대해서 불만족하는 것을 정리했어요. 그중에서 대인관계를 맺을 때 좀 심하게 긴장하는 거, 특히 어른들하고 관계를 맺을 때. 일상생활에서 관계를 맺는 거, 대화나 식사를 하고. …… 하여튼 일상생활에서 스트레스가 많았거든요. 그리고 놀러 갈 때요. 그래서 혼자 있고 그래요. 많은 사람이 호감을 표시하지만 거의 말을 안 하거든요. 이게 왜 그럴까. 심하게 긴장하고 생각을 많이 하고. 안 좋은 반응이 나타날까 봐 아니면 다른 사람들이 나에게 실망할까 봐 많이 생각하게 되니까 가슴이 아팠던 거 같아요. 저 자신에게 불만을 품었던 기억들이 생생하게 기억났어요.

첫째, 재진술의 공식과 같은 "~하군요." 또는 "~하다는 말이지요."의 방법으로 할 수 있다.

> 상담자 1-1: 다른 사람이 나를 거부할까 봐, 나에게 실망할까 봐 긴장하고 위축된다는 말이군요.

둘째, 일반 문장으로 재진술할 수 있다.

> 상담자 1-2: 다른 사람이 나를 거부할까 봐, 나에게 실망할까 봐 긴장하고 위축되었던 자신을 떠올렸나 보네요.

셋째, 하나의 문장뿐 아니라 중요한 단어를 나열하여 재진술함으로써 내담자가 자신의 이야기를 지속할 수 있도록 촉진할 수 있다.

> 상담자 1-3: 사람들과 말하지 않고…… 나에게 실망할까 봐…….

넷째, 의문문으로 표현할 수 있다.

> 상담자 1-4: 사람들이 나를 거부하고 나에게 실망할까 봐 걱정하느라 사람들과 편하게 말하지 못했다는 이야기인가요?

3. 내담자의 말이 정리가 안 되고
재진술 타이밍을 놓치기도 한다면?

상담자가 하는 재진술 기법은 내담자가 자신의 생각을 정리할 수 있도록 도와준다. 상담자는 내담자에게 생각나는 대로 편하게 이야기할 것을 권한다. 이때 내담자가 떠오르는 대로 말하다 보면 생각을 나열하게 되는데, 상담자는 혼란스러운 내담자의 이야기를 듣고 내용을 구체적으로 정리하고 명확히 이해해야 내담자에게 재진술 기법을 사용할 수 있다. 따라서 상담자가 내담자의 이야기를 정리하지 못하면 재진술 기법을 적절하게 사용할 수 없게 된다.

상담자가 내담자의 이야기를 정리하지 못하고 그로 인해 재진술할 타이밍을 놓치게 되는 이유는 여러 가지가 있을 수 있다. 상담자가 내담자의 말을 이해하지 못할 때, 내담자의 말을 하나라도 놓쳐서는 안 된다고 생각하며 내담자의 이야기에 집중할 때, 내담자가 이야기하는 동안 상담자가 다른 생각을 할 때 재진술을 하지 못할 수 있다. 또한 다루기 어려운 주제(예: 성이나 폭력의 문제 등)를 다루어야 할 때 어떻게 반응할지 몰라서 고민할 때 타이밍을 놓치게 된다.

이와 같이 내담자의 이야기를 정리하지 못하고 재진술할 수 있는 시점을 놓치게 되는 자신을 알아차리면 상담자는 당황하게 되고 어떻게 해야 할지 몰라 이후 내담자의 이야기에 집중이 안 될 수 있다. 내담자가 말을 두서없이 하거나 중언부언하여 상담자가 내담자의 말을 이해하지 못할 때에는 내담자에게 다시 한번 이야기해 달라고 요청할 수 있다. 상담자가 내담자의 이야기를 정확히 이해하지 못해서 내담자 이야기의 핵심을 놓치고 대충 반응하고 지나가는 것은 내담자에게 전혀 도움이 되지 않는다. 오히려 상담자가 잘 듣지 못해서 반응하지 못한다면 솔직하게 다시 한 번 이야기해 달라고 말하고 확실히 이해하고 반응하는 것이 더 신뢰로울 것이다. 상담자가 내담자에게 한 번 더 이야기해 줄 것을 요청할 때 내담자는 흔쾌히 상담자가 이해할 수 있도록 다시 이야기해 줄 것이다. 다음의 사례에서는 상담자가 내담자에게 다시 한번 이야기해 줄 것을 요청하자 내담자가 더 정리된 표현으로 다시 설명해 주고, 상담자는 내담자의 혼란스러운 생각에 대해 명확히 내용반영을 하고 있다.

내담자 1: 지금까지 좀 저 편한 대로 살았거든요. 뭐 거의 반찬을 여러 가지 해 줘도 안 먹고 그러니까 찌개에 밥 아니면 한 그릇으로 된 음식. …… 거의 저만 생각했던 것 같아요. 아이들을 많이 챙겨 주지 못하고…… 엄마, 어쩌고저쩌고 얘기할 때 일일이 답해 주지 못하고 엄마가 좀 쉬었다 해 줄게라고 하거나 들었던 얘기도 다 까먹고. …… 그랬던 시간들이 있어서 이제는 아이들한테 더 집중해야 하지 않나 그런 생각이 들어요.

상담자 1: 지금 자녀와의 관계에 대해서 이야기하고 있는데 내가 중간에 엄마로서 아이와 어떻게 상호작용하는지에 대한 이야기를 듣지 못했네요. 다시 한번 얘기해 줄 수 있을까요?

내담자 2: 네…… 제가 일하느라 힘들어서 아이들 밥도 잘 챙겨 주지 못하고, 애들은 저하고 얘기하고 싶어서 자꾸 말을 거는데 저는 좀 귀찮고 힘들어서 나중에 듣겠다고 하고선 듣지 않고…… 들었던 얘기도 기억 못하고…… 그렇게 살아왔는데, 지금은 아이들한테 더 집중해야 한다는 생각이 들기 시작한 거죠.

> 상담자 2: 그동안 아이들보다는 자신에게 집중하며 살면서 엄마로서 아
> 이들의 필요를 채워 주지 못했다는 생각을 하게 되었다는 거
> 지요? 그래서 이제는 아이들이 원하는 것을 해 주는 엄마의
> 역할을 해야겠다고 마음먹은 것 같네요.
>
> 내담자 3: 네~ 제가 정말 엄마로서의 역할에 대해서는 신경을 안 쓰고
> 산 것 같아요. 말하다 보니 아이들한테 미안한 마음이 드네요.

초보상담자들이 내담자가 한 말을 하나도 놓쳐서는 안 된다고
생각할 때 내담자의 이야기에 개입하지 못할 수 있다. 즉, 상담자가
내담자의 모든 이야기를 듣고 기억해서 반응하려고 할 때 재진술
할 타이밍을 놓치게 된다. 내담자의 이야기를 기억하고 내용을 요
약하여 이야기하려고 하면 이미 내담자는 다른 이야기를 시작하고
있어서 이전 이야기에 반응도 하지 못하고 현재 하고 있는 이야기
에 경청할 수도 없게 된다. 상담자가 아무리 집중해서 듣더라도 내
담자의 모든 말을 기억할 수 없다는 것을 인정해야 한다. 상담자는
내담자가 자신에게 초점을 유지하면서 자신에 대한 이야기를 하며
변화의 계기를 찾는 상담을 진행해야 한다. 따라서 상담자는 내담
자의 모든 말에 반응하려고 하지 말고 맥락을 따라가며 중요한 이
야기를 메모하면서 핵심 내용에 대해 피드백해야 한다. 또한 어디
서 끊고 피드백할지 망설여지는 경우에는 내담자의 이야기에서 초
점이 달라지거나 내담자가 다른 이야기로 넘어갈 때 잠깐 이야기를
멈추게 하고 상담자가 앞의 이야기를 요약하거나 반영할 수 있다.

초보상담자들은 내담자가 편안하게 자신의 이야기를 하도록 중
간에 말을 끊지 않아야 한다고 생각할 수 있다. 그렇게 주저하다 보

면 반응할 때를 놓치게 되는 것이다. 중간에 말을 끊지 않고 지속하게 할 경우 내담자의 이야기의 초점이 흐려져서 결국에는 내담자에게 도움이 되지 않을 수도 있다. 상담자는 자연스럽게 내담자와 상호작용하는 상담이 되도록 해야 한다. 내담자의 말이 너무 길어서 이해가 안 되고 요약도 할 수 없을 때 상담자는 내담자에게 요약을 하도록 정중하게 요청할 수 있다.

> 상담자: 지금 ○○ 씨가 많은 이야기를 해 주셨는데 얘기가 길어서 제가 이해하지 못한 부분이 있는 것 같아요. 지금까지 얘기했던 내용 중에서 중요하다고 생각하는 부분을 다시 정리해 줄 수 있을까요?

또한 내담자가 말할 때 중간에 끼어들어 반응하는 게 편하지 않다면 상담자는 내담자의 말을 끊으면 어떨 것 같은지 스스로에게 물어봐야 한다. 내담자가 실망하고 상담이 조기종결되는 건 아닌지 걱정을 하고 있는 자신을 발견한다면, 조기종결이 상담자에게 어떤 의미인지를 생각해 봐야 한다. 그리고 상담자가 조기종결 상황을 만들고 싶지 않아서 망설이는 사이에 내담자에게 개입할 시점을 놓쳐서 상담이 지지부진해진다면 내담자에게도 도움이 되지 않고 상담관계는 깨질 수 있다는 것을 고려해야 한다.

내담자가 이야기하는 동안 상담자가 다른 생각을 하거나 집중하지 못할 때 재진술을 하지 못할 수 있다. 상담자가 자신의 개인적인 일로 마음이 쓰이거나 직장 내에서 신경 써야 할 일 등이 있을 때 내담자의 이야기에 집중하지 못할 수 있다. 또한 다루기 어려운 주제

(예: 성이나 폭력의 문제 등)를 다루어야 할 때 어떻게 반응해야 할지, 상담자의 반응에 내담자가 어떻게 반응할지를 생각하느라 상담자의 반응이 늦어질 수 있다. 특히 이 경우에는 내담자가 불쾌감을 느끼고 상담에 오지 않는 것은 아닌지 걱정하고 불안해서 개입하지 못할 수 있다. 어떤 경우든 상담자는 내담자를 돕는 도구로서 자신의 문제를 분리시키고 온전히 내담자의 이야기에 초점을 맞추어 듣고 반응할 수 있어야 한다.

1. 내담자의 침묵이 불안(불편)하다면?

2. 언제/어떻게 침묵을 깨야 할지 모르겠다면?

3. 내담자가 말을 너무 많이 해서 침묵을 사용할 수 없다면?

일반적으로 대화 속에서 발생하는 침묵은 여러 가지 의미를 내포한다. 특히 대인관계에서 불편감을 호소하는 내담자들의 경우 대화 중에 생기는 침묵에 대해 부정적인 의미를 부여하기 때문에 위축되는 경험을 하게 된다. 몇 가지 예를 들면 다음과 같다.

- 나와 이야기하는 것을 재미없어하는 것 같다.
- 나와 함께 있는 것을 불편해하는 것 같다.
- 내가 말을 잘 못하니까 침묵이 생기는 것이다.
- 나와 만난 것을 후회하는 것 같다.
- 다시는 나와 만나려고 하지 않을 것이다.
- 나를 싫어하는 것 같다.

상담관계를 치료적으로 활용해야 하는 상담자 또한 내담자와의 관계에서 여러 가지 불편감을 경험할 수 있다. 상담과정에서 침묵이 자주 생긴다면 상담자는 어떤 생각을 하게 될까?

- (내담자가) 나와 상담하는 것이 불편한가?
- (내담자가) 나와 상담하는 것이 답답한가?
- (내담자가) 나와 상담하는 것을 후회하나?
- (내담자가) 나와 상담하는 것이 도움이 안 된다고 생각하나?
- (내담자가) 상담을 그만하고 싶은가?
- (내담자가) 내 질문에 기분이 나빠졌나?

- (내담자가) 내게 화가 났나?

침묵에 대한 주관적 해석은 주어가 달라졌을 뿐 상담 상황이나 일상에서나 크게 다르지 않다. 즉, 상담실 밖 세상에서 경험하는 침묵과 내담자와 둘만의 대화에서 경험하는 침묵 모두 유사한 내용의 걱정과 불안을 만들어 낸다. 침묵은 일반적으로 거절, 반항, 저항, 무시 등으로 해석될 수 있기 때문이다. 초보상담자일수록 대화중에 발생하는 내담자의 침묵을 부정적인 의미로 해석하는 경향이 있기 때문에 내담자와의 대화 속에서 침묵이 길어지거나 자주 발생하면 긴장하게 된다. 그러나 상담에서 내담자의 침묵은 일상적인 대화에서의 침묵과는 다른 치료적 의미와 기능이 숨어 있다. 그렇기 때문에 상담과정에서 발생하는 침묵을 단순하게 부정적인 의미로 해석하거나 걱정할 필요는 없다. 침묵의 의미가 무엇인지 탐색하고 대처방법을 숙지하고 실제로 적용하기 위해 노력하는 자세가 필요하다.

한편, 내담자뿐 아니라 상담자도 침묵할 수 있다. 물론 초보상담자의 침묵과 숙련된 상담자의 침묵은 그 의미와 목적이 다를 수 있다. 초보상담자들은 '내담자의 반응에 뭐라 말해야 할지 몰라서' 의도치 않게 침묵하게 되는 경우가 많다. 예를 들어, 내담자의 반응에 어떻게 질문을 해야 할지 또는 무슨 말을 해야 할지 모르거나, 공감을 해야 하는지 또는 탐색을 해야 하는지 판단이 안 설 때 등과 같이 적절한 반응을 찾지 못해 침묵하는 경우가 생긴다. 이런 경우 상담자의 침묵은 불안을 동반한다. 결국 불안해진 상담자는 침묵을 깨기 위해 말이 많아진다거나, 주제를 바꿔 질문을 한다거나, 부적절한 반응을 함으로써 침묵을 깨려 한다.

많은 초보상담자는 내담자 반응을 잘 정리하고 좋은 질문을 하고 싶다는 생각에, 즉 상담을 잘하고 싶다는 생각에 압도되면 머릿속에서 검열 작업이 진행되기 때문에 의도치 않게 침묵하게 된다. 결국 상담자의 잘하고 싶은 마음이 오히려 내담자와의 대화에 걸림돌이 되고, 내담자는 상담자의 잦은 침묵으로 인해 불편감을 경험할 수 있다. 내담자는 일상생활에서와 마찬가지로 상담자의 침묵을 부정적으로 생각할 가능성이 높으며, 상담자의 의도치 않은 침묵은 상담관계나 상담에 부정적인 영향을 미칠 수 있다. 만약 상담자가 자신이 침묵한 의미를 설명하지 않을 경우 내담자는 상담자의 침묵을 부정적인 의미로 해석하고 결국 침묵에 대한 오해로 조기종결하게 되는 상황이 발생할 수도 있다. 상담자가 내담자에게 어떤 말을 할까 고민하다가 침묵이 생긴 것이라면 내담자에게 다음과 같이 반응할 수 있다.

상담자 1: 지금 내가 잠시 침묵을 했는데…… 침묵하는 동안 어땠어요?

내담자 1: 좀 불안하기도 했는데…… 선생님이 왜 침묵하는지 생각했어요. 제 말을 이해하지 못했나 싶기도 하고, 제가 뭔가 잘못 말했나 싶기도 하고…….

상담자 2: ○○ 씨 얘기에 대해서 잠시 생각을 했어요. 그런데 ○○ 씨는 내가 침묵한 것에 대해 부정적인 생각을 한 것 같네요. 다른 사람들과의 관계에서도 침묵이 생기면 지금과 같은 경험을 하나요?

내담자 2: 음…… 네. 그런 것 같네요. 침묵을 별로 안 좋아해요.

상담자는 내담자에게 상담자의 침묵을 어떻게 느꼈는지 확인한 후 내담자에게 침묵한 이유를 간단히 설명하고 내담자가 다른 사람들과의 관계에서도 침묵하는 상황을 불편해하는지 연결하는 질문을 한다. 이러한 질문을 통해 상담자는 내담자가 평소의 관계 속에서 침묵에 대해 어떻게 해석하고 대처하는지 탐색할 수 있다. 그밖에 상담자의 컨디션 문제(피로한 상태, 감기기운 등)도 상담자를 침묵하게 만드는 이유가 될 수 있다. 상담자가 내담자 이야기를 집중하고 경청할 수 있는 컨디션이 아닐 때 침묵하는 횟수가 많아지거나 침묵시간이 길어질 수 있다. 상담자 입장에서는 경청이 잘 안 되기 때문에 적절한 반응을 하기 어려워지고 침묵이나 부적절한 반응이 늘어남으로 인해서 상담시간을 효율적으로 사용하기 어렵다. 내담자 입장에서도 상담자가 컨디션이 안 좋다는 것을 인지하게 되면 상담자에 대한 걱정으로 자신의 어려움을 이야기하는 것이 불편할 수 있다. 상담자의 자기관리는 전문가에게 요구되는 능력이기도 하다. 상담자는 자신을 위해 그리고 내담자를 위해 컨디션 관리를 잘해야 한다.

반면에 숙련된 상담자들은 내담자에게 생각할 시간을 주기 위해, 침묵을 견디는 연습을 시키기 위해, 공감의 표현 등으로 의도적인 침묵을 사용할 수 있다. 즉, 숙련된 상담자에게 침묵은 단순히 말 없음이 아니라 적극적인 의사소통방법이며, 말하지 않아도 교감할 수 있다는 것을 전달할 수 있는 중요한 상담기술이다.

결론적으로 상담과정에서 상담자와 내담자 모두 침묵을 다양한 의도와 의미로 사용할 수 있다. 상담자와 내담자 모두에게 침묵은 함축적 의미를 가지고, 치료적으로 활용 가능하며, 그 자체로 치료적 효과를 가지고 있다. 이 장에서는 초보상담자들이 상담과정

중 침묵과 관련하여 경험하는 어려움에 대해 하나씩 풀어 가고자
한다.

---

1. 내담자의 침묵이 불안(불편)하다면?

2. 언제/어떻게 침묵을 깨야 할지 모르겠다면?

3. 내담자가 말을 너무 많이 해서 침묵을 사용할 수 없다면?

---

1. 내담자의 침묵이 불안(불편)하다면?

초보상담자들은 상담과정에서 내담자가 침묵할 경우 불안을 경
험하고, 이를 방어하기 위해서 불필요한 말과 행동을 하게 된다. 예
를 들면 다음과 같다.

- 먼저 침묵을 깬다.
- 의미 없는 질문을 한다.
- 장황하게 이야기하거나 말이 많아진다.
- 볼펜을 돌리는 등 딴짓을 한다(다리를 꼬거나, 괜히 상담 자료를
  넘겨보거나, 한숨을 쉰다).
- 화제를 돌린다.

왜 초보상담자들은 내담자의 침묵을 견디는 것이 어려울까? 그
이유는 두 가지로 설명할 수 있다. 첫 번째 이유는 초보상담자일수
록 내담자의 침묵을 상담자 능력과 연결하기 때문이다. 즉, 초보상

담자는 침묵을 무능한 상담자의 상징처럼 생각하고 침묵을 다음과 같은 의미로 해석한다.

- 내가 유능한 상담자였다면 내담자가 침묵하지 않고 계속 이야기하게 할 수 있었을 것이다.
- 내담자가 침묵하는 이유는 내가 적절한 질문을 하지 못했기 때문이다.
- 내담자가 침묵하는 이유는 내담자가 기대하는 반응을 해 주지 못했기 때문이다.
- 내담자가 침묵하는 건 상담이 도움이 되지 않는다고(만족스럽지 않다고) 생각하기 때문이다.
- 내담자가 침묵하는 건 나에 대한 불편감이 생겼기 때문이다.

초보상담자들은 유능한 상담자일수록 침묵 없이 물 흐르듯이 자연스럽게 치료적 대화를 이끌어 갈 것이라는 환상을 가질 수 있다. 그러나 상담을 받아 본 경험이 있는 상담자라면 상담과정에서 침묵은 자연스러운 현상이고 빈번하게 사용되는 대화기법이자 치료기법이라는 것을 알 것이다. 초보상담자들은 침묵에 익숙해질 필요가 있으며, 침묵이 발생했을 때 자신이 상담을 제대로 하지 못하고 있다는 생각으로 자신의 무능감을 자극해서 불안해할 것이 아니라 내담자가 지금 왜 침묵을 하고 있는지를 이해하기 위해 내담자에게 더 몰두해야 한다. 내담자들은 자신이 얼마나 자주 침묵하는지, 반대로 얼마나 말을 쉼 없이 계속하고 있는지도 인지하지 못하는 경우가 많다. 왜냐하면 내담자는 자신의 생각이나 감정에 빠져 있기 때문에 스스로 어떤 말을 했고 어떻게 감정을 표현했는지

기억하지 못하는 경우가 많기 때문이다. 특히 감정이 북받쳐 있는
상황에서는 더욱더 그렇다. 이런 경우 상담자는 내담자가 침묵을
하는지 또는 말을 많이 하는지 관찰하고 내담자가 현재 자신을 어
떤 방식으로 표현하고 있는지를 인식할 수 있도록 반영해 주어야
한다. 상담자가 자신에게 몰두해 있는 순간 경청을 못하기 때문에
결국 내담자에게 적절하게 반응하는 것은 더욱 어려워진다. 유능
한 상담자가 되려고 하다가 오히려 경청도 못하고 내담자에게 적
절한 반응을 못해 침묵으로 이어진다면 상담자의 의도와 다르게
악순환의 고리에 빠지게 된다. 상담 장면에서는 내담자에게 몰두
하려는 노력이 중요하며, 유능한 상담자가 되기 위한 노력은 상담
이 끝난 후 전문가 수퍼비전이나 셀프 수퍼비전을 통해 하는 것이
좋다.

　두 번째 이유는 평소 의사소통에서도 침묵을 못 견뎌서 먼저 침
묵을 깨거나 침묵이 생기지 않도록 말을 많이 하는 습관과 관련 있
을 수 있다. 내담자와 마찬가지로 상담자도 침묵을 불편해하거나
부정적인 메시지로 해석할 가능성이 있다. 이럴 경우 상담자는 내
담자의 침묵에 초점을 맞추기보다 상담자 자신의 불편감에 더 집
중하게 되어 침묵을 깰 수 있다. 상담자는 상담관계에서 발생하는
어색함이나 불편감을 견뎌 낼 수 있는 심리적 힘을 키워야 한다.
상담자는 자신의 대화 습관을 점검하고 그 습관들이 상담에서 방
해 요인이 되지 않도록 자신의 반응을 교정하기 위해 노력해야 한
다. 침묵을 불안해하는 이유는 상담자마다 다양할 수 있기 때문에
그 원인이 무엇인지 확인해야 한다. 수퍼비전에서 상담자가 침묵
을 먼저 깰 경우 그 이유를 탐색하는 과정에서 침묵에 대한 상담자
의 의미부여나 해석을 확인하게 되는데, 이러한 과정을 반복하게

되면 불필요한 침묵을 줄이고 침묵을 치료적으로 활용하는 방법을 학습하게 될 것이다.

2. 언제/어떻게 침묵을 깨야 할지 모르겠다면?

초보상담자들의 경우 침묵으로 인한 불안함이 야기되면 불편한 침묵을 깨려고 의식하든 의식하지 못하든 먼저 말을 하게 된다. 결론적으로 침묵이 길어진다면 어느 순간 누군가는 침묵을 깨야 한다. 내담자가 침묵하는 이유를 파악하는 것 못지않게 침묵이 일어날 때 누가 먼저 침묵을 깨야 하는지, 언제 침묵을 깨면 되는지 판단하는 것도 중요하다.

일반적으로 내담자가 침묵을 한다면 상담자는 방해하지 말고 내담자가 침묵하는 시간을 충분히 활용할 수 있도록 기다려야 한다. 내담자가 어느 정도 침묵한 후에는 자신이 생각한 것을 표현하기 때문에 상담자가 먼저 개입하지 않아도 된다. 그러나 침묵이 지나치게 길어진다고 느껴진다면 상담자는 개입 시점을 고민해야 한다. 적절한 침묵시간이라든가 침묵시간이 어느 정도 지났을 때 상담자가 개입해야 하는지에 관한 구체적인 가이드라인은 없다. 상담자들은 침묵이 너무 길어진다고 느껴지는 순간이 오면 개입을 하게 되는데, 상황에 따라 다르긴 하지만 저자의 경우 20초 이상 침묵이 길어질 때 개입질문을 한다. 다음 사례를 보자.

> **상담자 1:** ○○ 씨가 부모님께 바라는 것과 부모님이 ○○ 씨에게 거는 기대나 관심사가 달랐던 것 같네요. ○○ 씨가 섬세한 돌봄이나 관심을 바랐다면 부모님은 ○○ 씨가 삶의 목표를 가지고 성취하는 삶을 살기를 바랐던 것 같아요. 그래서 ○○ 씨가 부모님께 요구하고 충족시켜 주기를 바랐던 것들이 부모님에게는 중요하게 보이지 않았던 것 같네요.
>
> **내담자 1:** ……. (23초 동안 침묵)
>
> **상담자 2:** 지금 무슨 생각을 하고 있어요?
>
> **내담자 2:** 갑자기 소름이 돋았어요. 늘 부모님이 목표를 가지고 살라고 얘기하는 것을 듣고 살았어요. 그런데 선생님께 똑같은 말을 들으니까 다르게 들리기도 하고…… 이제야 이해가 됐어요. 제가 원하는 것을 중요하게 생각하지 않으니까 들어 줄 생각도 못했던 것 같네요. 서로 중요하게 생각했던 게 달랐네요. 서로 자기 요구만 했다는 생각이 들어서 소름이 돋았어요.

상담자 1 반응에서는 내담자의 이야기를 듣고 상담자가 이해한 내용을 요약·재진술해 주었다. 그 뒤로 내담자는 20초 이상 침묵을 이어 가고 있다. 내담자가 상담자의 반응에 이어 침묵을 할 경우 상담자는 다음과 같은 질문을 할 수 있다.

- 지금 무슨 생각을 하고 있어요?
- 지금 어떤 감정이 느껴지나요?(표정이 변하거나, 눈 주위가 붉어지거나, 얼굴이 붉어질 때)
- 생각할 시간이 더 필요한가요?

- 생각했던 얘기를 함께 나눌 시간이 된 것 같은데 얘기할 준비가 되었나요?
- 어떤 얘기가 ○○ 씨를 침묵하게 했는지 궁금하네요.

이와 같은 질문을 통해 내담자가 침묵하는 동안 무슨 생각을 했는지, 어떤 감정을 갖고 있는지, 침묵을 효과적으로 사용하고 있는지, 아니면 생각하고 있는 척한 건지를 파악할 수 있다. 앞의 사례에서 내담자의 침묵은 부모와의 관계에서 경험한 갈등을 새롭게 이해하는 통찰의 시간으로 활용되었다는 것을 확인할 수 있다.

다음 사례를 살펴보자. 이 사례에서도 내담자는 동일하게 침묵을 사용하였다. 그런데 이 사례에서의 침묵은 상담자 반응에 대한 내담자의 서운한 감정 또는 저항이 담겨 있다. 상담자가 내담자의 행동에 대해 평가하는(잘한 행동이 아니다)듯한 반응을 함으로써 내담자는 상담자가 자신의 행동을 꾸짖는 듯한, 자신이 비난받는 것 같은 느낌을 받으면서 말하기 싫은 마음을 침묵으로 표현하였다.

상담자 1: 어머니 앞에서 과일 접시를 뒤엎은 행동은 아무리 ○○ 씨가 화가 났다 하더라도 과한 행동이라는 생각이 드네요.

내담자 1: ……. (18초 동안 침묵)

상담자 2: 지금 무슨 생각을 하고 있어요?

내담자 2: 글쎄요. 말하는 게 의미 없다는 생각이 드네요.

상담자 3: 왜 의미 없다는 생각이 드는지 설명해 줄래요?

내담자 3: (10초 동안 침묵) 꾸중을 듣는 느낌이 들었어요. 저도 잘못한 것을 알고 있긴 한데…… 선생님께서 저를 이해해 주지 않는다는 생각이 들어서 좀 서운한 것 같아요.

> 상담자 4: 내가 화난 ○○ 씨 마음을 공감해 주지 않고 던진 행동에 대해
> 서 꾸짖는다는 느낌을 받아서 서운했나 보네요. 서운한 마음
> 이 들어서 말하기 싫어졌던 것 같은데…… 내 느낌이 맞나요?
> (네~) 그랬다면 서운한 마음을 솔직하게 표현해 줘서 고마워
> 요. 그리고 ○○ 씨가 충분히 자신의 행동에 대해서 반성적인
> 사고를 할 수 있는 사람이라는 것을 잊고 있었던 것 같아요.
> ○○ 씨를 믿어 주지 못한 것 같아 미안한 마음이 드네요.

　이 사례에서 내담자의 반응에 의아함을 느끼는 상담자도 있을
것이다. 즉, 상담자 1 반응으로 보면 틀린 이야기가 아닌데 왜 내담
자가 꾸중을 들었다고 느끼면서 침묵을 하는지 이해하지 못하겠다
는 반응을 보일 수도 있다. 내담자 반응에 대해 어떤 태도와 접근법
을 사용할지는 상담자의 선택이다. 상담자의 역할이 잘못된 행동
을 바로잡아 행동교정까지 할 수 있도록 해야 한다고 생각한다면
내담자가 자신의 행동에 대해 반성하고 다른 행동을 할 수 있도록
교육 중심의 상담을 진행하게 될 것이다.

　반면에 상담자의 역할이 내담자에 대한 공감과 이해에 초점이
맞춰져 있다면 내담자가 무엇 때문에 엄마에게 화가 났는지, 화가
날 때 어떤 행동을 하는지, 화를 내고 나서 어떻게 마무리했는지 등
을 좀 더 확인하고 최종적으로 그 행동에 대해서 내담자가 어떤 생
각과 평가를 하는지 탐색하는 데 초점을 둘 것이다. 내담자는 자신
이 왜 그랬는지 이해하고 자신의 행동에 대한 의도와 밑마음을 공
감받게 되면 자신의 행동이 잘한 것이 아니었다는 것을 스스로 말
할 수 있다. 결론적으로 상담자는 내담자의 행동에 대해 섣불리 판
단하기보다 내담자가 자기 행동에 대해 스스로 정리하고 성찰적

사고를 할 수 있도록 돕는 역할에 충실하면 된다.

상담자가 어떤 이론적 접근과 인간관을 가졌느냐에 따라 선호하는 상담자 반응이 달라질 수 있다. 선택은 상담자 몫이다.

3. 내담자가 말을 너무 많이 해서 침묵을 사용할 수 없다면?

내담자들은 평소에 하지 못한 이야기들을 상담에 와서 하기 때문에 그동안 묵혔던 이야기들을 폭포수처럼 쏟아 내는 경우가 있다. 초보상담자에게는 상담에 와서 침묵을 많이 하는 내담자 못지않게 말을 너무 많이 하는 내담자도 부담스럽다. 축어록을 풀었을 때 A4 용지 반 페이지 이상을 차지할 정도로 내담자가 폭포수처럼 장황하게, 그것도 빠른 속도로 이야기를 한다면 초보상담자들의 경우 대부분 중간에 개입하지 못하고 계속 추임새만 넣으면서 내담자의 이야기가 끝나기를 기다리게 된다. 겉보기에 상담자가 내담자의 이야기를 잘 들어 주는 것 같고 상담이 자연스럽게 진행되는 것처럼 보일 수 있겠지만 실제로는 상담자가 이해하는 척하고 있거나, 개입 시점을 잡지 못해 주저하거나, 망설이는 상황일 가능성이 더 크다.

초보상담자일수록 내담자의 이야기가 길어질 때 어디서 끊어야 할지, 계속 이야기를 들어 줘야 할지 말지를 고민하게 된다. 또한 질문할 것을 잊어버릴 것 같은 걱정과 초조함으로 인해 내담자의 이야기에 집중하지 못하게 된다. 이렇듯 내담자의 말이 많아지고 길어질수록 상담자가 본의 아니게 침묵을 하게 되는 경우가 종종 생긴다. 치료적 목적으로 의도적 침묵을 사용하는 것이 아니라 말할 타이밍을 못 잡아 어쩔 수 없이 침묵하게 되는 경우, 상담자는 상담자로서의 역할을 하지 못했다는 무능력감과 무기력감을 경험하게 된다.

반면에 내담자들은 상담자의 추임새반응을 보고 상담자가 자신의 이야기를 잘 듣고 이해하고 있다고 생각하기 때문에 더 신나서 이야기를 하게 된다. 상담자가 말할 수 있는 타이밍을 만들어 주기 위해, 즉 상담자를 배려해서 말하는 것을 중단하거나 천천히 말해 주는 내담자를 만나는 것은 불가능에 가깝다. 결론적으로 상담자는 내담자의 이야기를 들으며 완급을 조절하고, 필요하면 중간에 개입을 해서 내담자 말의 핵심을 파악하기 위해 노력해야 한다. 다음 사례를 살펴보자. 내담자는 자신이 두 번 휴학한 이유와 그동안 어떻게 지냈는지에 대해 장황하게 설명하고 있다. 상담자는 중간에 '음~'이라는 추임새를 넣으면서 듣고 있다는 메시지를 전달하고 있다.

내담자: 이번 휴학은 휴학다운 휴학이라 너무 좋아요. 저를 위한 시간을 많이 쓸 수 있어서 좋은 것 같아요. 사실 나중에 취업에 도움이 되지 않을 것 같아 걱정이 되긴 하지만. …… 이전엔 영어 공부를 할 목적으로 휴학을 했는데 그때는 영어 성적도 못 만들어서 휴학을 한 의미가 없었어요. 변명하자면 그때 남친을 사귀게 되면서 영어 공부를 열심히 하지 못했어요. 그때 오빠도 휴학을 하고 있었기 때문에 둘이 맨날 만나서 놀기만 했던 것 같아요. 그때 제대로 한 거라고는 아르바이트를 꾸준히 한 건데, 그때 번 돈으로 여행을 다녀와서 남은 돈은 없지만 그래도 아르

바이트를 꾸준히 한 건 잘한 일인 것 같아요. (음~) '어차피 내가 놀다가 못한 거니까 내 책임이지.'라는 생각이 들어서 별로 후회하지 않았어요. 그런데 이번에 휴학을 할 때는 이전 휴학 때처럼 시간을 보내면 뭔가 후회하겠다는 생각이 좀 들었어요. 그래서 휴학을 위한 준비를 하고 싶다는 생각을 했는데 지금은 준비된 건 없지만 만족스러워요, 좀. …… (음~) 그때는 나를 위한 휴학이 아니었던 것 같다는 생각이 들었어요. 그냥 알바 하고 영어 공부 하고……. 그래도 지금은 제가 습관을 들이기 위해 노력하는 시간이라서 뭔가 잡아 간다는 느낌이 들어요. (음~) 저는 지금 이렇게 안 했으면 못했을 거라는 생각이 들어요. 오빠랑 헤어진 것도 있지만 휴학 중에 이런 일이 있어서 다행이라는 생각도 약간 들어요. (음~) 스물세 살 나이에 딱 겪을 만했고 잘 겪었어~. (크게 웃는다.) 친구가 제 얘기를 들으면서 자기는 휴학을 하거나 연애를 해 본 적이 없어서 자기도 그래 보고 싶다고 얘기하는 걸 보면 '아, 이게 그렇게 보편적인 것도 아니구나.'라는 생각도 했고, 저는 그냥 어떻게 보면 그냥 흔한 그런 것 중에 하나라고 생각했는데, (음~) 휴학도 그렇지만 연애를 하는 것도 생각해 보면…… 저도 그 전에는 그렇게 좋아하지 않았고 이렇게 많이 좋아한다는 게 좀, 음…… 아쉬운 것도 있지만, 근데 막 이렇게 누군가를 좋아하는 걸 한번 겪어 봐서 다행이라는 생각이 들어요. (음~) 그리고 사실 헤어지지 않았으면 잘 몰랐을 것 같아요. 사귀었을 때 제가 이만큼 좋아했는지를 사실 잘 못 느꼈던 것 같고, (음~) 이런 것들을 지금이라도 겪어서 다행이라는 생각이 들어요. …… 물론 자소서에 쓸 수 있는 건 아니지만…….

내담자 반응을 읽으면서 어떤 생각이 드는가? 그리고 상담자가 중간에 추임새를 넣으면서 따라가는 것이 어떻게 느껴지는가? 내가 만약 상담자라면 이 내담자의 이야기를 들으면서 어떻게 반응을 했을까? 이상의 질문에 대해 고민해 보길 바란다.

우선 이 사례는 다음과 같은 내용을 탐색하기 위한 목적으로 개입을 시도할 수 있다.

첫째, 두 번째 휴학을 위한 준비를 하지 못했지만 만족스러운 이유는 무엇인가?

둘째, 아르바이트와 영어 공부도 본인을 위한 일 같은데 첫 번째 휴학이 본인을 위한 휴학이 아니라고 생각하는 이유는 무엇인가?

셋째, 뭔가 잡아 간다는 것이 무슨 의미인가?

> 내담자 1: 이번 휴학은 휴학다운 휴학이라 너무 좋아요. 저를 위한 시간을 많이 쓸 수 있어서 좋은 것 같아요. 사실 나중에 취업에 도움이 되지 않을 것 같아 걱정이 되긴 하지만. …… 이전엔 영어 공부를 할 목적으로 휴학을 했는데 그때는 영어 성적도 못 만들어서 휴학을 한 의미가 없었어요. 변명하자면 그때 남친을 사귀게 되면서 영어 공부를 열심히 하지 못했어요. 그때 오빠도 휴학을 하고 있었기 때문에 둘이 맨날 만나서 놀기만 했던 것 같아요. 그때 제대로 한 거라고는 아르바이트를 꾸준히 한 건데, 그때 번 돈으로 여행을 다녀와서 남은 돈은 없지만 그래도 아르바이트를 꾸준히 한 건 잘한 일인 것 같아요. (음~) '어차피 내가 놀다가 못한 거니까 내 책임이지.'라는 생각이 들어서 별로 후회하지 않았어요. 그런데 이번에 휴학을 할 때는 이

전 휴학처럼 시간을 보내면 뭔가 후회하겠다는 생각이 좀 들었어요. ① 그래서 휴학을 위한 준비를 하고 싶다는 생각을 했는데 지금은 준비된 건 없지만 만족스러워요, 좀. …… ② 그때는 나를 위한 휴학이 아니었던 것 같다는 생각이 들었어요. 그냥 알바 하고 영어 공부 하고……. ③ 그래도 지금은 제가 습관을 들이기 위해 노력하는 시간이라서 뭔가 잡아 간다는 느낌이 들어요. 저는 지금 이렇게 안 했으면 못 했을 거라는 생각이 들어요. (음~) ④ 오빠랑 헤어진 것도 있지만 휴학 중에 이런 일이 있어서 다행이라는 생각도 약간 들어요. (음~). 스물세 살 나이에 딱 겪을 만했고 잘 겪었어~. (크게 웃는다.) 친구가 제 얘기를 들으면서 자기는 휴학을 하거나 연애를 해 본 적이 없어서 자기도 그래 보고 싶다고 얘기하는 걸 보면 '아, 이게 그렇게 보편적인 것도 아니구나.'라는 생각도 했고, 저는 그냥 어떻게 보면 그냥 흔한 그런 것 중에 하나라고 생각했는데, (음~) 휴학도 그렇지만 연애를 하는 것도 생각해 보면…… 저도 그 전에는 그렇게 좋아하지 않았고 이렇게 많이 좋아한다는 게 좀, 음…… 아쉬운 것도 있지만, 근데 막 이렇게 누군가를 좋아하는 걸 한번 겪어 봐서 다행이라는 생각이 들어요. (음~) ⑤ 그리고 사실 헤어지지 않았으면 잘 몰랐을 것 같아요. 사귀었을 때 제가 이만큼 좋아했는지를 사실 잘 못 느꼈던 것 같고, (음~) 이런 것들을 지금이라도 겪어서 다행이라는 생각이 들어요. …… 물론 자소서에 쓸 수 있는 건 아니지만…….

상담자 1: 첫 번째 휴학은 남친을 사귀면서 목표로 했던 영어 성적을 만들지 못해서 아쉽지만 후회되지는 않고 이번 휴학은 자신을 위해 시간을 많이 쓸 수 있어서 만족스럽다는 얘기네요.[요약/재진술]

넷째, 휴학 기간 동안 남자친구와 헤어진 것이 다행이라고 했는데 그것은 어떤 의미인가?

다섯째, 헤어지고 나서 남자친구를 많이 좋아했다고 생각하는 이유는 무엇인가?

앞서 제시한 다섯 가지 질문을 모두 할 필요는 없다. 상담자가 생각하기에 중요하다고 생각하는 포인트에서 내담자의 이야기를 잠깐 멈추게 하고 탐색해야 할 내용에 대해서 질문을 하면 된다. 내담자가 감정을 드러내거나 힘든 경험을 어렵게 이야기할 때는 내담자의 이야기를 끊고 개입하는 것을 조심해야 하지만, 이 내담자의 경우는 감정이 드러나지도 않고 자신의 경험을 가볍게 이야기하는 경향이 있으므로 상담자가 중간에 끊고 이야기를 하더라도 내담자에게 큰 방해가 되지 않는다. 오히려 내담자가 생각해 보지 못한 부분에 대해서 상담자가 질문을 하게 되면 질문에 대해서 생각해 보는 시간을 갖게 되기 때문에 자연스럽게 침묵하게 되고 침묵하는 동안 내담자는 반추할 수 있는 기회를 갖게 된다.

마지막으로, 내담자가 이렇게 장황하게 자신의 이야기를 풀어놓을 때 상담자가 요약이나 재진술을 사용한다면 자신이 이해한 것이 맞는지 중간에 확인할 수 있고, 내담자에게 핵심 메시지를 간단히 정리할 수 있다는 것을 간접적으로 교육하는 이차적 효과도 노려볼 수 있다.

제 9 장

자기개방

1. 언제/어떻게 자기개방을 사용해야 효과적인가?

2. 적절한 자기개방의 정도는 어디까지인가?

3. 상담자의 자기개방이 내담자에게 수용되지 않는 느낌이 든다면?

자기개방이란 상담자가 상담과정에서 자신이 경험한 생각이나 느낌을 치료적 목적으로 내담자에게 전달하는 것을 말한다. 상담자의 자기개방이 치료적이 되기 위해서는 상담자의 경험이 내담자가 경험한 것과 유사해야 하며, 상담자가 그 경험을 통해 얻은 생각이나 느낌 그리고 통찰이 내담자가 자신의 경험을 더 깊이 이해하고 새로운 생각과 느낌을 갖는 데 도움이 되어야 한다. 즉, 상담자는 자신의 경험에 대해 통찰한 내용을 내담자에게 개방함으로써 내담자의 통찰을 촉진할 뿐 아니라 내담자가 상담자를 모델링함으로써 효율적으로 문제에 접근할 수 있도록 돕는다.

상담자의 자기개방을 통해 내담자는 상담자의 경험을 공유하면서 자신의 경험이 자신에게만 일어나는 특별한 것이 아니라 누구나 경험할 수 있는 것이라는 보편성을 수용할 수 있게 된다. 또한 지금까지 한 가지 사고의 틀에서 바라보던 문제를 새로운 시각으로 이해하고 바라볼 수 있는 여유를 갖게 된다. 이때 내담자는 객관적으로 자신의 문제를 볼 수 있게 되고 해결할 수 있는 힘을 얻게 된다.

자기개방은 상담자가 자기의 경험을 이야기하는 것으로 너무 잦은 개방은 상담의 초점이 상담자에게 맞춰지게 하므로 내담자가 상담과정에 소극적으로 참여하는 원인이 될 수 있다. 따라서 상담자는 자기개방 기법의 부적절한 적용과 부정적 측면을 고려하여 내담자의 문제해결과 변화에 도움이 되는지 검토하여 사용해야 한다.

상담자가 자신의 생각, 느낌, 경험을 이야기하는 기법인 자기개방은 간단한 기법처럼 보이지만 내담자에게 초점을 맞추고 내담자에게 도움이 될 수 있어야 하기 때문에 상담자에게는 어려운 기법이기도 하다. 구체적으로 상담자들이 자기개방과 관련하여 자주 경험하는 어려움에 대해서 살펴보자.

1. 언제/어떻게 자기개방을 사용해야 효과적인가?
2. 적절한 자기개방의 정도는 어디까지인가?
3. 상담자의 자기개방이 내담자에게 수용되지 않는 느낌이 든다면?

1. 언제/어떻게 자기개방을 사용해야 효과적인가?

상담자는 내담자에게 도움이 된다는 확신이 들면 자발적으로 자기개방을 할 수 있다. 그러나 경우에 따라서는 내담자의 호기심 때문에 상담자가 자기개방을 요구받을 때도 있다. 내담자에게 자기개방에 대한 요구를 받을 때 상담자는 자기개방을 할 것인지 고민하게 되는데, 상담자는 내담자의 문제해결에 도움이 되는가를 기준으로 자기개방을 할 것인지 판단해야 한다. 즉, 상담자의 자기개방은 내담자의 단순한 호기심을 충족시켜 주기 위해서 사용하기보다 내담자의 자기이해를 돕고 문제해결을 촉진하기 위해 사용해야 한다는 것을 잊으면 안 된다.

상담자가 자기개방을 효과적으로 사용하기 위한 자기개방 유형에는 상담자의 감정에 대해 개방하는 것과 상담과정에서 일어나는 지금-여기에서의 경험을 개방하는 것, 상담자가 내담자와 유사한 경험을 한 것을 개방하는 것 등이 있다.

　상담자의 감정에 대한 개방은 상담자가 내담자 입장에 놓이게 된다면 어떻게 느낄 것인지에 대한 감정 또는 내담자의 이야기를 듣고 느낀 상담자의 감정을 표현하는 것을 말한다. 내담자의 입장이 되어 상담자가 피드백할 때 내담자는 상담자에게 충분히 공감받는다고 느낄 수 있다. 또한 내담자가 미처 생각해 보지 못했던 새로운 시각을 얻을 수 있으며, 자신의 감정을 자각할 수 있고, 상담자의 표현방법을 모델링하는 등 여러 면에서 내담자에게 도움이 된다. 다음은 오랫동안 만난 남자친구와 헤어졌지만 감정을 편하게 표현하지 못하는 내담자의 사례이다. 내담자의 이야기를 들으며 상담자가 내담자 입장에서 경험할 수 있는 감정을 표현함으로써(상담자 4 반응) 내담자가 자신의 감정을 확인하고 표현할 수 있도록 촉진하고 있다.

내담자 1: 요즘 몸이 너무 피곤하고 모든 일에 의욕이 없어요.

상담자 1: 최근에 어떤 일이 있었나요?

내담자 2: 특별한 일은 없었어요. 있다면 얼마 전에 남친과 헤어진 거요. 남친과 헤어지는 일은 누구나 겪을 수 있는 일이잖아요. 이게 원인인 것 같지는 않아요.

상담자 2: 남친과 헤어지는 일은 누구에게나 일어날 수 있지만 그렇다고 해서 누구나 괜찮은 건 아니에요. 헤어진 남친과는 얼마나 사귀었나요?

내담자 3: 대학교 1학년 때부터 사귀었으니까…… 7년 정도 된 것 같아요.

상담자 3: 대학생 때부터 오랫동안 같이 지냈네요.

내담자 4: 네…… 1학년 때부터 같이 붙어 다녔어요. 남친이랑 항상 같이 다니니까 여자친구들과 사귈 시간이 없었어요. 그래서 전 여자친구들이 없어요. 그래도 괜찮다고 생각했어요. 대학을 졸업하고 나서도 남친과 만났는데…… 이런 얘기를 할 사람이 없어요.

상담자 4: ○○ 씨는 괜찮다고 하지만 나라면 오랫동안 사귄 남자친구랑 헤어졌을 때 상실감이 클 것 같아요. 외롭고 슬프기도 할 것 같고. 더군다나 이런 이야기를 맘 놓고 얘기할 친구도 없다면 더 외롭고 쓸쓸할 것 같아요.

내담자 5: (눈물) 너무 슬퍼요. 그런데 울 수가 없었어요. 남친은 저한테 너무 중요한 사람이었어요. 그런데 일방적으로 헤어지자고 하는 거예요. 하늘이 무너지는 것 같은데 그걸 누구에게도 말할 수가 없는 거예요. (눈물) 이제 제 주변에는 아무도 없어요. 그래서 집에 가면 혼자서 매일 울어요. (눈물)

다음 자기개방의 유형은 상담자가 상담과정 중 일어나는 치료적 관계를 위해 지금-여기에서의 관계경험을 개방하는 것이다. 내담자가 보이는 관계 문제는 특정한 한 개인과의 문제만이 아니라 대인관계를 맺을 때 반복되는 패턴으로 나타난다. 따라서 내담자가 가진 대인관계 문제는 상담자와의 관계 속에서도 반복된다. 상담자가 지금-여기에서 일어나는 내담자의 대인관계 패턴을 알아차리고 반응할 때, 내담자는 자신의 관계 패턴을 이해하고 변화시킬 수 있는 경험을 하게 된다. 상담자가 자신이 알아차린 내담자에 대한 느낌이나 생각을 있는 그대로 개방하여 다룰 때 상담관계는 촉진될 수 있다. 이러한 과정은 지금-여기에서 감정을 다루는 즉시성

과 같은 기법으로 이 책의 제12장 '즉시성'에서 더 구체적으로 설명
할 것이다.

자기개방의 다른 유형은 상담자가 내담자와 유사한 경험을 한 것
을 개방하는 것이다. 내담자가 고민하는 문제와 관련된 상담자의
이전 경험을 이야기하는 것으로, 상담자가 유사한 경험을 어떻게
이해하고 무엇을 배웠는지를 개방함으로써 내담자가 자신의 경험
을 이해하고 자신의 문제를 새로운 각도로 바라보며 통찰하도록 돕
는다. 또한 내담자가 상담자의 통찰과정과 문제해결과정을 배움으
로써 더 효율적으로 자신의 문제를 해결해 가도록 돕는다. 다음 사
례에서 상담자는 다른 상황에서 비슷한 생각을 했던 것을 개방함으
로써 내담자가 상대방 탓만 하던 시각에서 벗어나 자신의 경험을
다른 시각으로 이해하고 자신을 더 깊이 알아 가도록 돕고 있다.

> 내담자 1: 지난주에 말한 A 선생님이 그냥 싫다 보니 이젠 얼굴을 마주치
> 기조차 싫어요.
> 상담자 1: A 선생님의 어떤 모습이 그렇게 싫은가요?
> 내담자 2: 다른 사람들 앞에서 저를 지적하는 느낌이 들 때 싫은 것 같아
> 요. 저를 도와주려고 한 건지 모르겠지만 저에게 B 과제를 했
> 냐고 물어봤어요. 그때 저는 B 과제를 해야 한다는 생각은 했
> 지만 하기 싫어서 안 하고 있었는데 하필이면 여러 사람 중에
> 저한테만 물어보는 거예요.
> 상담자 2: 여러 사람 앞에서 과제에 대해서 물어보는 게 ○○ 씨를 도와
> 주려고 하기보다는 ○○ 씨를 지적한다는 느낌이 들었군요.
> 내담자 3: 네…… 제가 안 하고 있었는데 그걸 물어보니까 도와준다는 것
> 보다는 제가 못한 부분을 드러내려고 하는 것처럼 느껴졌어요.

> 상담자 3: ○○ 씨 얘기를 들으니 내가 했던 비슷한 경험이 떠오르네요. 내가 초등학교 때 엄마가 내 방 청소를 해 준다고 하셨는데 내가 화를 내면서 엄마를 내 방에 들어오지 못하게 고집을 부렸어요. 왜냐하면 책상 뒤쪽에 며칠 전 받아 온 시험지를 숨겨 놨는데 들킬까 봐 걱정이 됐거든요. 엄마는 평소 하던 일을 했을 뿐인데 괜히 제 발 저려서 혼날까 봐 엄마를 못 들어오게 한 것 같아요.
>
> 내담자 4: 선생님 얘기를 들으니 저도 제 발 저렸나 봐요. 제가 안 하고 있다는 걸 들키고 싶지 않았던 것 같아요. 그래서 도와주려고 했던 선생님의 마음을 헤아리기보다는 선생님이 저를 곤란하게 하고 있다고 생각해서 화가 난 것 같아요.

상담자가 내담자에게 자신의 감정이나 경험을 개방할 때 몇 가지 고려해야 할 부분이 있다. 상담자는 내담자의 경험과 유사한 자신의 경험을 떠올리며 자신이 깨달은 바를 통해 내담자를 돕고 싶어질 때 상담자 자신의 경험을 부풀려 표현할 수 있다. 자기개방을 할 때 상담자는 자신이 한 경험을 꾸밈없이 솔직하게 내담자에게 전달할 수 있도록 해야 한다.

또한 상담자는 내담자의 이야기를 들으면서 떠오른 생각이나 경험을 준비 없이 피드백할 수도 있다. 그런데 상담자가 경험하기는 했으나 아직 풀리지 않은 문제를 준비 없이 개방하는 것은 내담자에게 도움이 되지 않는다. 예를 들면, 남편으로부터 언어폭력을 당한다고 느끼면서도 남편에게 자신의 목소리를 내지 못하고 참으면서 힘들어하는 내담자에게 상담자가 "저도 남편이 강하게 나오면 어떻게 반응해야 할지 당황스러워 말문이 막히는 경험을 하기도 해요. 왜 그런

지 오랜 시간 고민했지만 쉽게 해결되는 문제는 아닌 것 같아요. 저
도 비슷한 경험을 하고 있으니 우리 같이 그 원인을 찾아가 봐요."라
고 말한다면, 내담자가 새로운 시각을 갖도록 돕거나 자신을 이해하
도록 하는 데 도움이 되지 않는다. 상담자가 자신의 미해결 과제를
해결하고 싶은 욕구충족을 위해 자기개방을 사용한다면 상담의 초
점이 상담자에게 옮겨질 수 있어 상담의 진전에 도움이 되지 않는다.

  상담자는 자기개방을 너무 자주 하는 것은 아닌지 항상 고려해야
한다. 적절한 횟수가 있는 것은 아니지만 자기개방은 상담자에 대
해 이야기하는 것이기 때문에 상담자가 자기개방을 자주 하게 되면
내담자가 상담자의 이야기를 듣느라 자기탐색을 할 시간을 놓치게
되거나 상담의 초점이 상담자에게 옮겨질 수 있어 내담자에게 도
움이 되지 않는다. 따라서 상담자는 내담자의 이야기에 계속 초점
을 맞추면서 자기개방이 되도록 유의해야 한다. 자기개방을 할 때
상담의 초점을 내담자에게 두기 위해서 상담자는 자기개방을 한
후에 "○○ 씨는 어떤가요?" "○○ 씨는 어떻게 생각하세요?"와 같은
질문을 할 수 있다. 또한 상담자가 자기개방을 할 때는 핵심적인 내
용이 전달되도록 너무 길지 않고 간결하게 말해야 한다. 너무 길면
이야기의 초점이 흐려져 방향을 잃게 되기 때문이다.

2. 적절한 자기개방의 정도는 어디까지인가?

  초보상담자가 적절한 자기개방의 기준을 가늠하는 것은 쉽지 않
다. 상담자의 자기개방을 통해 내담자가 자신을 이해하고 통찰하
거나 변화하는 데 도움이 된다면 적절한 자기개방이라고 할 수 있

다. 즉, 상담자의 적절한 자기개방은 내담자와 상담자의 라포형성을 돕고, 내담자가 자기의 감정과 생각을 알아차리고 이해하도록 도울 것이다. 그러나 너무 많은 상담자의 자기개방은 상담의 초점을 흐리게 하고 상담 진행을 어렵게 한다.

상담자의 적절한 자기개방 원칙은 내담자에게 도움이 되어야 한다는 것이다. 상담자의 경험에 대한 개방이 내담자에게 도움이 되는지는 상담자의 자기개방 이후 내담자의 후속반응을 보면 알 수 있다. 상담자의 경험이 모델링이 되어 내담자가 그것을 자신에게 적용하기 위해 노력한다면 상담자의 자기개방은 적절했다고 볼 수 있다. 내담자가 미처 알지 못했던 방법을 상담자를 통해 알게 되고 내담자가 그것을 자신의 경험에 적용해 봄으로써 변화를 도울 수 있기 때문이다. 다음 사례에서 상담자는 왜 우울한지 몰라 답답해하는 내담자에게 자기 감정을 찾아가는 방법에 대해 자기개방을 하고, 내담자는 이를 모델링하고 있다.

> **내담자 1:** 우울할 때 왜 우울한지 이유를 몰라서 답답해요.
>
> **상담자 1:** 왜 우울한 건지 그 이유를 찾게 되면 이성적으로 나에게 일어난 어떤 사건만을 찾게 되는 것 같아요. 그러면 우울한 이유를 찾을 수 없게 되면서 답답해지지요. 가끔 나도 우울할 때가 있는데 그때는 가만히 나의 감정을 현재부터 거꾸로 시간을 거슬러 올라가며 되짚어 봐요. 그럼 감정의 변화가 일어난 때와 만날 수 있게 되죠.
>
> **내담자 2:** 네…… 제가 빨리 이유를 찾고 싶은 마음에 제 감정을 생각해 보지 못했던 것 같네요. 잠시 시간을 주세요. 천천히 생각해 보고 싶어요.

　다음은 상담자가 자기개방한 것을 듣고 내담자가 부담을 느끼지 않아야 한다는 것이다. 상담자는 해결사가 되려고 하지 말고 먼저 내담자의 이야기를 귀 기울여 듣는 것이 필요하다. 내담자의 이야기를 들으면서 내담자에게 도움이 될 수 있는 상담자의 경험이 있다면 그때 개방을 하면 된다. 그러나 내담자에게 상담자의 경험을 개방하는 것이 '나처럼 하면 당신도 할 수 있으니 해 봐라.'라는 메시지로 전달되면 부담이 될 수 있고, 답을 주는 이러한 패턴이 반복되면 내담자가 상담자에게 의존하게 된다. 따라서 상담자는 내담자가 원하는 정도와 받아들일 수 있을 만큼 개방하는 연습이 필요하다.

　상담자가 자기개방이 적절하지 않다는 피드백을 듣게 될 때는 내담자가 드러낸 이야기의 수준과 속도에 비해 상담자의 자기개방이 빠르다고 느껴질 때이다. 상담자는 내담자의 수준과 속도에 맞춰 내담자의 이야기를 따라가면서 내담자가 자기이해를 하고 자신의 경험을 되돌아보도록 돕는 자기개방을 하는 것이 필요하다. 예를 들어, 다음 학기에 휴학할 것을 고민하는 내담자에게 상담자가 자신이 대학 시절 휴학을 한 후 계획과는 다르게 의미 없이 보내면서 겪은 어려움에 대해서 이야기한다면, 내담자가 왜 휴학을 고민하게 됐는지, 휴학 기간이 내담자에게 어떤 의미가 있을 것인지 등과 같은 내담자의 핵심적인 이야기를 놓치고 휴학이 잘못된 경우의 이야기만 하게 되어 내담자가 다루고 싶은 내용을 다룰 수 없게 된다.

　상담자의 적절한 자기개방에 대한 기준은 내담자에 따라, 상담자의 이론적 배경에 따라 다를 수 있다. 그러나 초보상담자는 완벽한 자기개방을 해야 한다고 생각할 수 있다. 이 경우 상담자의 완벽한 자기개방이 내담자를 위한 것인지 또는 상담자를 위한 것인지 생각해 봐야 한다. 적절하지 않는 자기개방은 내담자에게 도움이 되지 않을 뿐 아니라 내담자가 수용하지 않을 것이다.

3. 상담자의 자기개방이 내담자에게 수용되지 않는 느낌이 든다면?

상담자는 자기개방을 한 후에 내담자의 반응을 살펴보아야 한다. 자기개방이 효과적이라면 내담자는 언어적 · 비언어적으로 수용한다는 표현을 할 것이다. 언어적으로는 "선생님도 그런 경험이 있다고 하니 안심이 돼요." "저만 그런 건 아니었네요." "그 얘기를 들으니 ~라는 생각이 들어요." "저도 그렇게 한번 해 보면 좋을 것 같아요."와 같은 반응을 보일 것이다. 비언어적으로는 고개 끄덕임, 안도의 미소, 신체 긴장의 완화 등으로 표현될 것이다.

반대로 내담자는 침묵한다든지, 화제를 돌린다든지, 상담자와 눈을 마주치지 않는 등 비언어적으로 상담자의 자기개방을 수용하지 않는다는 것을 표현할 수 있다. 또한 "선생님과 저는 상황이 다른 것 같아요." "제가 할 수 있을까요?"와 같은 말로 자신에게 적용하기 어렵다는 것을 표현할 수도 있다. 내담자가 상담자의 자기개방 내용을 수용하지 않을 때 상담자는 자기개방하기를 자제하고, 자기개방의 내용이나 방법이 적절했는지 살펴봐야 한다.

내담자가 상담자의 자기개방을 수용하지 않을 때는 다음과 같은 경우이다. 첫째, 상담자는 '옳고' 내담자는 '틀리다'는 느낌을 받을 때이다. 즉, 상담자가 자신이 우월하다는 것을 은연중에 드러내려고 하면서 자신이 하고 싶은 이야기를 내담자에게 도움이 되는지 고려하지 않고 표현하는 경우이다. 상담자는 내담자가 자신이 하는 행동의 원인을 생각해 보도록 촉진한다지만, 내담자는 자신이 잘못했다는 느낌을 받을 수 있고 불편함을 느낄 수 있다. 따라서 내담자 행동의 원인에 대하여 상담자가 자신의 경험을 토대로 결론적으로 주장하기보다는 자신이 통찰한 내용을 신중하게 표현하는 것이 필요하다. 그럴 때 상담자의 경험에 대한 통찰의 내용을 듣고 내담자가 이를 자기 경험에 적용하여 새로운 통찰에 도달할 수 있을 것이다.

둘째, 상담자가 자신이 경험한 통찰과정을 내담자에게 그대로 적용할 때 상담자의 자기개방이 내담자에게 수용되지 않을 수 있다. 예를 들어, 상담자가 대인관계에서 자신보다 나이가 많은 남자와의 관계에서 위축되고 소극적이 되는 이유를 자신의 아버지와의 관계가 반복되고 있는 것이라고 통찰을 하였다고 보자. 이때 상담자는 내담자가 남자와의 관계에서 어려움을 보이는 경우 아버지와의 관계에서 내담자의 미해결된 과제가 남자와의 관계에서 반복되고 있다고 이해하고 피드백할 수 있다. 그런데 내담자가 자신은 아버지와의 관계가 나쁘지 않았고 지금도 잘 지낸다고 한다면 상담자는 자신의 경험을 내담자에게 그대로 적용함으로써 내담자의 경험을 이해하지 못한 것이 된다. 이러한 상담자의 자기개방은 일방적이고 내담자로 하여금 새로운 사고를 하도록 촉진하지도 못해서 내담자에게 도움이 되지 않는다.

셋째, 상담자의 자기개방이 자기 자랑을 하는 것처럼 들리거나 상담자의 삶이 내담자 자신의 삶과는 다르다는 괴리감을 느낄 때 내담자는 상담자의 자기개방을 수용하기 어렵다. 이러한 경우에는 자기개방이 수용되지 않을 뿐 아니라 상담자에 대한 거리감이 느껴질 수 있어 상담관계에 부정적인 영향을 미칠 수 있다. 따라서 상담자는 자신의 자기개방이 내담자에게 위화감이나 괴리감을 주지 않도록 자기개방의 내용과 전달방법에 대해서 신중해야 한다. 다음 사례는 특목고를 졸업한 상담자와 진로를 고민하는 고등학생 간의 상담내용이다.

> 내담자 1: △△학교를 가고 싶긴 하지만 다른 애들 부모님처럼 우리 부모님은 밀어주지도 않고 그렇다고 제 실력이 뛰어난 것도 아니고…… 포기하는 게 맞을 것 같아요.
>
> 상담자 1: ○○아, 선생님도 부모님이 도와주시지 않았지만 포기하지 않으니까 원하는 학교에 가서 지금처럼 너희를 만날 수 있게 되었다고 생각해. 성적도 등급이 그렇게 좋은 건 아니었거든. 부모님의 도움이나 성적보다 ○○이가 꿈을 포기하지 않고 끝까지 노력한다는 게 중요한 거 아닐까?
>
> 내담자 2: 선생님은 그 계통의 특목고였으니까 가능한 거 아닐까요? 저는 시작부터 선생님하고 달라요. 오히려 선생님과 같은 학교를 나온 애들을 생각하면 포기하는 게 맞을 것 같아요.

한편, 상담자는 자기개방이 수용되지 않음을 느낄 때 위축되거나 기분이 나빠질 수 있다. 이때 상담자는 역전이 감정을 경험하게 되는데, 이러한 역전이가 상담의 진전을 방해할 수도 있기 때문에 자신의 감정 변화를 민감하게 알아차리고 해결해야 한다. 자기개방 이후에 생기는 역전이 감정에 대해서는 수퍼비전을 통해 확인하고 해결방법을 모색해야 한다.

제10장

지지하기/승인하기

1. 언제 지지하기/승인하기를 사용해야 효과적인가?

2. 지지하기/승인하기를 어떻게 효과적으로 사용할 수 있는가?

3. 지지하기/승인하기가 내담자의 행동을 합리화하는 것 같아 고민된다면?

지지하기는 상담자가 내담자의 느낌과 생각, 행동에 대한 인정을 표현하는 것으로 승인하기와 같은 의미로 사용된다. 상담자가 내담자를 지지한다는 것은 상담자가 내담자의 변화 가능성을 믿고 신뢰하는 것, 내담자의 변화 의지를 격려하는 것 그리고 내담자가 행동 변화를 지속할 수 있다고 믿고 내담자에 대한 믿음과 희망을 전달하는 것을 포함한다. 이러한 지지하기를 통해 내담자는 상담자를 신뢰하고, 자신의 변화 가능성에 대해 기대하며 변화를 위한 행동을 지속할 수 있는 힘을 갖게 될 것이다. 누군가가 '나의 변화를 기다려 주고' '응원하고' '인정하는' 경험을 한다면 내담자는 자신의 삶을 포기하지 않고 변화에 따르는 고통을 끝까지 견뎌 내는 것을 선택할 것이다. 이것이 내담자가 상담에서 경험하는 교정적 정서체험의 과정이고, 이 경험을 통해 내담자는 변화의 계기를 얻게 된다. 교정적 정서체험은 내담자가 어디서도 드러낼 수 없었던 정서적 상황을 지지적 환경에서 노출함으로써 외상적 경험이 수정되고 변화되는 것을 의미한다. Yalom(1993)은 내담자가 변화하기 위해서는 적당한 교정적 정서체험을 경험해야만 한다고 하였다.

지지하기는 내담자가 변화할 수 있는 힘을 줄 수 있기 때문에 상담과정을 촉진하고 변화를 이끄는 기초적인 작업이라 할 수 있다. 그러나 지지하기가 언제나 누구에게나 효과적인 것은 아니기에 상담자는 조심스럽게 사용해야 한다. 상담자는 내담자에게 작은 성취경험을 통해 변화동기를 유지시키려는 목적으로 "○○ 씨는 충분히 할 수 있는 힘이 있어요."와 같은 지지의 말을 하며 과제를 제시할 수도 있다. 그러나 지지하기를 발판으로 내담자의 변화를 도우려는 상담자의 의도와는 다르게 내담자를 밀어붙인다는 인상을 줄 수 있다. 내담자는 자신이 변화에 대한 준비가 되기 전에 상담자로부터 변할 수 있다는 지지를 받는다는 것이 부담스러울 수 있다. 그러므로 상담자는 내담자의 상태와 변화를 위한 준비 정도에 따라 조심스럽게 지지하기를 사용해야 한다.

지지하기에서 주의해야 할 점은 형식적인 지지의 표현이 되지 않도록 해야 한다는 것이다. 상담자가 내담자를 신뢰하고 내담자가 변화될 수 있다는 믿음이 전달되어야 한다. 상담자는 언어적 또는 비언어적 방법으로 지지하기를 표현할 수 있다. 상담자가 내담자의 경험을 지지하는 언어적 방법은 다음과 같다.

- 그것은 좋은 시도네요.
- 피하지 않고 직면할 수 있었다니 대단합니다.
- 정말 어렵고 힘든 일을 맡았군요.
- 쉽지 않은 일인데 참 잘했네요.

그리고 상담자는 비언어적 방법으로도 내담자에 대한 지지를 전달할 수 있다. 그러한 방법으로는 내담자의 말에 고개를 끄덕이기, 표정으로 더 이야기하도록 격려하기, 내담자와 같은 표정 짓기 등이 있다.

지지하기는 상담을 촉진하는 중요한 기법으로 적절히 사용해야 한다. 지지하기를 언제/어떻게 사용해야 하는지, 주의해야 할 점은 무엇인지 등 지지하기를 사용하면서 갖게 되는 초보상담자의 어려움에 대해서 기술하고자 한다.

> 1. 언제 지지하기/승인하기를 사용해야 효과적인가?
> 2. 지지하기/승인하기를 어떻게 효과적으로 사용할 수 있는가?
> 3. 지지하기/승인하기가 내담자의 행동을 합리화하는 것 같아 고민된다면?

1. 언제 지지하기/승인하기를 사용해야 효과적인가?

지지하기는 상담의 모든 단계에서 사용할 수 있는 기법이다. 상담초기에 사용하는 지지하기는 라포 형성에 도움이 되고, 상담중기에는 긍정적 지지를 통해 내담자가 변화하는 데 힘을 주며, 상담종결기에는 내담자의 변화를 공고히 하는 데 중요한 기법이다. 모든 상담과정에서 내담자가 자신이 변화할 수 있다는 희망을 갖도록 돕고, 적극적으로 상담에 참여하도록 격려할 때 지지하기 기법을 효과적으로 사용할 수 있다.

특히 상담초기에 상담자는 내담자와 신뢰로운 관계를 만들어 가면서 내담자가 상담에 대한 기대를 갖고 변화에 대한 동기를 형성하도록 도와야 한다. 상담에 대한 기대와 동기는 상담자가 내담자에게 '상담을 하면 다 해결될 수 있다'는 허황된 약속을 하는 것으로 생기지 않는다. 내담자가 자신의 변화를 이끌 수 있는 능력이 자신에게 있음을 믿는 것이 필요하다. 내담자가 자신을 믿고 상담을 지속하도록 하기 위해 상담자는 내담자가 상담을 시작하게 된 계기와 상담에 대한 내담자의 기대를 충분히 듣고 이해할 수 있어야 한다. 내담자에 대한 이해를 기초로 현실적인 변화에 대한 피드백을 할 때 내담자는 상담자를 더 신뢰할 수 있다. 상담자의 현실적인 피드백은 내담자의 긍정적인 자원을 찾고 지지함으로써 내담자가 자신의 문제를 해결할 수 있는 힘이 자신에게 있다는 것을 받아들일 수 있도록 돕는다. 따라서 상담초기의 지지하기는 상담자에 대한 신뢰뿐 아니라 내담자가 자신을 신뢰함으로써 상담을 지속할 수 있도록 돕는 중요한 기법이다.

다음은 무능력하고 무가치하여 죽고 싶다며 상담을 시작한 내담자의 첫 회기 사례이다. 상담자는 문제를 구체화하면서 내담자의 강점을 찾고 이를 내담자에게 피드백하면서 내담자가 상담에 대한 희망을 갖도록 돕고 있다.

> 내담자 1: 제가 너무 일을 못해서 무능력하고 가치 없는 사람인 것 같아 죽고 싶어요. (음……) 회의시간에 내가 왜 그렇게 일을 했는지 설명하고 싶지만 막상 물어보면 아무 생각도 나지 않아서 무조건 "죄송합니다." "다시 할게요."라는 말만 반복해요.
> 상담자 1: 그러고는 어떻게 하나요?
> 내담자 2: 그렇게 말하고 집에 가서 계속 회사에서 있었던 일만 생각해요. 회사에서는 그 자리에서 말도 못하고 있다가 집에 가면 그건 아니었다고 말할 걸 하고 후회해요.
> 상담자 2: 어떻게 말하면 좋았을까요?
> 내담자 3: 아직 2개월밖에 되지 않아 실수가 많지만 잘하려고 노력하고 있다고…… 그때 그렇게 한 건 이런 생각 때문이었다고…… 그렇게 내가 왜 그랬는지 말하면 좋았겠다는 생각이 들어요. 하지만 또 그 앞에 가면 말을 못해요.

상담자 3: 주변에서 함께 일하는 동료들은 ○○ 씨에게 뭐라고 얘기해 주
나요?

내담자 4: 그 정도면 잘하고 있고 열심히 하고 있다고…… 하지만 믿어
지지가 않아요.

상담자 4: ○○ 씨는 자신에 대해서 못한다고만 말하고 있네요. ○○ 씨
가 말했듯이 회사에서는 말하지 못했지만 시간이 지나고 나
서 충분히 그 상황을 생각하면 자신이 해야 할 말이 무엇인지
찾았네요. 그리고 대인관계에서 자신이 무엇을 어려워하는지
알고 있네요. 그런데 못한다고만 말하고 있어요. 왜 그런 것
같나요?

내담자 5: 저에게 일이 맡겨지면 빨리 그리고 잘해야 된다고 생각하는
것 같아요. 제가 좀 마음이 급한 것 같아요.

상담자 5: 왜 그렇게 마음이 급한가요?

내담자 6: 못하면 저를 싫어할까 봐. 그리고 무시할까 봐…… 빨리 해야
된다고 생각하는 거 같아요. 그래서 그런지 더 긴장하고 실수
가 많은 것 같아요. 저는 무능하고 피해만 주는 사람 같아요.
(눈물)

상담자 6: 지금 ○○ 씨는 자신이 왜 그렇게 마음이 급한지도 잘 이해하
고 있네요. 지금 우리가 이야기하고 있는 것처럼 ○○ 씨에게
여유롭게 시간을 주면 충분히 ○○ 씨가 처한 상황을 이해하
기도 하고 정확하게 자신을 이해하기도 하네요. 상담을 하면
서 천천히 자기를 이해하는 시간을 갖는다면 ○○ 씨가 회사
에 적응하고 대인관계도 지금보다 편해질 수 있을 거라는 생
각이 드는데 어떠세요?

내담자 7: 잘해야 된다는 생각만 했지 제가 이렇게 급한 줄은 몰랐어요.
그래서 항상 힘들었던 것 같아요. 이젠 저를 위한 여유로운 시
간이 필요하다는 생각이 들어요.

또한 상담중기에 접어들면서 상담자는 내담자가 새로운 경험을 하게 될 기회가 왔을 때 도전할 수 있도록 지지하기 기법을 사용할 수 있다. 상담은 새로운 경험에 도전하고 변화하는 과정이라고 할 수 있다. 결국에는 내담자가 지금까지 반복해 왔던 부적응적인 행동, 감정, 생각을 인정하고 새로운 방식으로 시도할 수 있는 용기가 필요하다. 통찰을 통해 내담자가 생각을 바꿀 수는 있지만 바로 행동의 변화까지 가기는 어렵다. 행동까지 변화되기 위해서는 많은 반복적인 경험이 필요하다.

상담자는 내담자에게 처음부터 성공할 수는 없지만 자신이 원하는 삶을 살기 위해서는 새로운 상황에 도전하는 용기가 필요하며 변화를 위해서는 실패를 감수해야 한다는 것을 이야기한다. 그리고 내담자가 변화를 시도하기로 한 결정과 의지를 지지함으로써 행동할 수 있도록 힘을 주어야 한다. 또한 내담자들은 예전과 다르게 행동했기 때문에 성과를 빨리 얻기를 기대한다. 그래서 한두 번의 시도만으로 원하는 결과를 얻어야 한다고 생각하여 원하는 결과를 얻지 못할 때 성급하게 포기하는 경향이 있다. 새로운 시도를 하는 내담자를 지지하고 격려하며 포기하지 않고 끝까지 해낼 수 있도록 하는 것이 상담자의 역할이다.

다음은 남자 고등학생이 잦은 짜증과 분노 표현으로 가정과 학교에서 부적응을 나타내는 사례이다. 내담자가 자신의 행동을 조절하려고 노력하여 초반에는 잘되는 듯했으나 그 변화가 지속되지 않자 포기하려고 하였다. 상담자는 변화의 과정을 지지하면서 내담자가 포기하지 않고 변화를 지속할 수 있도록 이끌어 가고 있다.

내담자 1: 선생님, 아무래도 저는 안 될 것 같아요. 지난주에는 그래도 화를 안 내고 잘 참았는데 이번 주에는 화를 많이 내서 학교에서도 안 좋았어요.

상담자 1: 화를 내지 않으려고 노력을 했는데 지난주와는 다르게 조절이 잘 안 돼서 속상하구나.

내담자 2: 네…… 하려고 하는데도 잘 안 돼요. 저도 모르게 큰 소리 치고 화를 내고 있더라고요.

상담자 2: 생각만큼은 안 됐지만 변하기 위해서 계속 잊지 않고 노력하는 ○○이를 보면 선생님은 참 대견하다고 생각해. 그런데 우리는 어떻게 원하는 모습까지 변하게 될까?

내담자 3: 글쎄요…… 계속 노력하라는 건가요?

상담자 3: 결론은 그렇지. 그런데 계속 노력을 하려면 어떻게 우리가 변화하게 되는지를 알아야 할 것 같아. 선생님이 보니까 우리가 변하기 위해서 노력할 때 처음에는 정적인 기울기로 변하는 것 같아. 그러다가 어떤 순간이 오면 소강상태에 빠지지. 그럴 때 우리는 생각해. '아, 나는 안 되나 봐.' 그런데 그 시기에 포기하지 않고 계속 노력하면 또 정적인 기울기로 변하지. 그러다가 또 어떤 순간이 오면 변하지 않는 소강상태가 오지. 그러면 우리는 또 어떻게 생각할까?

내담자 4: 나는 안 되나 봐……. (웃음)

상담자 4: 그렇지. 그런데 그때도 포기하지 않고 계속 노력하면 어떻게 될까?

내담자 5: 또 정적인 기울기로 변하게 돼요.

상담자 5: 그렇지…… 그걸 이렇게 그림으로 그리면 계단식이 돼. 여기서 중요한 건 뭘까?

내담자 6: 포기하지 않는 거요.

상담자 6: 역시 ○○이가 이해를 잘하는구나. 여기 소강상태에 있을 때 '나는 안 되나 봐.'라고 생각하고 포기하면 어떻게 될까?

내담자 7: 거기서 멈춰요.

상담자 7: 포기하지 않고 힘들더라도 계속 노력하면 어떻게 되지?

내담자 8: 또 계속 변할 수 있어요.

상담자 8: 그렇지. 그렇게 반복이 되면 결국엔 내가 원하는 모습으로 변할 수 있을 거야. ○○이는 스스로 노력을 해서 변하고 있고 지금 처음으로 변하지 않는 소강상태에 와 있어. 이 그림(계단식으로 그려진 그림에서 평평한 부분)을 보면서 ○○이는 '안 되나 봐.'라고 생각하고 포기하는 걸 선택할래, 아니면 힘들지만 포기하지 않고 지금처럼 계속하면서 변화되어 가는 쪽(평평한 부분이 끝나고 한 계단을 오르는 그림)을 선택할래?

내담자 9: 변화되는 쪽이요. 저도 변하고 싶어요.

상담자 9: ○○이가 자기에게 가장 좋은 선택을 잘하는구나. 변하지 않을 때 그 노력을 계속한다는 게 힘들지만 ○○이가 그러한 노력을 하겠다니 선생님도 기뻐. 그리고 ○○이가 지치지 않도록 선생님이 옆에서 함께 도와줄게. 자, 어때? 다시 해 볼래?

상담종결기는 상담의 전 과정을 정리하며 상담성과를 평가하는 시간이다. 따라서 종결기에 상담자는 내담자와 함께 상담목표의 달성 정도와 변화에 대한 평가를 하는데, 이때 상담자는 상담성과 요인에서 내담자 요인을 찾아 지지함으로써 내담자의 힘을 키울 수 있다. 또한 내담자가 그러한 변화를 위해 어떻게 노력해 왔는지 이야기하며 내담자의 문제행동이 반복될 때 어떻게 대처할지에 대해 다지기 작업을 한다. 왜냐하면 지지하기는 내담자가 상담자

와 헤어져 혼자 살아갈 때 자신을 믿고 스스로 해 볼 수 있는 용기
와 힘을 주기 때문이다. 내담자의 긍정적인 자원에 대한 지지는 내
담자에게 자신을 믿고 지속적인 변화를 위해 노력할 수 있는 힘을
준다. 특히 종결에 따른 상담성과와 내담자의 변화과정에 대한 지
지는 상담을 의미 있게 할 수 있다.

다음 사례에서 내담자는 종결을 앞두고 아쉽고 불안한 감정을
보이고 있다. 상담자는 내담자의 감정을 수용하면서 상담성과를
위해 노력해 온 내담자를 지지하고, 상담종결 이후에 내담자가 자
기상담(self-counseling)을 어떻게 해야 하는지 다루고 있다.

내담자 1: 오늘이 마지막이라고 생각하니 기분이 이상한 것 같아요. 매주
오다가 다음 주부터 안 오면 허전하겠죠? (웃음)

상담자 1: ○○ 씨가 상담을 종결하는 게 많이 아쉽고 섭섭한 만큼 좋은
시간이 되었다는 생각이 드네요. 상담을 통해 변화가 있었다
면 그 변화를 가져온 계기는 무엇이라고 생각하나요?

내담자 2: 사람들이 제가 생각한 것만큼 저를 싫어하지 않았던 것 같아
요. 제가 뭔가를 시도하면 잘 받아 주었고, 친구들도 제 생각
과는 다르게 좋아했던 것 같아요.

상담자 2: 해 보지 못했던 시도를 해 보기로 결정하고 실제로 행동으로
옮긴 사람은 ○○ 씨 자신이라고 생각해요. 어떤가요?

내담자 3: 예전에는 안 될 거라고만 생각했는데 용기를 내서 했던 것 같
아요. 그랬는데 다행히 사람들도 받아 주었고, 운이 좋은 것도
있었던 것 같아요. 그리고 선생님이 함께 도와주셔서 가능했
던 것 같아요. 이제부터 혼자서 해야 된다는 생각을 하니 조금
은 불안하기도 해요. 혼자서 잘할 수 있을까요?

상담자 3: 지금까지 잘해 왔고 ○○ 씨는 변화되었지요. 그런데 어쩌면
우리가 해결했던 ○○ 씨의 문제는 다시 반복될 수 있어요. 그
때 ○○ 씨는 우리가 함께했던 과정을 생각하면서 그 문제를
다시 해결해 가면 돼요. 주변 사람들이 잘 받아 주었고 운도
좋았다고 말하지만 ○○ 씨의 변화는 ○○ 씨 자신이 만든 거
예요. 우리가 함께 이야기하고 대안을 찾고 계획했지만 실제
로 행동하고 부딪쳐서 문제를 해결한 사람은 ○○ 씨 자신이
라는 걸 잊지 않으면 반복되는 문제를 스스로 풀어나갈 수 있
을 거예요. ○○ 씨 어떤가요?

내담자 4: 힘이 나요. 스스로 하다가 안 되면 언제든 연락하고 찾아와도
되죠?

상담자 4: 그럼요. 언제든 연락 주세요.

2 지지하기/승인하기를 어떻게 효과적으로 사용할 수 있는가?

상담자는 내담자가 자신의 문제를 해결할 수 있는 힘이 있다고
믿고, 어려움을 해결해 가는 과정을 통해 인간적으로 성숙한 삶을
살아가도록 돕고자 한다. 내담자가 스스로 자기를 신뢰하고 긍정
적으로 자신의 삶을 마주할 수 있는 힘을 주기 위해 상담자는 지지
하기 기법을 사용한다. 상담자로부터 지지받는 경험을 하는 내담
자는 자신의 감정과 생각 그리고 행동에 확신을 가질 수 있다. 상담
자의 지지하기는 내담자에게 누구나 그와 같을 수 있다는 보편성
에 대한 확인을 해 주는 것으로서 내담자에게 안정감을 주고, 자신
을 신뢰하게 함으로써 변화할 수 있는 힘을 줄 것이다.

　상담자가 내담자에게 긍정적 지지와 믿음을 표현하는 것은 무기력한 내담자에게 힘을 준다. 그리고 내담자를 비난하지 않고, 내담자의 행동을 부정하지 않으며, 내담자에게 무언가를 요구하지 않는 것은 내담자가 자신이 이해받고 있다고 느끼게 해 준다. 이렇게 내담자는 지지받은 경험을 통해 혼자라고 느끼지 않게 되고 자신을 비난하지 않게 되며, 안정감을 느끼고 자신을 긍정적으로 믿으며 자기에 대한 희망을 갖게 된다. 따라서 내담자가 혼자가 아니라고 느끼고 희망을 갖는 것이 필요할 때 지지하기가 효과적일 수 있다. 내담자들은 부정적인 자아개념을 가지고 있어서 '아무도 나를 사랑하지 않는다.'라거나 '내 편은 없고 다른 사람들은 모두 적이다.'라고 생각한다. 따라서 내담자들은 자신이 혼자이고, 외롭고, 무능력하다고 생각하기 때문에 세상을 살아가는 데 두려움과 불안함을 느낀다. 이러한 부정적인 생각은 내담자를 무기력하게 만들어 변화할 수 있는 희망을 갖기 어렵게 한다. 이때 내담자에 대한 상담자의 지지 표현은 내담자로 하여금 변화할 수 있는 힘을 갖게 할 것이다.

　지지하는 표현이라도 내담자가 수용하기 어려운 과한 표현은 오히려 내담자에게 부담감을 줄 수 있으므로 상담자가 느끼고 인정되는 만큼 솔직하게 표현해야 한다. 특히 과도한 칭찬과 지지하기를 구별해야 한다. 간혹 초보상담자 중에는 내담자를 지지하기 위한 방법으로 내담자에게 과한 느낌의 칭찬을 하는 경우가 있다. 칭찬은 내담자에게 힘을 주기도 하지만 '잘하지 않으면 상담자를 실망시킬 것 같다.'라든지, '잘못하면 안 될 것 같다.'라는 부담감을 주어 오히려 상담을 지속하는 데 어려움이 될 수 있다. 따라서 칭찬이 지지하기가 되기 위해서는 지지받을 만한 상황일 때 내담자가 수용할 수 있을 만큼 구체적으로 해야 한다. 또한 칭찬이나 지지하기는 자주 사용하지 않아야 한다. 자주 사용하면 긍정적인 자극기법으로서의 기능이 떨어지고 상담자의 진정성이 전달되지 않을 수 있기 때문이다.

3. 지지하기/승인하기가 내담자의 행동을 합리화하는 것 같아 고민된다면?

상담자는 지지하기 기법을 사용할 때 '내담자에게 괜찮다고 하면서 안심시키느라 현실 점검을 하지 못하게 하는 건 아닐까?' '허황된 꿈을 꾸게 하는 건 아닐까?'라는 생각이 들 때가 있다. 이러한 부작용을 염두에 두면서 상담자는 지지하기가 내담자의 변화를 돕는 기법이 될 수 있도록 사용해야 한다. 내담자를 안심시키는 말은 당장은 내담자에게 도움이 되는 것으로 보일지 모르지만 궁극적으로는 도움이 되지 않는다. 따라서 상담자는 "괜찮아, 잘될 거야." "잘하고 있는 거야. 너무 걱정하지 마."와 같은 말이 내담자에게 힘을 주는 지지하기가 아니라 내담자의 행동을 합리화하는 것은 아닌지 고민을 하게 된다.

내담자를 돕는 지지하기는 내담자가 경험하는 어려움을 스스로 극복할 수 있도록 돕는 것이다. 내담자의 호소문제는 말을 했다고, 시간이 지난다고 해결되는 것이 아니다. 내담자가 자신이 겪는 어려운 문제와 감정을 알아차림으로써 문제에 직면할 수 있고, 감정을 적절히 표현함으로써 문제를 해결할 수 있다. 따라서 내담자를 안심시키려고 하는 합리화는 내담자가 더 이상 자신이 처한 상황에 머물지 않게 하고 문제를 회피하게 하기 때문에 도움이 되지 않는다. 상담자는 다음과 같은 합리화 반응에 대해 대안반응을 할 수 있다.

상담자: 다른 사람도 다 그렇게 느낄(생각할) 거예요.
대안반응: ○○ 씨가 자기 감정을 잘 느끼고(이해하고) 있군요. 외로움에 대해서 더 말해 줄 수 있을까요?

즉, 상담자가 외로움을 느끼는 내담자를 지지하면서 그 감정을 더 탐색하도록 해야 내담자가 지금-여기에서 자신과 접촉할 수 있을 것이다. 상담자가 내담자에게 "○○ 씨는 최선을 다해서 잘하고 있으니 걱정하지 마세요."와 같은 말을 할 때 이 말이 내담자에게 어떻게 전달되는지 상담자는 잘 살펴야 한다. 상담자의 말을 수용하여 내담자가 고민이나 불안한 마음을 완화시키는지, 감정을 축소시키지는 않는지, 상담자의 말을 수용하지 않는지 검토해야 한다. 내담자에게 지지하기가 잘 전달되지 않았다는 생각이 들면 상담자는 내담자와 지금-여기에서 일어나는 생각이나 감정을 확인하는 작업을 해야 한다.

"지금 걱정하지 말라고 했던 저의 말이 어떻게 들렸나요?" "다른 사람들도 다 ○○ 씨와 같이 생각할 거라는 말을 들으니 어떤가요?" "지금 저의 말을 듣고 침묵하고 있군요. 지금 무슨 생각을 하고 있었나요?" 등과 같이 지지하기 피드백이 내담자에게 어떻게 이해됐는지를 확인하는 작업이 필요하다.

특히 "그것에 대해 걱정하지 마세요." "모두 그렇게 느낀답니다." 와 같은 말은 내담자의 고민이나 감정을 축소시켜 내담자가 자신의 감정을 탐색하거나 수용하기 어렵게 한다. 지지하기가 효과적일 때 내담자는 자신의 문제에 직면하여 해결하기 위한 노력을 하게 된

내담자 1: 얼마 전에 엄마가 다리를 다치셔서 꼼짝 못하고 계세요. 병원에서는 더 이상 입원이 안 된다고 하고 집에는 나이 드신 아버지만 계시고, 부모님 집은 저희 집하고 멀고…… 어떻게 해야 할지 고민이 많았어요.

상담자 1: 힘든 일이 있었군요.

내담자 2: 제가 10년 전에 큰아이를 낳자마자 큰 수술을 하고 요양을 할 때 엄마가 제 병간호를 다 해 주셨어요. 남편은 직장 때문에 옆에 없었는데, 그 빈자리를 엄마가 다 채워 주시고 아이도 다 돌봐 주셨어요. (눈물) 이제 엄마가 아프시니 제가 돌봐 드려야 하는데 큰아이가 고3이라 제가 옆에서 돌봐 드리지 못해서 미안하고 죄책감이 들어요.

상담자 2: 엄마는 나를 위해 애쓰셨는데 나는 아무것도 못하고 있다는 생각이 들었을 때 미안한 마음이 드는 건 자연스러운 것 같아요.

내담자 3: 하지만 엄마가 정기적으로 병원에 가서 진찰을 받고 물리치료를 하는 날은 시간을 빼놓고 일찍 엄마 집에 가서 모시고 병원에 갔다가 다시 집에 모셔다 드리고 집에 와요. 동선이 반대편이어서 왔다 갔다 하기는 하지만 엄마가 힘드실 걸 생각해서 그날은 다른 약속을 잡지 않고 일정을 비워 두려고 해요.

상담자 3: 나이 드시고 편찮으신 엄마를 위해 병원에 가는 날마다 시간을 비워 두고 모시고 왔다 갔다 하는 일도 쉽지 않을 텐데 할 수 있는 범위에서 최선을 다한다는 생각이 드네요.

내담자 4: 제 마음을 알아주셔서 감사해요. 엄마가 안됐으니까…… 제가 할 수 있는 건 하려고 해요.

다. 다음 사례에서 상담자는 내담자의 감정과 현실적인 여건을 수용해 줌으로써 가족의 위기에서 죄책감을 느끼지 않고 내담자가 할 수 있는 만큼 최선을 다할 수 있도록 돕고 있다.

한편, 내담자의 감정을 합리화하는 것이 상담자의 문제인지 또는 내담자의 역동인지 확인하여 대처해야 한다. 지지하기가 합리화로 전달될 때, 내담자는 감정을 약화시키고 경험을 부정하며 탐색을 중지하게 될 것이다. 상담자가 합리화하는 방식으로 지지하기를 사용하고 있다는 것을 알았다면 상담자는 자신의 내면에 어떤 일이 벌어지고 있는지 생각하고, 무엇이 자신을 불편하게 만드는지 심사숙고해야 한다. 내담자가 겪는 고통을 직면하는 데 어려움을 느낄 때, 내담자가 느끼는 감정을 상담자가 함께하는 것이 불편할 때 상담자는 내담자의 경험을 합리화함으로써 내담자 문제를 축소시킬 수 있다. 지지하기가 내담자에게 거부된다는 느낌을 받는 상담자는 수퍼바이저와 의논하거나 상담받을 것을 권한다.

제11장

정보제공

1. 언제/어떻게 정보제공을 해야 효과적인가?

2. 정보제공을 할 때 충고하거나 조언하는 느낌이 든다면?

3. 정보제공을 위해서는 상담자가 많은 것을 알고 있어야 한다는 생각이 든다면?

정보제공은 내담자에게 특정 자료, 사실, 자원, 질문에 대한 대답, 또는 의견을 제공하는 것이다(Hill, 2004). 내담자는 다양한 분야의 정보를 원할 수 있지만 그 모든 정보가 내담자에게 도움이 되는 것은 아니기 때문에 상담자는 내담자에게 전달되는 정보가 내담자에게 도움이 되는지를 검토해야 한다. 또한 상담자는 내담자가 원하는 모든 정보를 알 수 없기 때문에 내담자가 스스로 정보를 찾을 수 있는 방법을 알려 주어야 한다. 따라서 상담자는 내담자에게 어떤 정보를 어떻게 주어야 할지 선별할 수 있어야 한다.

상담을 시작할 때 내담자는 상담자에 대한 정보제공과 상담 진행과정에 대한 정보를 제공받기 원한다. 내담자는 상담자가 어떠한 전문과정을 거친 사람인지, 상담 경력은 얼마나 되는지, 상담을 시작하면 어떤 절차를 거치는지 등에 대해서 궁금해할 수 있다. 또한 상담에서 이루어지는 상담자와 내담자의 관계, 상담에서 기대할 수 있는 상담자의 역할과 상담에서 내담자가 해야 할 역할 등 상담과정에 대해서도 알고 싶어 할 것이다. 따라서 상담자에 대한 개인정보와 상담과정에 대한 정보를 내담자에게 주는 것은 상담자가 해야 하는 역할의 한 부분이다.

상담자가 제공하는 정보는 문제를 해결하는 데 내담자에게 필요한 것이어야 한다. 상담자가 제공하는 정보가 임의적으로 주는 정보인지, 내담자에게 필요한 정보인지를 구분하기 위해 상담자는 다음과 같은 질문을 스스로 해 볼 수 있다.

- 지금 내담자에게 이 정보를 주고 싶은 이유는 무엇인가?
- 이 정보가 내담자에게 유용한 것인가?
- 상담자가 직접 정보를 제공하는 것이 더 효과적인가?

이와 같이 상담자는 정보제공의 목적에 대해 자문하면서 필요하다는 판단이 설 때 내담자에게 정보를 제공해야 한다. 정보의 부족은 내담자의 행동과 사고, 감정에 부정적인 영향을 미칠 수 있다. 상담자는 상담 장면에서 내담자의 정서적인 문제를 이해할 때 가장 먼저 심리적인 부분에서 원인을 찾는다. 그러나 내담자의 문제를 구체화하고 명료화하면서 상담을 진행하다 보면 내담자에게 정확한 정보가 없다는 것이 내담자를 무기력하게도 하고 불안하게도 한다는 것을 알 수 있다.

다음 사례를 보자. 내담자는 불안함을 호소하며 상담실을 내방하였다. 군대에서 제대하기 전에 동기들로부터 자신이 재학 중인 A과는 진로 전망이 좋지 않으니 전망이 좋은 B과로 전과하라는 조언을 들었다. 내담자는 부모님과 의논한 결과 전과하기로 마음을 먹었지만 막상 전과하려니 확신이 들지 않아 망설이고 있었다. 그러던 중 복학을 앞둔 시점에 불안하고 무기력해진 상태에서 대학 생활 적응을 위해 대학 상담실을 방문하였다. 상담자와 이야기를 나누면서 내담자는 제대 후 B과에 대한 정확한 정보를 알지 못한 채 복학 날짜와 전과 마감 기간이 다가오자 불안이 상승하였다는 것을 알게 되었다. 내담자의 불안과 무기력에 대한 구체화와 명료화를 통해 결정을 내리지 못하는 원인을 두 가지로 압축할 수 있었다. 첫째, 내담자 자신은 A과가 좋고 적성에 맞는다고 생각했지만 B과는 어떤지 알 수 없다는 것이다. 둘째, A과와 B과에 대한 정보가 없어서 자신의 진로 전망에 대해서도 확신할 수 없다는 것이다.
이 사례에서 보듯이 정보부족은 이차적인 다른 문제(우울, 불안, 학
교 부적응 등)를 수반할 수 있다. 반대로 정확한 정보는 내담자가 문
제를 해결하고 결정을 내릴 수 있도록 도울 수 있을 뿐 아니라 내담
자의 행동과 사고, 감정의 변화에 긍정적인 영향을 미칠 수 있다.

　정보제공은 내담자가 원하는 정보를 제공하기만 하는 간단한 과
정은 아니다. 우선 정보제공이 내담자 치료에 도움이 되어야 한다
는 판단이 선행되어야 하며, 그다음에 어떤 정보를 어떻게 제공할
지 결정해야 한다. 정보제공기술과 관련하여 초보상담자들이 경험
하는 구체적인 어려움은 다음과 같다.

---

1. 언제/어떻게 정보제공을 해야 효과적인가?
2. 정보를 제공할 때 충고하거나 조언하는 느낌이 든다면?
3. 정보제공을 위해서는 상담자가 많은 것을 알고 있어야 한다는 생각이 든
　다면?

---

1. 언제/어떻게 정보제공을 해야 효과적인가?

　정보제공이 효과적이기 위해서는 정확한 정보의 내용도 중요하
지만 필요한 시점에 적절한 방법으로 정보를 제공해야 한다. 상담
자가 내담자의 이야기를 이해하면서 들을 때 내담자에게 필요한
정보가 무엇인지, 내담자가 정보를 활용할 준비가 되어 있는지 알
수 있다. 상담자가 제공하는 정보를 내담자가 받아들이거나 활용

할 준비가 되어 있지 않다면 제공된 정보는 내담자에게 도움이 되지 않는다. 내담자에게 도움이 되는 정보가 되려면 내담자가 요구할 때 적절한 내용으로 제공되어야 한다. 즉, 의존적인 내담자, 자신이 해야 할 일을 미루기만 하는 내담자, 말만 하고 실행하지 않는 내담자 등과 같이 정보를 얻고 싶어 하는 다양한 내담자가 있을 수 있다. 상담자는 먼저 내담자가 정보를 원하는 이유를 탐색하고 정보를 주는 것이 우선되어야 하는지 또는 내담자가 정보제공을 요구하면서 보이는 특징들을 다루는 것이 먼저인지 판단하여 정보를 제공할지 결정해야 한다.

상담자는 문제를 해결하는 데 내담자가 가진 정보에 한계가 있어 다양한 정보가 필요하다는 판단이 들 때 내담자의 문제해결을 돕는 데 필요한 정보를 제공할 수 있다. 또한 많은 양의 정보를 한꺼번에 제공하게 되면 내담자가 모두 기억할 수 없을 뿐 아니라 오히려 내담자를 혼란스럽게 할 수 있다. 따라서 상담자는 내담자에게 필요한 정보를 선별하여 제공할 수 있어야 한다. 자신에게 필요한 정보를 찾는 내담자라면 그동안 스스로 해결책을 찾기 위한 노력을 해 왔을 것이다. 상담자는 내담자가 문제해결을 위한 정보를 원한다고 바로 정보를 주는 것이 아니라 내담자가 문제해결을 위해 필요한 정보가 무엇인지를 탐색하는 과정을 갖고 자신에게 필요한 정보를 얻기 위해 어떤 노력을 해 왔는지를 먼저 충분히 탐색하도록 한다. 상담자는 내담자의 정보탐색과정과 정보취득 내용에 대해서 평가하면서 내담자가 스스로 자신의 노력과정을 검토하고 수정할 수 있도록 돕는다. 이러한 과정 후에 상담자가 내담자에게 필요한 새로운 정보와 정보탐색과정에 대한 방법을 제공한다면, 내담자는 더 적극적으로 제공된 정보를 활용하고 이후 다른 상황에도 적용할 수 있을 것이다.

다음은 고등학교를 중퇴하고 검정고시를 준비하는 학교 밖 청소년의 사례이다. 이 내담자는 부모와의 갈등과 학원에서 또래들과 잘 어울리지 못하는 문제로 스트레스를 받고 있다며 스트레스 해소 방법에 대해 알고 싶어 한다. 상담자는 내담자가 이 문제를 해결하기 위해 어떤 노력을 해 왔는지 탐색하면서 내담자의 스트레스 원인을 명료화하고 있다. 이렇게 내담자 문제의 원인을 명료화할 수 있으면 상담자는 내담자에게 필요한 정보를 찾아서 제공할 수 있다.

내담자 1: 평소처럼 먹는 걸로 스트레스를 못 풀게 되니까 점점 더 예민해지고 날이 서더라고요. 그래서 스트레스를 푸는 좀…… 건강한 방법? 그런 걸 알고 싶어요.

상담자 1: 다이어트 때문에 먹을 수 없으니 다른 방법으로 스트레스를 풀어야 한다고 생각했구나. **어떤 방법을 찾아봤니?**

내담자 2: 그런 걸 아무리 찾아봐도 제가 다 한 번씩은 해 봤고, 효과도 별로 보지 못했고요. 결국은 다 똑같은 말이더라고요.

상담자 2: 그러면 ○○이가 찾아봤을 때 스트레스를 푸는 건강한 방법들을 **이미 해 봤다고 했는데 뭐가 있었는지 말해 줄래?**

내담자 3: 운동이랑…… 일찍 자고 일찍 일어나는 거, 맛있는 거 먹는 거, 그 외에 집단 프로그램에서 배웠던 것들이요.

상담자 3: 정말 스트레스를 해소하기 위해 직접 찾아도 보고 실천도 해 봤구나. 참 잘하고 있었네. **그 여러 가지 방법 중 그래도 ○○이에게 도움이 된 방법이 있었다면 무엇일까?**

내담자 4: 좀 도움이 된다? 아, 이거 정말 나한테 힐링이 된다 싶은 거는 야옹이랑 시간을 보내는 거요. 제 손가락도 빨고 제 옆구리에 와서 자기도 하고. …… 야옹이하고 있으면 편안해져요.

상담자 4: 야옹이가 ○○이 옆에 와서 애교도 부리고 편안하게 안기면 어떤 마음이 들지?

내담자 5: 야옹이가 저를 좋아하는 것 같아요. …… (울먹이며) 야옹이만 저를 좋아하는 것 같아요. 아무도 저를 좋아하지 않아요. 친구들도 없고요.

상담자 5: ○○이에게는 지금 무엇인가를 함께할 친구가 필요하구나…….

내담자 6: (눈물) 아무도 없어요. 친했던 친구들은 학교에 있고, 엄마 아빠도 잘해 주려고 하지만 항상 저랑 같이 있어 주는 것도 아니니까.

상담자 6: ○○이가 새로운 친구들을 만날 수 있는 기회가 필요할 것 같네. 또래 친구들을 만날 수 있으면서도 검정고시도 준비하는 ○○이에게 도움이 될 만한 곳이 필요할 것 같은데 어떠니?

내담자 7: 그런 데가 있을까요?

상담자 7: 검정고시를 준비하는 ○○이 같은 친구들을 도와주는 곳이 있어. 혹시 학교 밖 청소년들을 위해서 시에서 운영하는 꿈드림센터가 있는데 알고 있니?

상담과정 중 내담자는 자신이 가진 문제를 해결하기 위해 자신의 정서적·인지적·행동적 상태에 대한 정보를 필요로 한다. 상담자는 내담자의 현재 상태에 대한 정보를 제공함으로써 내담자가 자신의 상태를 이해하고 변화하도록 도울 수 있다. 예를 들면, 상담자는 불안한 내담자에게 불안의 과정에 대해 알려 주고 불안의 원인을 찾아서 확인하는 과정이 필요하다는 것을 말해 줄 수 있다. 또한 상담자는 불안하기 때문에 나타나는 행동들이 내담자의 적응에 어떤 영향을 미치는지 설명하고, 항불안제라는 약물이 어떻게 작용하는지 설명할 수 있다. 상담자가 내담자의 증상이나 증상 완화를 위한 정보를 제공하면 내담자는 자신이 현재 어떤 상태이며, 어느 정도의 기능 수준인지 알게 됨으로써 자신과 자신의 문제를 이해하게 된다.

　다음은 대학 상담실에 내방한 내담자의 사례로, 자신의 증상에 대해서 보고하면서 진단명과 약물을 복용하면 변화할 수 있는지에 대해 궁금해하고 있다.

내담자 1: 저에게 병이 있는지 없는지 알고 싶어서 왔어요.

상담자 1: 어떤 증상 때문에 병이라고 생각했나요?

내담자 2: 제가 시험을 볼 때마다 너무 불안해서 공부한 만큼 결과가 나오지 않아요. 수능처럼 큰 시험에서는 너무 불안해서 1교시 시험을 망쳤어요. 대학교에서 보는 시험도 불안하기는 마찬가지인데 그래서 더 열심히 준비를 해요. 그런데 이번에 큰 시험을 보는데 자꾸 걱정이 돼요. 이렇게 불안한 게 혹시 병은 아닌지, 시험을 볼 때 또 불안해서 시험을 망치지는 않을지 걱정이 되어서 공부가 잘 안 돼요.

상담자 2: 시험 이외의 다른 분야에서 불안이 나타나는 경우가 있나요?

내담자 3: 불안하기는 하지만 시험불안이 나타날 때보다는 심하지 않아요. 이런 증상이 불안장애인가요?

상담자 3: 불안 증상 중 시험불안과 관련된 증상으로 보이네요. 지금까지 증상이 지속되면서 더 불안하고 힘들었을 텐데 병원이나 상담실에 가 보지 않았나요?

내담자 4: 병원에 가는 건 부모님이 반대하고 주변 사람들이 어떻게 볼까 걱정이 돼서 안 갔어요. 병원에 가야 하나요? 제가 약을 먹으면 평생 먹어야 하는 건 아닌가요?

상담자 4: 병원에 간다는 게 부담스러웠군요. 특히 불안과 같은 증상은 약물 복용으로 증상이 쉽게 완화되고 생각하는 것과는 다르게 증상이 완화되면 약물도 끊을 수 있어요. 불안 때문에 일상에서 필요한 일을 못하는 것보다는 약물을 복용하면서 중요한 시험을 무사히 치르는 게 도움이 될 것 같은데 어떻게 생각해요?

　상담자가 내담자에게 필요한 정보를 모두 제공하는 것은 불가능하기도 하지만 바람직하지도 않다. 내담자 스스로 필요한 정보를 찾아가는 전략과 방법에 대해 배우고 실행해 보는 것이 중요하다. 상담이 끝난 이후에는 내담자가 스스로 정보를 찾고 문제를 해결해야 하기 때문이다. 또한 상담자는 내담자가 정보를 찾기 위해 노력해 왔던 과정과 현재 가지고 있는 정보에 대해서 지지하고 격려해야 한다. 그럼으로써 내담자도 상담자에게 모든 것을 의존하지 않고 자신에게 필요한 정보를 스스로 적극적으로 탐색할 수 있다.

　청소년상담의 경우 부모는 상담자에게 자녀의 문제나 자녀양육에 대한 정보를 제공받기를 원한다. 이때 상담자는 내담자의 비밀보장의 한계를 지키면서 필요한 정보를 제공할 수 있다. 예를 들면, 자해 문제로 의뢰된 청소년의 경우 부모에게 자해하는 청소년의 기본적인 심리와 자녀가 자해를 하게 되는 원인에 대해 설명해 줄 수 있다. 또한 자녀의 자해행동을 알았을 때 부모는 어떻게 행동해야 하는지 정보를 주면서 교육할 수 있다. 즉, 자해행동을 한다는 것은 자녀에게 감당하기 어려운 스트레스가 있다는 것을 의미한다고 설명한다. 또한 상담자는 부모에게 자해행동은 짧은 시간에 변화하지 않으며 상담 중에도 반복적으로 자해행동이 나타날 수 있으므로 상담자를 믿고 기다리는 시간이 필요하다는 점을 설명해 준다. 부모가 자녀의 자해행동에 대한 정보를 습득하고 효과적으로 대처할 수 있는 방법을 학습한다면 자녀상담의 협력자로 참여할 수 있게 된다.

또한 내담자 중에는 상담자에 대한 정보를 알고 싶어 하는 경우가 있다. 내담자가 상담자 개인정보에 대해 궁금해하고 알고 싶어 하더라도 상담자는 정보를 개방하는 것에 신중해야 한다. 상담초기에 내담자와 상담을 의뢰하는 부모나 교사는 상담자에 대해서 알고 싶을 것이다. 상담자의 입장에서는 어디까지 개방해야 하는지 경계에 대한 고민이 있을 수 있다. 이때 적절한 자기개방의 기준은 상담자 자신이 되기도 한다. 상담자가 불편감을 느낄 정도의 개인적인 정보를 내담자가 요구할 때 상담자는 내담자가 상담자에게 개인정보를 요구하는 이유가 무엇인지를 탐색하고, 내담자와 상담관계를 유지하는 데 도움이 되는 수준까지 정보를 제공하면 된다. 상담자는 상담과정에서 내담자에게 도움이 된다는 판단이 들면 학위나 경력, 자격 등의 개인정보는 제공할 수 있지만 나이, 가족관계나 결혼 등 사생활 내용에 대한 질문을 할 때는 거절할 수 있다. 이때 상담자는 내담자가 궁금해하는 정보를 알려 주더라도 내담자가 상담자의 개인정보를 궁금해하는 이유에 대해서 탐색해야 한다.

다음은 청소년 자녀와의 갈등 문제로 상담하려는 어머니가 상담자에 대한 개인정보를 알고 싶어 하는 사례이다. 상담자는 불편감을 느끼지 않을 정도의 자기개방을 하고 있고, 내담자가 상담자를 궁금해하는 마음을 탐색하며 내담자의 문제를 다루고 있다.

내담자 1: 선생님은 결혼은 하셨어요?

상담자 1: 결혼은 아직 하지 않았습니다.

내담자 2: 그럼 청소년상담은 많이 해 보셨나요?

상담자 2: 어머니가 저에 대해 궁금한 게 많은 것 같네요. 무엇이 궁금하신가요?

내담자 3: 선생님은 어려 보이는데 제가 엄마로서 고민하는 문제에 대해 아이를 키운 경험이 없는 선생님이 도움을 줄 수 있을지 조금 걱정이 되네요.

상담자 3: 상담자가 결혼도 안 하고 아이를 키운 경험이 없다는 것이 어머님을 돕는 데 한계가 있다는 생각이 들어서 염려가 되는 거군요.

내담자 4: 네~ 저보다 선생님이 더 많이 공부를 하셨겠지만 선생님은 결혼도 안 한 것 같고 또 아이를 키워 보지 않았을 테니 엄마의 마음을 잘 이해하실지 걱정이 돼요.

상담자 4: 어머님이 말씀하시는 부분은 이해가 되네요. 그러면 상담자가 어머님의 어떤 마음을 이해해 주길 바라시나요?

초보상담자가 자기개방의 적절한 수준이나 정도를 알아서 판단하기는 매우 어렵기 때문에 자기개방을 기술로 사용할 때에는 가급적 신중해야 하며, 수퍼비전을 통해 자기개방을 사용하는 방법에 대해서 학습하고 자기개방의 적절성 여부도 확인해야 한다.

2. 정보제공을 할 때 충고하거나 조언하는 느낌이 든다면?

상담자가 내담자에게 정보를 제공할 때 자신의 태도에 대한 점검이 필요하다. 내담자에게 정보를 제공할 때 상담자는 내담자에게 도움이 된다는 것에 보람도 느끼지만 한편으로는 많은 정보를 알고 있는 자신에 대해서 뿌듯하기도 할 것이다. 이때 상담자는 내담자에게 정보를 제공하면서 자신도 모르게 생색을 내게 되거나, 가르치려 한다거나, 충고나 조언을 한다는 느낌을 줄 수 있다. 따라서 상담자는 정보를 제공할 때 자신의 욕구를 볼 수 있어야 한다. 상담자가 자신의 유능성을 인정받고 싶을 때 의존적인 내담자를 만나서 정보를 제공한다면, 내담자에게 도움이 되기보다는 의존성을 강화한다든지 소극적인 태도를 유지하게 하는 것과 같이 내담자의 문제를 더욱 강화할 것이다.

상담에서의 정보제공은 정확한 정보를 통해 내담자가 자신에게 필요한 결정을 하도록 돕는 것이지 내담자가 따라야 할 해결책을 제시하여 그것을 따르도록 충고하거나 조언하는 것이 아니라는 것을 상담자는 명심해야 한다. 상담자의 역할은 내담자가 필요한 정보를 취득할 수 있도록 안내하는 것이며 그 정보를 선택하고 문제 해결을 위해 활용할지 여부를 결정하는 것은 내담자의 몫이라는 것을 인정해야 한다. 즉, 상담자는 자신의 문제를 해결해야 할 선택과 책임이 내담자에게 있다는 것을 인정할 때 내담자가 필요한 정보를 선택할 수 있도록 도울 수 있다.

정보제공이 충고나 조언으로 보일까 봐 걱정이 된다면 상담자는 정보를 제공하는 자신의 의도를 잘 살펴야 한다. 상담자가 정보를 제공할 때 내담자를 돕기 위한 목적보다 자신을 능력 있는 상담자로 보이고 싶어 하는 마음이 더 크다면 이는 상담자의 역전이일 가능성이 있다. 또한 정보제공이 충고나 조언처럼 전달되지 않게 하려면 상담자는 내담자에게 정보를 전달한 이후 다음과 같은 질문을 통해 내담자가 그 정보에 얼마나 관심을 기울이고 자신의 문제해결에 적용하는지 확인해 보아야 한다.

- 제공된 정보가 ○○ 씨에게 도움이 되나요?
- ○○ 씨가 지금 들은 정보를 어떻게 생각하는지 궁금하네요.
- 제공된 정보 중 무엇을 활용해 보고 싶나요?

이와 같은 질문에 대한 내담자 반응을 보면 제공된 정보를 제대로 이해했는지 또는 제공된 정보를 내담자가 받아들이고 있는지 확인할 수 있다. 이러한 질문과 확인을 할 때도 상담자는 내담자를 불신해서 확인하려고 한다거나 상담자가 제공한 정보대로 따르도록 이끈다는 충고나 조언의 느낌을 주지 않도록 유의해야 한다.

상담자가 조급한 마음이 들면 내담자가 정보를 찾고 수집하는 과정을 기다려 주지 못하고 상담자가 모든 정보를 주려고 하거나 충고를 하게 된다. 충고나 조언은 상대방으로 하여금 불쾌한 감정을 유발하여 방어적 태도를 취하게 한다. 그러나 상담자가 충분한 공감과 이해를 통해 내담자에게 필요한 정보를 제공한다면 내담자는 흔쾌히 제공받은 정보를 수용하거나 스스로 정보를 탐색하여 문제를 해결하는 데 사용할 것이다.

3. 정보제공을 위해서는 상담자가 많은 것을 알고 있어야 한다는 생각이 든다면?

상담자는 내담자가 원하는 정보를 제공하기 위해 다양한 분야의 많은 정보를 알고 있어야 한다는 부담감을 가질 수 있다. 그러나 상담자는 자신이 전지전능하지 않다는 것을 명심해야 한다. 상담자가 세상의 모든 것을 다 알 수도 없고 내담자가 가진 문제를 모두 해결할 수도 없다. 초보상담자들의 경우 유능한 상담자는 모든 정보를 알고 있다는 환상을 가질 수 있다. 그러나 많은 정보를 가지고 있다는 것이 유능한 상담자의 조건은 아니다. 유능한 상담자에 대한 환상은 초보상담자들이 경험하는 열등감과 관련될 수 있다. 상담 경력도 짧고, 연륜도 적고, 정보도 부족하다는 생각이 상담자로서의 열등감을 자극하는 것이다. 내담자에게 정보제공기술을 사용할 때 상담자는 많은 정보를 알고 있는 것이 중요한 것이 아니며, 내담자에게 필요한 정보가 무엇인지 알고 그 정보를 찾아가고 활용할 수 있도록 돕는 것이 중요하다.

상담자는 정보제공을 원하는 내담자의 목적이나 의도가 무엇인지를 파악해야 하고 그에 맞는 정보를 제공할 수 있어야 한다. 즉, 상담을 정보제공과정으로만 오해해서인지, 그것이 내담자가 관계를 맺는 패턴이어서인지, 상담자가 의사처럼 진단을 내리고 처방하는 사람이라고 잘못 알고 있어서인지, 의존성 때문인지 등을 탐색하고 그에 맞게 대응해야 한다.

상담자는 내담자에게 직접 정보를 주기도 하지만 내담자가 자신이 가진 정보가 무엇인지 확인하고 자신에게 필요한 정보를 얻기 위해 인터넷이나 오프라인 등의 다른 정보출처 또는 관련 기관이나 사람을 찾아갈 수 있게 해야 한다. 내담자가 직접 정보를 획득하기 위해 행동하게 되면 자신에게 적합한 정보를 찾을 수 있을 뿐아니라 이후에도 정보획득을 위해 적극적인 행동을 할 수 있는 학습효과가 있다. 다음은 경제적인 어려움을 겪고 있는 대학교 1학년 내담자의 사례이다. 내담자는 집안 사정상 등록금 마련이 어려워 대출을 받으며 학교를 다니고 있다. 내담자는 등록금을 해결할 방법을 찾지 못하고 학기가 시작되자 학교생활 부적응이라는 이차적인 문제행동이 나타나 상담실을 내방하였다. 상담자는 내담자의 학교생활 적응에 필요한 선행조건이 등록금 해결을 위한 정보라는 것을 알아차리고 그와 관련된 정보를 찾도록 돕고 있다. 상담자는 내담자의 학교생활 부적응이라는 문제에 접근하면서 장학금에 대한 정보를 알아보도록 하고 있다. 또한 상담자는 내담자에게 필요한 정보를 모두 제공해 주는 것이 아니라 내담자가 자신에게 필요한 정보를 획득할 수 있는 방법을 알려 줌으로써 내담자가 직접 정보획득을 위한 행동을 하도록 격려하고 있다.

> **내담자 1:** 등록금이 비싸서 돈 낭비 같다는 생각이 들어요. 이 과를 졸업해도 미래에 잘될 수 있을 거란 확신이 없고요. 이번에 국가장학금이 안 돼서 대출을 하든지 해야 하는데 그렇게까지 해서 다녀야 하나 싶어요. 그런 생각이 드니까 수업시간에 자꾸 빠지게 되고 친구들이나 선배들을 피해 다니는데 이런 저를 볼 때마다 이렇게 학교 다니는 게 무슨 의미가 있나라는 생각이 들어요. 오히려 돈을 버는 게 맞는 게 아닌가라는 생각을 하고 있어요.

> **상담자 1:** 경제적인 어려움이 학교생활을 하는 데도 영향을 미치고 있네
> 요. 혹시 장학부서 담당자와 상담을 해 봤나요?
>
> **내담자 2:** 아니요. …… 아마 제가 성적이 안 좋아서 장학금이 안 되는 것
> 같아요.
>
> **상담자 2:** 국가장학금이 안 되더라도 학교 내에서 주는 장학제도도 있더
> 라고요. 알아봤으면 좋겠어요.
>
> **내담자 3:** 어디요? 홈페이지에요? 기간은 안 지났어요?
>
> **상담자 3:** 그렇게 구체적인 부분까지는 내가 잘 모르겠고요. 그런 부분
> 을 ○○ 씨가 확인해 봐야 할 것 같아요. 장학부서를 직접 찾아
> 가서 확인하거나 홈페이지에서 확인하면 될 것 같네요.
>
> **내담자 4:** 네…… 감사해요. 상담 끝나면 바로 가서 확인해 봐야겠네요.

만약 상담자가 잘 알고 있지만 내담자가 정보획득에 제한이 있
다면 상담자가 적극적으로 정보를 제공할 수도 있다. 최근에는 상
담사라는 직업에 대한 관심이 높아지면서 중·고등학생이나 대학
생들이 상담사가 되는 방법에 대해서 궁금해하는 경우가 있다. 다
음 사례처럼 상담자는 기초적인 정보나 내담자가 궁금해하는 정보
를 제공하면 된다.

> **내담자:** 오랫동안 상담사가 되고 싶었어요. 인터넷으로 찾아보면 전망
> 이 좋은 직업이라고 나오는데 대학 관련 학과만 나오면 되는 건
> 가요? 선생님은 어떻게 상담사가 되셨어요?
>
> **상담자:** 상담사가 되려면 대학에서 관련 학과를 나오면 좋겠지만 그러
> 지 못하더라도 대학원에서 상담 관련 전공을 하면 상담사가 될
> 수 있어요. 관련 학회에서 자격증을 받으려면 석사를 마치고 수

련을 따로 해야 해요. ○○ 씨가 상담사가 되기 원한다면 △△학
회 홈페이지에 들어가 보세요. 자격증과 관련된 내용이 나와 있
어요. 확인해 보고 모르는 것이 있으면 물어보세요.

내담자가 정보를 요청할 때마다 상담자가 정보를 제공하는 것은
내담자의 효능감을 낮추고 의존성을 강화할 수 있다. 따라서 상담
자는 내담자가 스스로 필요한 정보를 찾고 활용할 수 있을 때 자신
의 삶에 대한 책임감과 자신감을 가질 수 있다는 것을 유념하면서
정보를 제공해야 한다.

제 12 장

즉시성

1. 언제 즉시성을 사용해야 효과적인가?

2. 어떻게 즉시성을 사용해야 효과적인가?

3. 즉시성을 사용할 때 내담자에 대한 역전이가 아닌지 걱정된다면?

즉시성은 상담자가 내담자와의 관계에서 상담자 자신에 대하여, 내담자에 대하여 그리고 치료적 관계에 대하여 지금-여기에서 어떻게 느끼고 생각하는지를 개방하는 것이다(Hill, 2012). 즉시성은 지금-여기에서 일어나는 상담자와 내담자 사이의 역동을 알아차리고 피드백하는 것으로 상담자는 내담자가 자신의 모습을 객관적으로 보고, 관계에서의 통찰을 하도록 돕는다. 또한 즉시성은 지금-여기에서 일어나는 상담자의 개인적 감정과 반응 혹은 경험을 현재 시점으로 드러낸다는 점에서 자기개방의 한 측면이라고 할 수 있다.

Kiesler(1988)는 즉시성을 함께하는 의사소통이라고 하였다. 상담자는 내담자와의 의사소통에 즉각적으로 반응함으로써 내담자가 지금-여기에서 일어나는 의사소통과정을 이해하도록 도울 수 있다. 또한 상담자는 내담자가 상담자와 상호작용하는 효과적인 의사소통을 경험하고 모델링함으로써 일상에서도 자신의 의사소통에 적용하도록 변화를 촉진한다.

의사소통 방식뿐 아니라 내담자의 대인관계 특징은 상담자와 함께하는 상담관계 내에서 고스란히 반복된다. 즉, 지나치게 친절하다거나, 상대방에게 맞춰 주려고만 한다거나, 공격적인 말 또는 태도를 보이는 것과 같은 내담자의 부적절한 행동이나 태도가 상담자와의 관계에서도 그대로 나타난다. 상담자는 즉시성 기법을 활용하여 지금-여기에서의 상담자와 내담자의 관계를 다룸으로써 내담자가 자신의 대인관계 패턴을 객관적으로 보고 변화할 수 있도록 돕는다. 상담자와 내담자의 지금-여기에서의 역동을 다루는 즉시성은 내담자가 상담자에 대한 신뢰감을 형성하는 데 도움이 되고, 내담자의 무의식적인 관계나 패턴을 놓치지 않고 다룸으로써 내담자의 문제해결을 위해 중요하고 깊은 주제를 탐색할 수 있도록 돕는다.

이와 같이 즉시성은 상담의 전 과정을 통해 치료적으로 다양하게 그리고 자주 사용되는 기법이며, 내담자가 자신의 부적응적인 패턴을 이해하고 변화에 대한 동기를 찾도록 하는 촉진적인 기법이다. 따라서 상담자는 즉시성 기법을 사용하는 데 익숙해지도록 노력해야 한다. 이 장에서는 초보상담자들이 즉시성을 사용할 때 궁금해하는 사항을 중심으로 즉시성을 어떻게 사용해야 하는지 설명하고자 한다.

> 1. 언제 즉시성을 사용하는 것이 효과적인가?
> 2. 어떻게 즉시성을 사용해야 하는가?
> 3. 즉시성을 사용할 때 내담자에 대한 역전이가 아닌지 걱정된다면?

1. 언제 즉시성을 사용해야 효과적인가?

상담자는 즉시성 기법을 사용하여 내담자가 관계에서 보이는 패턴을 지금-여기에서 다루어 자신을 이해하고 통찰하도록 돕는다. 상담자는 내담자가 반복하는 대인관계 패턴을 알아차리고 통찰하도록 돕고자 할 때, 억압된 감정을 표현하도록 돕고자 할 때, 내담자와의 직접적인 갈등 상황을 해결함으로써 의사소통을 촉진하고

자 할 때 그리고 지금-여기에서 내담자에게 드는 감정을 개방하여 내담자가 자신의 문제를 깊이 탐색하도록 할 때 즉시성 기법을 유용하게 사용할 수 있다.

즉시성을 사용하는 상황에 대해서 구체적으로 살펴보자. 첫째, 상담자는 내담자가 자신에게 반복되는 대인관계 패턴을 알아차리고 통찰할 수 있도록 도울 때 즉시성을 사용할 수 있다. 상담관계는 일상적인 관계와 다른 장면이긴 하지만 상담자와 내담자의 관계가 맺어지는 곳이다. 따라서 내담자는 자신도 모르게 대인관계에서 보이는 특징을 상담 장면에서 그대로 나타낼 수 있고, 상담자는 상담 장면에서 나타나는 내담자의 대인관계 패턴을 알아차리고 다룰 수 있어야 한다. 다음 사례에서는 상담자가 상담성과를 중간점검하면서 지금-여기에서 드러나는 내담자의 관계 패턴을 다루어 내담자가 자신을 이해하도록 돕고 있다.

상담자 1: 지금까지 우리는 10회기 상담을 하고 있어요. ○○ 씨는 10회기 동안 나와 함께하는 상담이 어땠는지 궁금하네요.

내담자 1: 제가 힘든 얘기를 하면 선생님도 힘드실 것 같아요. 변화되는 좋은 모습을 보여 드리지 못하고 매주 똑같은 문제를 얘기하고 있는 것 같아요. 그래서 저를 만나면서 지치실 것 같아요.

상담자 2: ○○ 씨 자신이 나아지고 있는지 잘 모르겠다는 얘기로 들리네요. 그런 ○○ 씨의 모습에 내가 힘들어할까 봐 걱정하는 것 같기도 하고. …… 지금 제일 힘든 건 ○○ 씨일 텐데 왜 상담자를 걱정하는지 궁금하네요. 나와의 관계에서 어떤 부분이 걱정되는 건지 구체적으로 얘기해 줄래요?

내담자 2: 음…… 그런 얘기를 해 본 적이 없는 것 같아요. 저는 상대방이 힘들까 봐 힘들다는 얘기를 하지 않고 좋은 모습만 보여 주려고 노력해요. 그러다 더 이상 참고 노력하는 게 힘들면 그 사람을 피했던 것 같아요. 다른 사람이 저 때문에 힘들어하는 게 싫어요.

상담자 3: 자신이 힘든 얘기를 하면 상대방이 힘들까 봐 힘든 얘기를 하지 못했군요. 다른 사람이 ○○ 씨 때문에 힘들어지면 어떤 일이 생길 것 같나요?

내담자 3: 제가 힘들게 하면 질려서 저를 떠날까 봐……. (눈물)

상담자 4: 상대방이 떠날까 봐 두려워서 상대방이 좋아할 것 같은 모습을 보이기 위해 노력하다가 지치면 ○○ 씨가 먼저 떠났군요. 그와 관련해서 기억나는 경험이 있을까요?

둘째, 즉시성은 내담자의 억압된 감정을 표현하도록 촉진할 때 사용할 수 있다. 내담자가 감정을 억압하는 것은 감정을 표현할 때 직면하게 될 두려움 때문일 수 있다. 그 두려움의 내용이 무엇인지 탐색하는 것도 중요하지만 그보다 먼저 내담자가 지금-여기에서의 감정을 느껴 보고 안전한 관계에서 표현하고 수용되는 경험을 하는 것이 필요하다. 내담자는 자신의 감정이 수용되는 경험을 하면서 자신이 감정을 억압하고 있다는 것을 알아차릴 수 있고, 감정을 억압하는 이유와 억압하기 때문에 일어나는 관계에서의 어려움을 통찰할 수 있게 된다.

다음 사례에서 상담자는 앞 상담시간이 길어져서 5분 늦게 상담을 시작하였다. 내담자의 질투심에 대해서 잘 알고 있는 상담자는 내담자가 눈을 마주치지 않으면서 상담자를 걱정해 주는 피드백을 그냥 지나치지 않고 내담자의 질투심에 대한 감정을 좀 더 깊이 다루고 있다.

내담자 1: (시선을 피하며) 선생님, 앞 시간에 상담하고 바로 상담하느라 힘드시겠어요.

상담자 1: ○○ 씨가 나를 걱정해 주는 말을 하는데 왠지 불편한 것처럼 보이네요. 상담시간을 기다리면서 어떤 기분이 들었어요?

내담자 2: 사실…… 좀…… 말하기 그런데…… 질투가 났어요.

상담자 2: 질투 나는 마음에 대해서 좀 더 설명해 줄래요?

내담자 3: 음…… 선생님이 그 사람을 더 예뻐하는 거 아닐까? 나보다 더 좋아하는 거 같다는 생각이 들었던 것 같아요. 기다리면서 마음이 좀 복잡했어요. 선생님한테도 질투를 느끼는 제가 좀 이상하게 느껴지기도 하고…… 사실 들어올 때는 그런 마음을 숨기려고 했는데 말하고 나니 좀 더 후련하긴 하네요.

상담자 3: ○○ 씨가 솔직하게 표현하면서 후련하다고 하니 오히려 나도 속이 시원해지네요. 상담자에 대해 여러 생각이 들었는데 그 얘기를 하는 게 왜 어려웠을까요?

내담자 4: 솔직하게 얘기하면 선생님이 저에게 실망할까 봐 두려웠어요. 저를 싫어하면 어떻게 하나 걱정을 했던 것 같아요.

상담자 4: 나에게 한 것처럼 ○○ 씨에게 실망할까 봐 또는 싫어할까 봐 걱정이 되면 ○○ 씨는 다른 사람에게 자신의 감정을 솔직하게 표현 못하나요?

내담자 5: 음…… 말을 잘 못했던 것 같아요. 그래서 제 감정이나 생각을 물어보는 자리를 피했던 것 같아요.

셋째, 상담의 치료적 관계에서 상담자와 내담자 사이에 갈등이 발생할 때 상담자는 지금-여기에서 일어나는 역동을 즉시성 기법을 사용하여 다룰 수 있다. 상담자는 갈등을 숨기지 않고 내담자와 소통하면서 대인관계 갈등을 풀어 가는 방식을 보여 줌으로써 내담자가 의사소통 능력을 향상시키고 대인관계에 변화를 시도할 수 있도록 도울 수 있다. 즉, 상담자의 즉시성 기법은 내담자가 관계에서 발생하는 의사소통 문제를 해결하도록 돕고, 의사소통과정을 통해 대인관계 갈등을 해결하는 방식을 모델링할 수 있도록 돕는다. 다음 사례를 보자. 내담자는 최근 3주 동안 지속적으로 지각을 하고 있다. 상담자는 내담자의 지각하는 행동이 상담자 또는 상담에 대한 저항이라 생각하고, 피하지 않고 직면하여 다룸으로써 저항이라는 갈등을 해결한다.

상담자 1: 지금 3주 동안 계속 지각하고 있는데 ○○ 씨 알고 있어요?

내담자 1: 아침에 늦잠을 자기도 하고 일찍 오려고 하면 차도 막혀서 그런 것 같아요.

상담자 2: 처음 상담할 때와는 다르게 ○○ 씨가 상담을 별로 중요하게 생각하는 것 같지 않아서 ○○ 씨의 마음이 어떤지 궁금해요. 나와의 상담에 대해서 어떤 마음인지 얘기하면 좋을 것 같아요.

내담자 2: (침묵) 사실 최근에 상담을 계속할지 말지 고민하고 있었어요. 2주 전에 엄마와 또 싸우고 나서 엄마가 저한테 상담을 받아도 안 바뀐다는 얘기를 했어요. 저도 똑같은 문제로 엄마랑 싸우는 게 한심하기도 하고, 엄마한테 안 바뀐다는 얘기를 들으니 상담이 효과가 없는 것 같아서 상담받는 것에 대해서 고민을 했던 거 같아요.

상담자 3: 그런 중요한 고민을 얘기하지 않고 혼자 생각하고 있었다니 좀 서운하네요. 2주 전에 엄마와 싸운 것도 얘기하지 않은 것 같은데 ○○ 씨가 나를 신뢰하지 않는 것 같다는 생각도 드네요. ○○ 씨는 어떻게 생각하나요?

내담자 3: 똑같은 문제로 엄마와 갈등을 하고 있는 걸 말하기가 창피했어요. 결국 제가 노력하지 않으면 안 바뀐다는 걸 알기 때문에. …… 그래서 선생님 탓이라고 생각하지 않아요. 제가 변하려고 노력하지 않는 것 같아요.

상담자 4: 상담에 오면서도 변하려고 노력하지 않는 건 왜 그런 것 같나요?

내담자 4: 저만 바뀌는 건 억울하다는 생각이 들었어요. 제가 변해야 한다는 게 제가 문제가 있는 사람이라는 걸 확인한 것 같았어요.

넷째, 상담자는 지금-여기에서 느껴지는 감정을 즉시 피드백함으로써 내담자가 자신의 문제를 더 깊이 다루도록 도울 수 있다. 이때 내담자는 지금-여기에서의 상황을 직면하게 되고 자신과 자신의 문제를 다룰 준비를 하게 된다. 다음은 휴학을 해야 할지 또는 졸업유예를 해야 할지의 문제로 반년째 고민만 하다가 상담을 신청한 대학 4학년생의 사례이다. 상담을 시작한 이후에도 상담과정 중에 휴학은 지속된 주제로 나왔지만 갈팡질팡하면서 5회기가 지나고 있다. 내담자가 상담자에게 보내는 메시지를 지금-여기에서 알아차리고 피드백을 해 줌으로써(상담자 2 반응) 내담자는 자신의 관계 패턴을 이해하게 되었다(내담자 3 반응).

내담자 1: 지난주에 휴학하기로 결정하고 보니 불안하더라고요. 그래서 여기저기 묻고 다녔죠. 주변에서 학기가 얼마 남지 않았는데 휴학하면 손해라고 하는 거예요. 그냥 졸업유예로 해야겠다 싶었죠. 근데 유예하겠다고 했더니 엄마 아빠가 그럼 취준생처럼 취업 준비를 하라고…… 점점 마음은 조급해지는데. …… (상담자를 빤히 바라보며) 저는 어떻게 하면 좋을지 모르겠어요.

상담자 1: 지금 모르겠다고 하면서 나를 바라보니 마치 나에게 결정해 달라는 것처럼 느껴지네요. 혹시 그런 마음인가요?

내담자 2: (웃으며) 어떻게 아셨어요? 답답하고…… 어떻게 해야 할지 잘 모르겠어요.

상담자 2: 나한테 결정을 요구하는 것 같아서 부담감이 느껴지네요. 혹시 다른 관계에서도 부담스럽다는 말을 들어 본 경험이 있나요?

내담자 3: 사실 여기저기 막 묻고 다니면서 나한테 뭔 말 좀 해 달라고 해요. 그래서 친구들이 저를 '찡찡이' '관종'이라고 해요. 다른 사람의 의견이 없으면 결정을 못하겠어요. 다른 사람의 동의가 있어야 마음이 편해요. …… 얘기하다 보니 제 문제인데도 스스로 결정을 못 내리고 있네요. 제가 결정해야 한다는 게 부담스러운 것 같아요. 스스로는 결정을 못 내리면서 계속 징징거리기만 하니까 애들도 부담스러웠을 테고. 그래서 제가 말을 하면 질려 하고 말을 꺼내면 됐다고 하면서 피했나 봐요.

2. 어떻게 즉시성을 사용해야 효과적인가?

즉시성은 지금-여기에서 일어나는 관계를 다루는 것이지만 상담자가 하고 싶은 말을 여과 없이 다 표현하는 것이 아니라 내담자가 자기를 이해하고 통찰하는 데 도움이 되는 내용을 피드백하는 것이다. 상담자는 내담자를 돕기 위한 방법으로 즉시성을 사용하지만 내담자가 준비되지 않은 상황일 수 있고, 준비되지 않은 상태에서 듣는 즉시성은 직면처럼 내담자를 공격하거나 비난하는 것으로 전달될 수 있다. 잘못 전달된 즉시성은 내담자에게 상처를 줄 수 있고, 상처받은 내담자는 상담을 지속하기 어려울 수 있다. 따라서 상담자는 따뜻한 시선과 안정적인 목소리 톤을 유지하면서 주의 깊고 신중한 태도로 표현해야 한다.

상담자는 내담자의 관계 문제가 상담자와의 관계에서 반복되어 표출된다는 것을 안다. 따라서 상담자는 내담자의 관계 문제를 피하지 말고 상담자가 느끼고 생각하는 부분을 솔직하게 지금-여기에서 다룰 수 있어야 한다. 그래야 내담자가 상담자를 신뢰하고, 내담자 또한 자신을 솔직하게 드러냄으로써 자신의 관계 패턴을 자각하고 변화시킬 수 있을 것이다.

다음은 상담초기에 상담자에 대한 신뢰 문제로 불안한 마음을 보이는 내담자의 감정을 지금-여기에서 다루고 있는 사례이다.

내담자 1: 선생님은 어려 보이는데 청소년상담을 많이 해 보셨나요?

상담자 1: 내가 어려 보일 수 있지만, 대학원에서 상담을 전공하고 석사학위를 취득한 전문가입니다. 어떤 부분이 염려되시는 건가요?

내담자 2: 제가 엄마로서 고민하는 문제에 대해 아이를 키운 경험이 없는 선생님이 도움을 줄 수 있을지 걱정이 되네요.

상담자 2: 내가 결혼도 안 하고 아이를 키운 경험이 없다는 것이 어머님을 돕는 데 한계가 있다고 생각하시는 것 같네요.

내담자 3: 네~ 저보다 선생님이 더 많이 공부를 하셨겠지만 선생님은 결혼도 안 한 것 같고 또 아이를 키워 보지 않았을 테니 엄마의 마음을 잘 이해하실지 걱정이 돼요.

상담자 3: 상담자인 나를 신뢰하지 않고 불안해하는 것 같네요. 그런 경험이 없다는 게 왜 도움이 되지 않을 거라고 생각하나요?

내담자 4: 음…… 아이의 상담선생님들이 부모상담을 할 때마다 제 말은 잘 들어 주지 않고 아이 문제는 엄마 문제라고 엄마가 바뀌어야 한다고 말을 했어요. 그런 얘기를 들을 때마다 경험도 없는 사람들이 제 사정도 모르면서 제 탓을 한다는 생각에 억울했던 것 같아요. 그런데 오늘 선생님을 만나니 또 그런 얘기를 들을까 봐 불안했던 것 같아요. 그래서 제가 조금 예민해져 있었던 것 같아요.

상담자는 즉시성을 사용할 때 내담자의 진술에 너무 빨리 반응하지 않도록 한다. 핑퐁게임처럼 쉴 새 없이 주고받는 대화에서 내담자와 상담자는 내용이나 감정에 집중하지 못하고 '이야기만' 하게 된다. 이러한 경우 단답식의 반응이 많아지고 결국 상담자도 지금-여기에 충분히 머물지 못하고 반응이 많아질 수밖에 없다. 상담자는 상담 장면에서 급하게 반응하는 것에 대한 이유를 파악해야 하며, 이러한 반응 패턴이 상담을 무료하게 하거나 상담성과에 부정적인 영향을 미치지 않도록 노력해야 한다. 특히 수퍼비전을 준비할 때 축어록 분량이 많아지는 이유는 상담자와 내담자가 쉴 새 없이 반응을 주고받거나, 짧은 대화로 주고받거나, 침묵을 허용하지 않기 때문이다. 초보상담자는 상담자가 내담자의 이야기에 너무 빨리 반응하게 되면 내담자의 지금-여기에서의 경험을 놓칠 수 있다는 것을 염두에 두고 내담자의 속도에 맞춰 상담의 흐름을 따라가는 훈련을 해야 한다.

다음 사례에서는 상담자와 내담자가 많은 이야기를 빠르게 진행해 나가지만 내담자의 감정을 놓치고 지나침으로써 깊이 있는 상담으로 들어가지 못하고 있다. 내담자의 이야기와 감정에 반응하는 즉시성을 사용하여 대안반응을 해 보자.

내담자 1: 네…… 자세 때문에 그런 게 아니라 선천적으로 그냥 휘게 됐나 봐요. 몸 여기저기가 다 문제예요. …… 지난주에만 병원을 세 군데나 갔어요. (하하)

상담자 1: (하하하) 지난 일주일이 정말 힘들었겠네요. ○○ 씨가 여기 온 것만 해도…… 힘든데 꼭 참고 온 것 같아요.

대안반응: ○○ 씨가 웃고 있지만 일주일 동안 많이 힘들었겠네요. 여기 오는 길도 힘들었을 텐데 지금은 어떤가요?

내담자 2: 여기 오는 거는 그렇게 힘들지 않아요.

상담자 2: 고마워요……. (하하)

> 대안반응: 상담에 오는 게 힘들지 않다고 하니 고마운 마음도 들지만 왜
> 상담에 오는 것은 힘들지 않은지 궁금하네요.
> 내담자 3: 근데 요즘 병원에 다니느라 국비지원을 받는 교육에 못 갔어
> 요. (미간을 찌푸린다.)
> 상담자 3: 그랬어요? 출석을 해야 지원을 받을 수 있나요?
> 대안반응: 난 ○○ 씨가 상담에 오는 게 힘들지 않은 이유에 대해서 궁금
> 해서 질문한 건데…… 갑자기 교육에 참석하지 못한 얘기를
> 하는 이유가 궁금하네요.

상담자는 즉시성을 활용하기 위해서 상담자 자신과 내담자 그리
고 상담자와 내담자 관계에 대해 지금-여기에서 느껴지는 자신의
감정을 있는 그대로 인식할 수 있어야 한다. 즉, 상담자는 내담자가
말할 때 들었던 자신의 느낌과 신체적 반응까지도 놓치지 않고 알
아차릴 수 있어야 즉시성을 치료적 기법으로 활용할 수 있다. 상담
자가 자기 감정을 인식한 후 지금-여기에서 내담자에게 감정을 전
달할 때는 적절한 시선접촉을 하고 편안하고 안정적인 자세를 취
하면서 차분한 어조로 감정을 전달해야 한다. 즉시성은 지금-여
기에서 일어나는 관계에 대한 직면이기도 하기 때문에 내담자에게
는 긴장되는 상황일 수 있다. 따라서 상담자의 즉시성을 전달하는
태도도 중요하다. 상담자는 단정적이거나 딱딱하지 않으며 적당히
절제된 표현을 함으로써 내담자가 방어하지 않고 자신의 행동이나
표현을 객관적으로 생각하고, 자신에 대한 이해와 통찰을 하도록
도울 수 있어야 한다.

3. 즉시성을 사용할 때 내담자에 대한 역전이가 아닌지 걱정된다면?

즉시성이 유용하다면 내담자는 상담자와의 대화에 집중하고 상호작용에 적극적으로 참여하며 자신의 문제에 대한 통찰을 얻게 될 것이다. 그러나 상담자 반응 뒤에 내담자의 침묵이 길어지거나, 이전과 다른 태도를 보이거나, 상담에 더 이상 참여하지 않으려고 하는 등 부정적인 결과가 나타나면 상담자는 지금-여기에서 일어나는 관계와 상담자 자신의 감정을 자각하면서 즉시성을 부적절하게 사용하지는 않았는지 살펴보아야 한다. 즉시성과 같이 지금-여기에서 상담자와 내담자의 관계를 다루는 기법에서는 상담자의 역전이 감정이 잘 드러날 수 있는데, 역전이는 상담의 진행을 방해할 수 있기 때문에 잘 다루어야 한다.

내담자는 인정하고 싶지 않은 감정이나 행동을 상담자가 다루려 할 때 대화 주제를 바꾸려 하거나 이야기하기 싫다고 직접적으로 혹은 간접적으로 표현하기도 한다. 이때 상담자는 당황하거나 위축되어 내담자에게 맞춰 주거나 내담자와 힘겨루기를 하고 싶은 마음이 생기기도 하는데 이것이 역전이 감정이다. 상담자는 내담자에 대한 역전이 감정이 자신에게 생겼음을 알아차리고, 그 감정이 일어나는 원인을 이해해야 한다. 상담자의 역전이 감정이 내담자가 무의식적으로 불러일으키는 관계 패턴인지 또는 상담자의 미해결 과제로 인한 것인지 확인해야 한다.

내담자가 상대방에게 불러일으키는 감정이라면 상담자가 느끼는 감정은 내담자와 관계를 맺는 사람들이 느낄 수 있는 감정임을 알아차리고 내담자가 자신의 관계 패턴을 이해하도록 돕는 방법으로 역전이 감정을 활용할 수 있어야 한다. 즉, 상담자가 역전이 감정이 생긴 것을 알아채지 못하고 내담자가 불러일으킨 감정대로 반응한다면 내담자의 부적응적 관계 패턴 변화에 도움이 되지 않을 것이다. 상담자는 먼저 자신의 역전이 감정을 알아차리고 역전이 감정을 불러일으키는 내담자의 직간접적인 의사소통 내용을 지금-여기에서 다루어 줌으로써 내담자의 관계 문제를 해결하도록 도울 수 있다. 다음 사례는 내담자의 반응에서 상담자를 인정하지 않는다는 느낌을 받는 상담자가 섭섭한 마음이 드는 자신의 감정을 지금-여기에서 다루고 있다. 상담자는 자신의 역전이 감정을 활용하여 내담자가 자신의 대인관계에서 보이는 특징을 통찰하도록 돕고 있다.

> **내담자 1:** 아무도 저를 이해하지 못하기 때문에 저를 도와주지 않아요. 그래서 저는 항상 혼자서 했고요. 그래서 외로웠어요. 지금도 외롭고 힘들어요.
>
> **상담자 1:** 지금 상담자는 ○○ 씨를 잘 이해하고 있는 것 같나요?
>
> **내담자 2:** …….
>
> **상담자 2:** ○○ 씨를 이해하려고 애쓰고, 함께 어려움을 해결하기 위해서 내가 옆에 있는데도 ○○ 씨는 아무도 없다고 하니 섭섭한 마음이 드네요.
>
> **내담자 3:** 선생님은 상담자니까…….
>
> **상담자 3:** 나도 ○○ 씨의 외로움을 함께 나눌 수 있다고 생각하는데…… 내가 옆에 있는데 왜 아무도 없다고 말하는지 궁금하네요.
>
> **내담자 4:** (6초 동안 침묵) 믿을 수 없었던 것 같아요. 저를 위로하기 위

해서 누구나에게 하듯이 그냥 하는 말이라고 생각했어요. 그
래서 친구들이 위로해 주면 그 앞에서는 고맙다고 하지만 혼
자 있으면 아무도 저를 이해하지 못한다고 생각하니까 더 외
로웠던 것 같아요.

상담자 4: ○○ 씨가 다른 사람의 말을 믿을 수 없었군요. 지금은 어떤 생
각이 드나요?

내담자 5: 생각해 보면 저에게 다가왔던 친구들이 항상 있었던 거 같아
요. 그 친구들을 믿지 않았던 건 저고…… 친구들이 저를 멀리
했던 게 아니라 제가 친구들을 멀리하면서 외롭다고 했던 것
같네요.

내담자의 반응에 역전이 감정이 드는 다른 원인은 상담자의 미
해결된 과제가 내담자의 이야기에 의해서 자극받을 때이다. 상담
자에게 자신의 문제와 내담자 문제를 혼동하는 역전이 감정이 들
면 내담자 문제에 집중하지 못하고 왜곡할 수 있기 때문에 내담자
에게 도움이 되지 않는다. 또한 상담자는 미해결된 과제로 인해 상
담과정에서 내담자에게 편하게 피드백하지 못하기도 한다. 내담자
를 화나게 만들어 상담관계가 깨질 것에 대한 두려움으로 위축된
피드백을 하는 것, 상담자 자신의 감정에 대해 자신이 없는 것, 자
신의 반응을 어떻게 평가할까에 대한 두려움을 갖는 것 등은 상담
자 자신의 미해결된 과제와 관련이 있다. 상담자 자신의 미해결된
과제에 따른 역전이는 내담자와 상담자 모두에게 도움이 되지 않
는다. 따라서 초보상담자는 지속적인 수퍼비전과 교육분석을 통해
자신의 미해결 과제를 자각하고 다룸으로써 내담자를 도울 뿐 아
니라 상담자 자신을 돌볼 수 있어야 한다.

제 **13** 장
∙∙∙∙∙∙∙∙∙∙∙∙∙

직면

1. 어떻게 직면기술을 사용해야 효과적인가?

2. 언제 직면기술을 사용해야 효과적인가?

3. 상담관계가 깨질까 봐 직면하기가 어렵다면?

직면의 사전적 의미는 '정면으로 맞닥뜨림'이다. 번역서나 다른 여러 책에서는 도전이라는 단어를 사용하기도 하는데, 도전의 사전적 의미는 '정면으로 맞서 싸움을 걺'이다. 이 두 단어의 의미를 종합하면 문제를 피하지 않고 정면으로 다루는 것[1]을 의미한다. 상담기술에서 직면[2]의 의미는 '내담자의 말과 행동, 감정에서의 불일치, 모순, 내담자가 인식하거나 지각하지 못하는 모습을 상담자가 피하지 않고 다루는 것'이다. 직면기술을 사용하는 목적은 내담자가 인식하지 못하거나 인정하려고 하지 않는 모순되거나, 불일치하거나, 비합리적인 사고, 감정, 동기 등을 인식하도록 돕기 위함이다.

상담에서 의사소통기술로 사용하는 '직면'은 상담자와 내담자에게 도전적인 기술이다. 상담자들은 내담자에 대한 무조건적인 긍정의 태도로 정서적 이해나 지지를 통해 공감적으로 상담해야 한다고 배웠을 것이다. 그러나 직면은 그 의미부터 공감과는 거리가 먼 기술로 보이기 때문에 초보상담자들에게는 혼란스러운 기술이며, 그래서 직면기술을 사용하는 데 주저하게 되거나 사용할 엄두를 내지 못할 수 있다. 직면기술의 사용을 꺼리는 이유 중 하나는 공감과 직면을 양 끝 대척점에 있는 개념처럼 생각하는 경향이 있기 때문이다. 특히 공감이 상담자의 중요한 태도이자 덕목이라고

---

1) 상담에서 '다룬다'라는 말의 의미는 상담자와 내담자가 관련한 내용을 깊이 있게 이야기한다는 의미이다.
2) 이하 직면으로 통일한다.

배운 상담자들은 직면기술을 사용하는 데 더 갈등할 것이다. 상담자들은 내담자의 말과 행동, 감정 등이 이해되지 않아서 내담자의 경험과 불일치되는 느낌('왜 화를 내지?' '왜 울지?'와 같은 질문과 함께)을 한 번쯤 받은 적이 있을 것이다. 이때 초보상담자들은 자신의 공감 능력이 부족해서 내담자에게 공감하지 못하는 것이라고 생각하기 때문에 내담자에게 미안해하거나 자책하기도 한다. 그런데 인간 중심적 접근에서는 진솔성도 상담자의 중요한 태도로 강조한다. 무조건적인 긍정적 존중을 통해 공감도 해야 하지만 진솔한 태도로 상담에 임한다면 상담자는 내담자에게 불일치한 느낌을 솔직하게 표현해야 한다. 이때 초보상담자들은 또 갈등하게 된다. 즉, 공감을 하라고 배웠는데 내담자에게 공감이 안 된다고 말하거나 왜 그런 감정을 느끼는지 이해가 안 된다고 솔직히 말해야 한다고 하면 초보상담자들은 '어떻게 해야 하나?'라고 고민하게 될 것이다. 이러한 갈등은 공감과 직면을 이분법적으로 나누어 생각하기 때문에 야기되는 문제이다.

내담자를 공감하고 이해하는 것은 상담과정에서 매우 중요하긴 하지만 상담을 공감과 지지를 해 주는 것으로만 이해하면 곤란하다. 내담자 입장에서 함께 느끼고 생각하고 이해하는 것이 무조건적인 긍정적 존중의 개념이며 내담자를 중립적으로, 객관적으로 바라보고 내담자에게 이해되고 느껴지는 부분을 솔직하게 이야기할 때 진솔한 태도를 가졌다고 할 수 있다. 상담자의 솔직하고 진솔한 태도를 통해 내담자가 자신을 객관적인 시선으로 볼 수 있을 때 변화가 시작될 수 있다. 따라서 상담자의 진솔성은 내담자의 통찰과 변화를 유도하는 데 중요한 태도이며 직면의 개념이 포함된 것으로 볼 수 있다. 상담자 입장에서 내담자가 이해되지 않을 때 공감

이 안 된다고 솔직하게 표현하는 것이 오히려 내담자에게 공감할
수 있는 기회를 갖게 되는 것이다. 따라서 상담자는 공감적 이해와
직면이 상반되는 개념이 아니라 내담자를 이해하고 변화를 도모하
기 위해서 필요한 개념으로 이해해야 할 것이다.

한편, 직면은 상담자들에게도 낯설고 시도하기 어려운 기술이지
만 내담자에게도 당황스럽긴 마찬가지이다. 내담자 또한 상담자에
게 이해나 지지받기만을 원하는 경우가 많기 때문에 상담자의 직
면은 자칫 비난이나 지적으로 느껴질 수 있다. 내담자들 중에는 상
담자를 무조건 자기편이 되어주고 공감해 주는 환상적인 대상으로
지각하는 경우가 있다. 따라서 상담자는 상담에 대한 구조화를 할
때 내담자가 상담이나 상담자에 대해서 오해나 환상을 가지지 않
도록 상담자의 역할과 내담자의 역할에 대해서 설명해야 한다. 더
불어 직면 상황은 내담자 입장에서 인정하고 싶지 않은 자기 모습
과 맞닥뜨려야 하거나 모순적인 자신을 인식하고 인정해야 하는
순간이기 때문에 불편한 감정을 느낄 수 있다. 그러나 상담자와 이
런 감정을 나누고 다룰 수 있을 때 내담자가 성장할 수 있다는 것을
기억해야 한다.

이렇듯 상담자에게도, 내담자에게도 직면은 사용하기 어렵고 맞
닥뜨리기 불편한 기술이지만 반드시 배워야 하는 상담기술이라는
것에 동의할 수 있을 것이다. 이 장에서는 초보상담자들이 직면기
술을 사용하는 데 있어 경험하는 어려움을 중심으로 직면기술을
어떻게 사용해야 하는지 설명하고자 한다.

1. 어떻게 직면기술을 사용해야 효과적인가?

초보상담자들이 직면기술을 사용하기 어려운 이유는 내담자의 이야기를 듣고 따라가기도 바쁜데 내담자 말의 내용에서 불일치하거나, 모순적이거나, 비합리적인 내용들을 선별하면서 들어야 하기 때문이다. 더군다나 직면기술 사용 시 내담자를 돕기 위한 의도로 하는 말임에도 불구하고 부정적인 메시지로 전달될 것에 대한 걱정과 부담감에 직면기술의 사용을 주저하게 된다. 특히 라포가 형성되지 않은 상태에서 상담자가 직면기술을 사용할 경우 내담자들은 상담자로부터 공격받았다고 느낄 수도 있다.

직면기술을 사용하는 데 있어서 내담자의 저항이나 방어를 줄이기 위해서는 안정적인 상담관계가 바탕이 되어야 한다. 즉, 내담자가 상담자의 직면에 대해 공격적으로 느끼지 않고 자신을 도와주려는 목적이 있음을 이해할 수 있을 정도의 안정적인 신뢰관계가 형성되어야 한다. 따라서 초보상담자들이 직면기술을 사용하기 위해서 가장 먼저 해야 할 일은 내담자와 신뢰로운 관계를 형성하는 것이다. 내담자에게 상담자는 평가하거나 비난하는 사람이 아니라 자신의 이야기를 있는 그대로 들어 주고 이해하려고 노력해 주는 안전한 대상이라는 믿음이 생겨야 한다. 물론 이러한 믿음이 생긴 후에도 직면받는 순간은 기분 나쁠 수 있지만 상담 진행과정에서 내담자가 자신의 모습을 객관화하고 이해할 수 있게 된다면 통찰에 도움이 될 것이다.

직면기술은 말과 표정의 불일치, 말과 행동의 불일치, 비합리적 사고와 관련된 내용을 다룬다. 다음 사례를 통해 하나씩 살펴보자.

내담자 1: (웃으면서) 사실 너무 힘들었는데 얘기를 해도 사람들이 도와주지 않아서 섭섭했어요.

상담자 1: ○○ 씨는 힘든 얘기를 할 때도 웃으면서 얘기하는 거 알아요? 힘들다는 얘기를 웃으면서 하니까 사실 얼마나 힘든지 잘 모르겠어요. 웃으면서 얘기하기 때문에 별로 안 힘들어하는 것 같기도 하고. …… 다른 사람들도 나처럼 느낄 것 같은데…….

내담자 2: 그런 얘기를 전에도 들었던 것 같아요. 그리고 제가 힘들다는 얘기를 원래 잘 못해요. 그래서 괜찮은 척 웃으면서 얘기를 하는 것 같은데…… 선생님 말처럼 웃으면서 얘기하니까 사람들이 제가 얼마나 힘든지 잘 모를 것 같네요. 웃으면서 얘기하는 것이 습관이 되어서 진지하게 힘들다는 얘기를 하는 것이 쉽지 않아요.

상담자 2: 힘든데도 괜찮은 척하려는 마음이 궁금해지네요.

내담자 3: 힘든 걸 내색하거나 다른 사람한테 도움을 받는 것이…… 왠지 의존적이고 무능력한 사람처럼 보일 것 같아서…… 의존적인 사람으로 보이고 싶진 않아요.

상담자 1 반응은 **말과 표정의 불일치**에 대한 **직면반응**이다. 내담자
는 힘들다고 이야기했는데도 사람들이 도와주지 않아서 섭섭하다
고 한다. 언어적 반응만 듣는다면 내담자 주변의 사람들은 냉정하
거나 내담자에게 관심이 없는 사람들이다. '어떻게 힘들다고 말하
는데도 도와줄 생각도 하지 않을 수 있나.'라는 생각이 들 것이다.
초보상담자들이 자주 하는 실수 중 하나는 주변 사람들이 내담자
를 배려하지 않는다며 내담자와 공모해서 주변인들에 대한 서운함
이나 화를 부추기는 것이다. 그러나 평소 내담자가 상담에 와서도
자신의 어려움을 표현할 때 표정과 말의 내용이 불일치한다는 것
을 상담자가 인지하고 있었다면, 상담자는 내담자의 서운함을 공
감해 주면서 동시에 내담자가 자신의 어려움을 어떻게 전달했는지
탐색해야 한다. 더불어 주변 사람들의 반응에 내담자가 기여한 부
분을 확인하고 자신의 관계 특성과 패턴을 알아차리도록 도와야
한다.

이 사례에서도 내담자 말의 내용과 얼굴 표정을 함께 보면 내담
자가 힘든 상황을 전달하는 방법에 있어서 개선이 필요하다는 것
을 알 수 있다. 힘든 일이 있어서 도움이 필요할 때 그 힘듦이 상대
에게 잘 전달되도록 언어적 · 비언어적 메시지가 일치해야 한다.
그런데 내담자는 웃으면서 자신의 어려움을 이야기했기 때문에 듣
는 입장에서는 그 어려움이 얼마나 심각한 수준인지 예측하기 어
렵다. 내담자가 자신의 요구나 필요를 언어적 · 비언어적으로 정확
히 전달하지 못해서 도움을 받지 못했다는 것을 이해할 수 있다면
주변 사람들에 대한 섭섭함의 강도나 인간관계에서의 불편감을 줄
일 수 있을 것이다. 다음 사례를 살펴보자.

내담자 1: 시험이 다가오니 불안해지는 것 같아요.

상담자 1: 중간고사가 다음 주네요. 어떤 점에서 불안한 건가요?

내담자 2: 이번 중간고사는 맘잡고 공부해서 평점을 좀 올리려고 했는데 생각보다 잘 안 되고 있어서. …… 주말에도 친구를 만나서 잠깐 놀다가 저녁에 공부하려고 했는데 새벽까지 놀아 버렸어요. 계획이 한번 틀어지니까 맘잡고 공부하기가 힘들어요.

상담자 2: 그래서 불안하다고 했군요. 마지막 학기라서 성적을 올려야 한다고 했던 것 같은데 막상 공부에 집중을 못하고 있는 것 같네요.

내담자 3: 네~ 오랜만에 친구가 놀자고 하니까 거절을 못해서…… 노는 게 재밌기도 하고…….

상담자 3: 노는 것도 재밌고 거절도 못하면 공부시간을 확보하기가 어려울 것 같은데. …… 친구에게 ○○ 씨 상황을 설명하고 다음에 만나자고 얘기하기 어려웠나요?

내담자 4: 네~ 이기적인 사람으로 보일까 봐 다음에 보자고 말하지 못했어요. 그리고 좋아하는 게임을 같이 하다 보니 시간 가는 줄 모르고 밤새 놀다가 이렇게 된 거죠.

상담자 4: 취업 때문에 평점을 올려야 한다고 들은 것 같은데 친구랑 게임한다고 중간고사 준비를 못 했다고 하니 취업과 성적에 대해서 진짜 걱정을 하고 있는 건지 잘 모르겠네요.

내담자 5: 말하다 보니 제가 좀 한심한 거 같네요. 시험이라고 말을 하면 다음에 봐도 된다고 했을 친구인데. …… 친한 친구한테도 솔직하지 못했던 것 같네요.

이 사례는 내담자의 말과 행동의 불일치에 대한 직면을 보여 준다. 내담자는 취업을 위해 성적 관리가 필요한 상태였다. 그래서 열심히 준비하겠다고 해 놓고선 친구를 만나 게임을 하느라 주말에 공부를 못 했고, 이로 인해 시험불안을 호소하고 있다. 내담자가 시험에 대해서 걱정을 하고 있긴 하지만 정작 내담자가 다뤄야 할 문제는 시험불안이 아니라는 것을 직면을 통해서 확인할 수 있다. 상담자 4 반응에서 상담자는 평점을 올려야 한다고 말하면서 정작 행동은 친구의 제안을 거절하지 못해서 게임을 하느라 주말을 날려 먹은 내담자의 불일치한 행동에 대해서 말하고 있다. 이 같은 상담자의 직면은 내담자가 친한 친구에게도 솔직하지 못해서 자신을 위해 정작 해야 할 것들을 하지 못한다는 점을 스스로 되돌아보게 하는 기회가 되었다. 이후 상담은 내담자가 인간관계에서 솔직하지 못한 이유, 거절이 어려운 이유, 이기적인 사람으로 보일 것에 대해서 걱정하는 이유 등에 대한 탐색을 통해 내담자가 자신을 위해 해야 할 일을 할 수 있도록 도와야 할 것이다.

초보상담자들은 내담자에 대한 공감이 우선이라고 생각할 수도 있을 것이다. 공부할 계획이었는데 모든 계획이 틀어져서 얼마나 속상할까 하는 마음으로 내담자의 속상함이나 후회에 대해서 공감해 주고 싶은 마음이 들 수도 있다. 물론 내담자의 속상한 마음을 이해해 주는 것은 중요하지만, 앞 사례의 내담자는 자신이 뭔가 제대로 하지 못하고 있다는 사실에 자책하고 있는데 상담자가 속상한 마음만 이해해 주고 넘어가면 내담자는 스스로에게 도전할 기회를 잃게 된다. 즉, 상담자가 공감만 하고 직면하지 않는다면 내담자는 해야 할 일을 왜 하지 못했는지 스스로 이해하고 자신의 생각과 행동을 변화시키기 위한 반성적인 성찰을 해야 할 기회를 놓치게 되는 것이다.

마지막으로, **내담자의 비합리성에 대한 직면**을 살펴보자. 다음 사례는 실수를 하면 안 된다는 내담자의 비합리적 사고에 대한 직면을 다루고 있다. 내담자는 술 먹고 기억을 잃은 자신이 용납되지 않아서 괴로워하고 있다. 상담자는 내담자가 술 먹고 실수하면 안 된다고 생각하는 이유를 탐색한 결과 술 먹고 민폐를 끼치면 안 된다는 생각과 함께 형과 관련된 경험으로 인해 생긴 사고 패턴 때문임을 확인하였다.

내담자 1: 전 자신한테 너그러운 사람들을 제일 싫어해요.

상담자 1: 무슨 의미인지 구체적으로 얘기해 볼래요?

내담자 2: 사람들은 그럴 수 있다고 얘기를 많이 하더라고요. 술 먹고 실수해도 그럴 수 있다고 얘기하고, 지각을 해도 그럴 수 있다고 얘기하고. …… 그런데 전 실수를 하거나 잘못하는 것에 대해서 그럴 수 있다고 생각하지 않아요. 그러면 안 되는 거고 그렇게 하지 않는 게 맞다고 생각해요.

상담자 2: 실수하면 안 된다는 생각을 하는 것 같네요. 무슨 일이 있었나요?

내담자 3: 지난주에 제가 술을 먹고 뻗었어요. 친구들은 실수한 거 없다고 하는데…… 제가 실수를 했어도 그들은 관계를 생각해서 솔직히 얘기해 주지 않겠죠. 술 먹고 기억을 못한 적은 없었는데…… 제가 제일 혐오하는 유형인데 제가 그랬네요. 술 먹고 어떻게 집에 왔는지 기억도 안 나고. …… 기억이 안 난다는 게 참을 수가 없어요. (손으로 얼굴을 가린다.)

상담자 3: 친구들이 실수하지 않았다고 하는 얘기를 믿지 않는 것 같네요. 술 먹고 실수하면 안 된다는 생각을 하는 이유가 있을까요?

내담자 4: 술 먹고 주정하는 건 모든 사람이 싫어하는 거잖아요. 저도 술 먹고 주정하거나 실수하는 사람을 보면 혐오하거든요. 왜 저렇게 사나 싶고…… 한심하게 보이죠. 자기통제를 못하는 것 같고. …… 어쨌든 남한테 실수를 하는 모습을 보이는 건 최악이에요.

상담자 4: 친구들의 말도 믿지 않고…… 술 먹고 기억을 잃은 것도 실수라고 생각하는 것 같네요. 혹시 술 먹고 실수한 적이 있나요?

내담자 5: 그런 사람이 되지 않기 위해 노력하면서 살았죠. 민폐를 끼치는 사람이 되고 싶지 않아요. 절대 남한테 피해를 끼치는 사람이 되면 안 된다고 생각해서 그런지 실수하는 것에 대해서 용납이 안 돼요. 기억이 안 난다는 건 제가 술 먹고 민폐를 끼쳤을 수도 있다는 가능성을 배제할 수 없는 거니까. …… 특히 술 먹고 실수하는 것에 대해서는…… 아마도 형의 영향이 있다는 생각도 드네요.

상담자 5: 술 먹고 주정하는 것을 실수라고 생각하네요. 그리고 그런 실수는 절대 하면 안 된다는 생각을 아주 강하게 가지고 있는 것 같아요. 그래서 본인이 술 먹고 기억을 잃었다는 것도 용납이 안 되나 봐요. 아직 실수한 것이 구체적으로 확인된 것도 아닌데 기억을 잃었다는 것만으로 자신을 너무 비난하는 것 같다는 생각이 드네요. 술 먹고 실수하는 것은 절대 용서받을 수 없는 일이라고 생각하는 것 같아요. 주변 사람들을 실수를 용서하지 않을 만큼 냉정하고 모진 사람이라고 생각하는 것 같네요.

내담자 6: 저도 술 먹고 실수하는 형을 용서하고 싶지 않거든요. (한숨)

초보상담자들의 경우 술 먹고 실수하면 안 된다는 내담자의 생각에 동의해서 그런 생각을 굳이 탐색하지 않을 수도 있다. 그러나 내담자 입장에서 이해하기 위해서는 아무리 당연하고 의심스럽지 않은 것이라고 하더라도 내담자의 생각이나 판단의 근거를 확인해야 한다. 만약 앞의 사례에서 상담자가 그와 같은 질문을 하지 않았다면 민폐를 끼치면 안 된다는 생각과 그것이 형과 관련된 경험 때문임을 확인하지 못했을 것이다. 더불어 상담자는 술 먹고 실수한 것이 확인도 되지 않은 상태에서 자신의 실수를 확정적으로 생각하고 괴로워하는 내담자를 직면하였다. 내담자가 자신의 실수에 대해 엄격한 잣대를 대고 실수를 하면 안 된다는 당위적 사고를 하고 있음을 전달하였다. 이후 상담자는 내담자와 형의 관계에서 술과 관련된 에피소드를 탐색해야 할 것이다. 더불어 내담자가 자신에게 적용하는 엄격한 잣대와 당위적 사고로 인해 자신도 행동의 제약을 받거나 힘들 수 있다는 것에 대해 공감하고 대안적인 사고를 할 수 있도록 상담을 진행해야 한다.

2 언제 직면기술을 사용해야 효과적인가?

수퍼비전을 하다 보면 직면기술을 언제 사용해야 하는지에 대한 질문을 받을 때가 있다. 사실 직면기술의 사용 시점은 정해져 있지 않다. 다시 말해, 내담자의 심리 상태에 따라, 상담 진행 단계에 따라 상담내용 등을 상담자가 종합적으로 판단해서 결정해야 한다. 다만 직면기술을 사용하기 위한 적절한 시점과 관련하여 몇 가지 확인할 사항이 있다.

첫째, 직면기술은 내담자와 신뢰관계가 형성된 후에 사용해야한다. 상담자가 자신을 위해서 고민하고 지지하는 대상이라는 내담자의 믿음과 신뢰가 있을 때 직면기술을 사용해야 한다. 상담관계가 형성되기 전에 직면기술을 사용하는 것은 조기종결의 가능성을 높일 수 있다. 내담자가 직면을 수용할 준비가 되지 않은 상태에서 이루어지는 상담자의 직면은 내담자에게 부끄러움과 수치심, 분노 등의 감정을 불러일으킬 가능성이 크다. 이럴 경우 내담자는 방어하거나 저항하는 모습으로 상담자의 직면에 대해 불쾌함을 표현할 수 있다. 물론 상담자가 말의 뉘앙스나 단어 선택을 신중하게 한다면 불쾌감을 줄일 수는 있지만, 중요한 건 내담자가 상담자의 직면을 오해나 저항 없이 들을 준비가 되어 있냐는 것이다. 특히 초보상담자일 경우 내담자에 대한 정보 파악이나 이해가 덜 된 상태에서 직면을 사용하는 것은 오히려 내담자와의 라포 형성에 방해가 될 수도 있다. 앞에서도 설명했듯이 직면의 내용은 내담자의 불일치되고 모순된 모습을 전달하는 것이기 때문에 상담자와 내담자의 안정적이고 협력적인 상담관계가 선행되어야 한다. 연구에 따르면, 상담관계의 기초가 되는 작업동맹은 상담초기에 이루어지고, 3회기 직후 평가된 작업동맹 수준이 상담성과와 관련 있다고 한다(윤정숙, 유성경, 홍세희, 2012). 따라서 언제부터 직면기술을 사용해도 되냐는 질문을 한다면 최소 3회기는 지난 다음에 사용하는 것이 비교적 안전하다고 할 수 있다. 그러나 내담자에 따라 라포를 형성하는 데 시간이 오래 걸리는 경우(내폐적인 내담자, 편집증적인 내담자, 불안정 애착 내담자 등)도 있기 때문에 수퍼비전을 통해 직면을 사용할 만큼 안전한 상담관계가 형성되었는지 확인할 필요가 있다.

　다음은 접수상담 이후 상담자가 배정되어 진행한 첫 회기 상담 사례이다. 내담자는 첫 회기에 상담을 통해 도움을 받을 수 있을지 모르겠다는 도전적인 태도로 상담에 임하였다. 이 이야기를 듣고 침착할 수 있는 상담자는 그리 많지 않을 것이다. 특히 초보상담자라면 어떻게 반응해야 할지 몰라 당황할 가능성이 매우 높다. 가뜩이나 초보상담자라서 내담자에게 도움을 줄 수 있는지에 대한 고민과 걱정을 하고 있는 상태에서 상담경험까지 많은 내담자의 도발적인 화두는 상담자를 긴장하게 만들 수 있다. 그러나 상담의 효과에 대해서 의심하면서도 상담에 온다는 것은 내담자가 도움받고 싶은 마음 한 켠에 도움을 받지 못할 것에 대한 두려움이 있음을 표현한 것으로 이해할 수도 있다. 즉, 내담자의 진심은 도와 달라는 메시지일 수 있으며 상담자에게 자신을 도울 수 있다는 확신을 얻고 싶은 마음을 표현한 것으로 이해할 수 있다. '솔직하게 도움을 받고 싶다고 말하면 되지, 왜 이렇게 말하는 것일까?'라는 생각이 들 것이다. 두려워하는 것을 솔직하게 표현하지 못하는 것이 내담자의 문제이기 때문에 내담자가 말을 믿게 하는 것을 타박할 것이 아니라 왜 속마음과 다르게 표현하는지를 탐색하고 이해하는 것이 상담자의 역할이다.

내담자 1: 제가 상담을 신청하긴 했지만…… 상담에서 도움을 받을 수 있을지는 잘 모르겠어요.

상담자 1: 접수상담에서도 그 얘기를 했다고 들었어요. 상담에서 도움을 받을 수 있을지 모르겠다는 말을 좀 더 구체적으로 얘기해 줄래요?

내담자 2: (10초 동안 침묵) 저는 상담경험이 많아요. 중학생 때부터 상담을 받았어요. 고등학생 때도 받았고요. 그리고 대학생인 지금도 상담을 받으려 하고 있어서…… 제가 상담으로 도움을 받았다면 뭔가 변화가 생겨서 더 이상 상담을 안 받아야 할 것 같은데…… 상담이 도움이 안 되는 건지, 제가 안 바뀌는 건지 잘 모르겠어요. 제가 너무 의존적이라는 생각도 들고…….

상담자 2: 상담을 받으면 변화되어서 더 이상 상담을 안 받아도 되는 상태가 되어야 한다고 생각하나 보네요. (네~) 매번 같은 문제로 상담을 받았다면 변하지 않는다는 생각이 들 것 같기도 하네요.

내담자 3: 매번 같은 문제는 아니었어요. 중학생 때는 부모님 문제였고, 고등학생 때는 학교생활 문제였고, 지금은 진로 문제예요.

상담자 3: 매번 고민하는 문제가 달랐다면 상담실을 찾을 만한 이유가 있었던 것 같은데요. 상담을 통해 도움을 받은 경험이 있으니까 상담실을 찾는 거 아닐까요?

내담자 4: 상담이 그렇게 도움이 되는 건지는 잘 모르겠어요. 그냥 말할 수 있는 곳이 생겼다는 정도의 위안이라고 할까?

상담자 4: 상담을 통해 변화될 수 있을 거라는 기대와 함께 변화되기 위해 노력하지 않는다면 도움을 받기는 어려울 것 같네요. ○○씨가 변화하기 위해 노력할 준비가 되어 있는지 잘 모르겠네요. 의존적이라고 했는데 상담자가 변화시켜 줄 거라는 기대를 한다면 상담받는 것에 대해서 다시 생각해 봐야 할 것 같아요.[직면]

내담자 5: 제가 변화되기 위한 노력을 하지 않겠다는 건 아닌데…… 이 상태로는 저도 도움을 받기 어렵겠다는 생각이 드네요. 상담에 대해서는 조금 더 생각하고 오겠습니다.

〈대안반응〉

상담자 4: 상담을 통해 위안을 받는 것도 도움받는 것이라 할 수 있죠. 그런데 ○○ 씨는 위안 이상의 어떤 변화를 원하는 것 같다는 생각도 드는데…… 상담을 받은 후 어떤 변화가 생기면 도움을 받았다고 생각할 수 있을까요?

내담자 5: 글쎄요. 위안을 받는 것이 도움받는 것이라는 생각을 못해 본 것 같아요. 저는 저 혼자 해결하는 능력이 생기면 도움을 받았다고 생각할 수 있을 것 같아요.

이 사례에서 살펴보자. 상담자 4 반응은 내용적으로 잘못된 반응은 아니다. 다만 타이밍을 좀 더 고려해야 하였다. 내담자는 반복적으로 상담을 받으러 오는 것에 대해 의존성이 너무 커질까 봐 또는 자신의 문제가 해결되지 않을 것에 대한 염려를 표현한 것인데, 상담자는 액면 그대로 내담자가 도움받을 준비가 되어 있지 않다고 생각하고 내담자에게 상담받는 것에 대해서 다시 생각하고 오라고 권하였다. 문제는 상담자가 너무 성급하게 내담자가 변화될 준비가 안 된 것으로 단정해 버린 것이다. 내담자가 걱정하는 내용을 좀 더 구체적으로 파악한 후 라포가 형성된 상태에서 변화되기 위한 노력을 해야 한다는 이야기를 했다면 최소한 내담자가 변화될 준비가 안 된 사람으로 오해받았다는 생각은 하지 않았을 것이다.

어떤 상담자들은 내담자에 대한 정제되지 않은 공격적인 표현을 직면으로 착각하는 경우가 있다. 내담자의 통찰을 돕기 위해 직면을 했다고 하지만 그 밑마음에는 내담자에 대한 불편한 마음이 숨어 있는 경우가 있다. 특히 이 사례의 경우 의존성이라는 이슈가 내담자뿐 아니라 상담자에게도 불편한 주제라면(상담자도 아직 해결하지 못한 주제라면) 상담자 입장에서는 내담자를 떠나 보내고 싶은 마음이 생길 수 있다. 그래서 직면기술을 사용할 때는 내담자에게 도움을 주기 위한 직면인지, 직면을 가장해서 상담자가 하고 싶은 말을 내담자에게 하려고 하는 것인지를 고민해야 한다. 내담자를 위한 직면이라고 한다면 직면의 내용은 마음이 아플지라도 공감적으로 전달할 수 있어야 한다. 공감적 직면은 내담자가 저항이나 방어 없이 자신을 통찰하고 있는 그대로 자신을 돌아볼 수 있도록 돕는 기법이다.

둘째, 직면기술은 상담자가 내담자에 대한 충분한 이해가 된 상태에서 사용해야 한다. 상담자는 직면할 내용에 대한 확신이 있어야 직면기술을 사용할 수 있다. 물론 직면은 가설적이어야 하고 내담자에게 확인하는 과정을 거쳐야 하지만, 상담자가 직면 내용에 대한 확신이 없을 경우 직면기술을 사용할 수가 없다. 따라서 상담자가 확신을 가지고 직면기술을 사용하기 위해서는 내담자에 대한 정확한 정보와 이해가 바탕이 되어야 한다. 즉, 내담자의 언어적 · 비언어적 모순, 불일치, 비합리적인 부분에 대한 충분한 정보와 이해가 바탕이 되어야 한다는 의미이다. 만약 상담자도 자신의 생각이나 판단에 확신이 없는 채 단편적인 정보로 내담자를 직면하려 한다면 오히려 내담자의 거센 저항에 부딪힐 가능성이 커진다.

한편, 상담자가 충분히 준비하고 직면한다 하더라도 내담자가 직면 내용에 대해 모두 동의하거나 수용하는 것은 아니기 때문에 내담자가 저항을 보인다고 해서 의기소침해질 이유는 없다. 만약 내담자가 상담자의 직면에 동의하지 않을 경우, 상담자는 무리하게 자신의 생각이나 판단이 맞다고 우길 것이 아니라 내담자가 동의하지 않는 이유를 먼저 파악하면 된다. 내담자가 직면을 수용할 준비가 안 되었다고 판단될 경우에는 직면 내용을 잘 기억하고 있다가 나중에 비슷한 이야기를 다룰 때 다시 직면하면 된다. 다음 사례를 살펴보자.

상담자 1: 지난 한 주는 어떻게 보냈어요?

내담자 1: 여전히 우울하게 보냈어요. 친구들한테 서운하기도 하고 화가 나기도 하고. (한숨)

상담자 2: 음…… 친구들한테는 서운하고…… 화도 나고…… ○○ 씨는 친구들한테 참 화가 많이 나네요.

내담자 2: (10초 동안 침묵) 제가 늘 친구들한테 화를 내지는 않는데…… 친구들이 게임 얘기를 할 때 저는 게임을 안 하니까 낄 수가 없어서 듣고만 있었는데…… 어떤 친구가 방송 본 얘기를 해서 저도 본 거라 얘기를 했더니 애들이 제 얘기에는 반응이 없는 거예요. 순간 침묵도 흐르고…… 그 순간에 반응이 없는 친구들한테 서운하기도 했고…… 애들이 저랑 같이 있는 걸 안 좋아하는 것 같아서 기분도 나빴고 재미없는 얘기를 한 저한테 화도 났어요. 제 문제라고 생각해서 기분이 안 좋았던 것 같아요. 그냥 별일은 아니었는데 그냥 그랬어요.

상담자 3: 음…… 무엇 때문에 친구들이 ○○ 씨랑 같이 있는 걸 좋아하지 않는다고 느낀 거예요?

내담자 3: ……. (20초 동안 침묵)

상담자 4: 지금 무슨 생각을 하고 있는지 궁금한데…… 말하기 불편해 보이네요.

내담자 4: 네~ (10초 동안 침묵) 왜 화가 났냐고 질문을 하거나 왜 그렇게 생각하냐고 물어보면…… 아닌 건 아는데 뭔가 제 문제라는 얘기로 들려요. 제가 화를 낸 게 제 잘못이라고 얘기하시는 것 같아요.

상담자 5: ○○ 씨가 화난 이유에 대해서 물어보지도 않고 친구들한테 화를 자주 낸다고 말한 건 내가 경솔했던 것 같아요. 사과할게요. 그리고 나는 ○○ 씨가 어떤 생각과 감정으로 불편해하는지 이해하고 싶어서 한 질문이었는데 이런 질문이 ○○ 씨를 불편하게 했다고 생각하니 미안하기도 하고 앞으로 어떻게 질문을 해야 할까 고민도 되네요.[즉시성]

내담자 5: 선생님 불편하시라고 한 말은 아니고…… 이게 제 문제라는 거 알아요. 선생님이 저를 도와주시려고 한 질문이라는 것도 알고요. 근데 제가 어떤 이유나 생각을 묻는 질문을 받으면 움츠러들어요. 그냥 대답하면 되는 건데 마치 제가 뭔가를 잘못한 것 같다는 생각이 들어서…….

상담자 6: 이유를 묻는 질문을 받으면 움츠러드는데…… 혹시 기억나는 장면이 있을까요?

내담자 6: (13초 동안 침묵) 제가 뭔가를 요구하면 엄마는 저한테 늘 이유를 물었어요. 그리고 제가 말하는 이유에 대해서 반박하시면서 안 된다는 말을 하셨죠. 그래서 전 이유를 묻는 질문을 받으면 제가 공격당하는 느낌을 늘 갖게 되는 것 같아요. 제가 틀렸다고 비난하는 것처럼 느껴져서…….

상담자 7: 그렇군요. ○○ 씨 얘기에 조목조목 반박하면 공격당하는 느낌을 받을 수 있을 것 같네요. 나는 엄마와는 다른 사람인데 내가 엄마와 같은 사람으로 느껴지면 상담에서 내가 하는 질문들이 반박하는 것처럼 느껴질 것 같네요.[공감적 직면]

내담자 7: 가끔 제가 스스로 뭔가 잘못했다는 생각이 들 때 선생님이 왜 그러냐고 물어보면 엄마처럼 공격하지 않을까라는 생각이 들 때가 있어요. 그럴 때 제가 움츠러드는 것 같아요.

상담자 8: 내가 질문하는 의도를 안다고 하면서도 ○○ 씨가 엄마에게 공격당하는 것 같은 느낌을 경험하는 걸 보면[직면]…… 내가 ○○ 씨에게 편안한 상담자가 아니라는 생각이 드네요. [즉시성]

내담자 8: (8초 동안 침묵) 선생님 말을 들으니 정신이 번쩍 드네요. 제가 엄마한테 느꼈던 감정을 선생님한테도 그대로 하고 있었던 것 같아요.

상담 시작은 잘되었으나 내담자가 여전히 우울하고 화가 난다는 말로 상담을 시작하였다. 이럴 경우 상담자는 언제까지 내담자에게 우울하고 화난다는 이야기를 들어야 하는지, 계속 힘들다고 하는 내담자를 자신이 도와줄 수 있을지 등 여러 가지 상념에 빠지게 될 수 있다. 상담자는 친구들에게 화를 많이 낸다는 말로 내담자에게 되돌려 주었다. 늘 친구들에게 화를 내는 건 아니라는 내담자의 반응은 상담자의 말에 대해 서운함을 표현한 것으로 보인다. 상담자가 내담자에 대해서 충분히 파악하고 한 말이라고 하더라도 이 같은 직면은 부적절할 수 있다. 왜냐하면 "친구들한테 참 화가 많이 나네요."라는 상담자의 반응은 내담자가 친구들에게 화를 많이 낸다는 의미로 들릴 수 있다. 이 같은 반응은 화를 내는 것이 부정적이라는 메시지를 전달할 수 있어서 내담자가 오해할 소지가 있다. 즉, 내담자가 왜 화가 났는지, 화를 어떻게 표현했는지 확인하지 않고 화를 많이 낸다고 했기 때문에 내담자 입장에서는 비난의 말로 들릴 수 있다. 내담자는 자신이 왜 화가 났는지를 상담자에게 설명했고, 상담자가 친구들이 내담자와 같이 있는 걸 안 좋아한다고 생각하는 이유를 탐색하기 위한 질문에는 침묵하였다. 상담자가 내담자의 침묵을 탐색하는 과정에서 내담자는 상담자가 탐색하기 위해 한 질문("무엇 때문에 화가 났나요?" "그렇게 생각하는 이유가 있나요?")도 자신이 제대로 못하고 있다는 말로 들린다고 할 정도로 상담자의 반응에 예민함을 보였다. 내담자가 상담자의 질문에 대해 위축되고 움츠러드는 경험을 표현하게 되면서, 상담자는 이 문제가 단순히 내담자가 지금 경험하는 것이 아닌 오래전부터 경험해 왔던 것임을 가정하고 과거 경험을 탐색하는 질문을 하였다. 내담자는 과거 엄마와의 관계를 떠올렸는데, 엄마에게 요청하거나 요구할 때마다 엄마는 여러 가지 이유로 내담자의 요구를 반박하면서 거절하였다. 반복된 거절경험으로 인해 내담자는 엄마가 아닌 자신을 도와주려고 하는 상담자에게도 비난받거나 거절당할 것에 대한 걱정이나 두려움으로 미리 움츠러들거나 위축되는 경험을 반복적으로 하고 있다는 것을 확인하게 되었다. 즉, 위협적인 어머니에 대한 방어적인 태도가 상담자에게도 동일하게 나타나고 있음을 알게 된 것이다. 상담자는 내담자가 자신에게 호의적인 사람들에게도 방어적으로 대처하고 있다는 점을 직면시켜, 방어적인 태도가 상황과 대상이 다름에도 동일하게 나타나고 있음을 인지하도록 도왔다.

여기서 한 가지 상담자가 주의해야 할 점은 내담자의 방어적 태도에 대해 무조건 나쁘게 판단하면 안 된다는 것이다. 정신분석이론에서 설명하는 것처럼 방어는 불안에 대처하기 위해 필요한 적응기제이다. 방어기제를 적절히 사용하면 적응에 도움이 되기 때문에 이를 문제로 생각할 필요는 없다. 오히려 방어기제를 적절하게 사용하지 못할 때 불안을 통제하지 못해 일상생활에서 문제가 발생할 수 있다. 또한 방어기제는 무의식적으로 사용하는 것이기 때문에 내담자는 자신이 방어기제를 무분별하게, 부적절하게 사용하고 있는지조차 인식하지 못한다. 상담자는 내담자의 방어기제 사용이 적응적인지 또는 부적응적인지를 판단해야 하며, 부적응적인 방어기제 사용에 대해서 다루면 된다.

상담 마무리에 내담자는 상담자의 직면에 정신이 번쩍 들었다는 이야기를 하였다. 아마 라포가 형성되기 전에 내담자에게 직면을 했다면 이 내담자는 상담자로부터 이해받지 못한다는 생각에 조기종결을 고려할 가능성이 높다. 이 사례에서 상담자의 직면기술이 효과적일 수 있었던 이유는 라포 형성이 된 후에 직면기술을 사용하였고(시점이 적절), 동시에 내담자가 자신에 대해 이해하고 생각하는 능력이 있었기 때문이다. 즉, 직면을 통한 통찰이 가능했던 것은 내담자가 자신의 행동을 부정적으로 판단하고 평가하는 사고 패턴이 있다는 것을 이해하고 상담자의 탐색적 질문에 불편함을 느꼈던 이유가 어머니와의 관계경험이 전이되어서임을 수용할 만한 충분한 정보가 있었기 때문이다. 물론 충분한 정보와 이해가 있다 하더라도 이는 상담자의 관점이기 때문에 직면은 가설적인 접근이 필요하다.

3. 상담관계가 깨질까 봐 직면하기가 어렵다면?

상담이 아니더라도 우리는 가까운 지인들로부터 공감, 지지 및 이해를 받을 수 있다. 그러나 일상적인 대화에서는 직면기술을 활용하기가 쉽지 않다. 만약 일상 대화에서 직면을 자주 사용한다면 공격적인 사람으로 인식되거나 듣는 사람 입장에서 자신을 싫어한다고 오해할 수도 있다. 그래서 말하는 사람 입장에서도 좋은 게 좋은 거라는 생각으로 직면을 하려고 하지 않는다. 아마도 관계가 끊어질 것을 각오하지 않는 한 일상적인 대화에서 직면을 편안하고 자연스럽게 사용하기는 어려울 것이다. 마찬가지로 상담에서도 직면은 관계를 망가뜨리게 될까 봐 사용을 주저하게 되는 대화기술이다. 그러나 직면기술은 상담과 잡담을 구분하는 기준이 될 수 있을 정도로 상담에서 매우 중요한 기술이다.

상담에서는 내담자의 통찰과 변화를 촉진하기 위해 직면기술의 사용이 요구된다. 초보상담자들은 내담자의 모순된 표현과 불일치를 발견해도 직접적으로 언급하기를 불편해하거나 꺼리는 경향이 있다. 내담자의 말이 이해도 안 되고 이상하다는 생각이 들긴 하지만 그것을 내담자에게 드러낼 자신도 없고 자신의 판단에 대한 신뢰가 부족하기 때문에 주저하게 된다. 특히 직면과 같은 도전적인 기술을 사용할 경우 자칫 상담관계가 깨져서 결국 조기종결로 이어질 것에 대한 걱정과 불안이 내담자에게 적절한 개입을 하기 어렵게 만들 수 있다. 상담이 조기종결되지 않고 상담을 계획된 회기까지 이끌어 가는 것도 상담자의 능력이라고 생각하기 때문에 상담자들은 조기종결에 대해 더욱 예민할 수밖에 없다. 그러나 조기종결의 원인은 상담자와 내담자 모두에게 있을 수 있기 때문에 조기종결이 무조건 상담자가 라포 형성을 못하거나 상담을 못해서 생긴 결과라고 단정 짓고 상담자로서 자신의 능력에 실망할 필요는 없다. 만약 상담자가 직면기술의 사용이 어렵고 부담스러워서 또는 조기종결에 대한 불안함과 두려움으로 직면기술을 사용하지 않는다면 내담자를 돕기 위한 상담이 아니라 상담자를 위한 상담이 될 수 있다는 것을 기억해야 한다.

직면기술을 활용하기 어려운 이유가 직면기술 사용방법을 몰라서라면 수련을 통해 숙달하는 것이 가능하지만, 상담자 자신의 문제로 내담자에게 사용해야 할 상담기술을 활용하지 못하고 해야할 말을 하지 못한다면 상담자가 먼저 상담을 받아야 한다. 말의 내용과 의미는 내담자에게 아플 수 있지만 그 의도가 내담자를 돕기 위한 것이라면 그 말을 하는 데 주저할 이유가 없다. 즉, 조심스럽게 표현해야 하지만 피하면 안 된다는 것이다. 상담자가 내담자를 위해서 해야 할 말을 하지 못한다면, 내담자의 기분을 살피느라 상담자가 자신의 역할과 본분을 망각한다면, 상담을 해야 할 때가 아니라 상담을 받아야 할 때라는 것을 알아야 한다.

　다음 사례에서 살펴보자. 상담자는 내담자에게 여러 장면에서 직면기술을 사용하고 있다. 이 사례에서 상담자는 우선 내담자의 반복된 문제행동(상담을 잊고 두 번이나 오지 않음)에 대해서 직면을 시도하였다. 내담자가 상담에 오는 것을 두 번씩이나 잊은 것에 대해서 다루지 않으면 내담자는 반복적으로 상담에 성실히 오지 않을 가능성이 높다. 변화를 시도하는 첫 시작은 내담자가 꾸준히 상담에 오는 것이기 때문에 상담자는 내담자의 상담에 대한 태도, 즉 상담을 어떻게 생각하는지, 어떤 마음으로 상담에 오는지에 대해 직면을 하였다. 다음으로 상담자는 내담자가 게임중독을 인정하지 않지만 현재 내담자의 행동들이 게임중독 증상임을 직면시켰다. 이전에도 부모님이나 주변에서 게임중독이라고 이야기했지만 내담자는 게임중독임을 인정하지 않았는데, 상담자가 비슷한 상황이 현재도 반복되고 있다는 것을 직면시키고 있다. 이러한 직면을 통해 내담자는 자신이 게임중독 상태임을 인정하게 되었고, 자신이 제대로 살고 있지 않다는 생각을 표현하고 있다. 상담자는 여기서 끝내지 않고 상담에 오는 것만으로는 변화되지 않는다는 점을 내담자에게 직면시켰다. 즉, 상담에 와서 자신의 문제를 나열하는 것만으로는 변화될 수 없다는 것이다. 내담자가 게임중독을 인정하고 중독에서 빠져나오기 위한 생각과 행동의 변화를 시도해야 한다는 것을 내담자에게 전달하고 있다. 내담자는 그나마 상담에 오는 것이 변화하려는 노력의 일환이라고 말하고 있다. 물론 상담에 오는 것도 노력일 수 있지만 상담에 오는 것만으로 내담자가 할 일을 다 했다고 생각하면 안 된다. 상담자는 상담에서 자신의 문제를 말하면 해결할 수 있을 거라는 상담에 대한 환상이나 잘못된 인식은 내담자의 변화를 더디게 하거나 방해한다는 것을 인지하고 있어야 한다. 이런 환상에 빠져 있는 내담자들은 자칫 상담의 성과가 없음을 상담자 탓으로 돌릴 수 있다. 상담에서 변화를 만들어 내기 위해서는 내담자의 노력이 절실히 필요하다. 상담자가 아무리 유능해도 내담자가 변화 의지를 갖고 노력하지 않으면 변화는 불가능하다. 내담자의 변화를 위해서는 두 가지 조건이 필요하다. 하나는 내담자가 자기이해를 하고 변화를 시도할 때까지 기다려 주고 실망하지 않고 버텨 주는 상담자의 노력이다. 다른 하나는 내담자가 변화 의지를 갖고 포기하지 않고 변화되기 위해 노력하는 것이다. 이 두 가지 조건이 맞을 때 내담자의 변화가 가능하다. 이런 변화의 원동력은 내담자가 자신의 문제를 이해하고 통찰하는 것이며, 내담자의 통찰을 돕기 위해서 직면기술이 활용되는 것이다. 내담자의 마음을 이해해 주고 공감해 준다는 이유로 직면하지 않는다면 내담자는 자신의 모순이나 불일치한 모습을 변화시키기보다는 위로받고 안심하면서 문제행동을 반복하게 되는 악순환을 경험할 수 있다. 이 사례에서 내담자는 자신이 변화를 시도하지 못하는 이유로 실패에 대한 두려움을 이야기하였다. 이후 상담자는 실패에 대한 두려움이 어떤 의미인지, 실패에 대한 두려움이 언제부터 생긴 것인지 등 실패와 관련된 에피소드를 탐색해야 할 것이다.

상담자 1: 지난주 상담 날짜를 잊어서 2주 만에 얼굴을 보네요.

내담자 1: 네~ 그러게요. 죄송해요.

상담자 2: 상담을 잊은 게 이번이 두 번째인 거 기억하죠? (네.) 죄송하다고 하면서도 반복되는 걸 보니 뭔가 이유가 있을 거라는 생각이 들어요. 상담에 어떤 마음으로 오는지 궁금해요.[직면]

내담자 2: (침묵) 제가 잘못했죠. 죄송해요. 상담이 도움이 되긴 하는데. …… 지난번에 왜 못 왔냐면…… 솔직히 방학하고 나서 계속 게임만 했어요. 밤낮이 바뀌어서 눈을 뜨니 이미 상담시간이 지난 거예요. (한숨) 사실 오늘 처음 밖으로 나온 거예요.

상담자 3: 그럼 보름 동안 게임만 했다는 건가요? (네.) 오늘은 어떻게 잊지 않고 왔네요. (3주씩이나 안 오면 안 되죠.) 방학 동안 어떻게 지낼지 계획을 세운다고 했던 것 같은데…… 방학 동안 무슨 일이 있었는지 좀 더 얘기해 보실래요?

내담자 3: 글쎄요. 사실 계속 게임만 했더니 아무 생각이 없어요. 계획을 세우려고 했던 기억도 안 나고…… 시간 감각도 없고 요일도 모르겠고…… 본능적으로 살았던 것 같아요. 뭔가 뒤죽박죽된 느낌이에요.

상담자 4: 왠지 오늘 상담에 오기 싫었을 것 같은데…….

내담자 4: 싫다기보다는…… 마음이 좀 불편했죠. 할 말도 없고…… 제가 열심히 살지 않았다는 생각이 드니까 부끄럽기도 하고…… 제 상태가 정상은 아닌 것 같아요. 밥 먹고 자는 시간 빼고는 게임만 했어요. 거의 하루 16시간 이상 게임한 것 같아요. 미친 거죠.

상담자 5: 전에도 비슷한 상황에서 본인은 게임중독은 아니라고 했던 것
같은데…… 인정하고 싶지 않겠지만 그 정도면 게임중독 수준
인데…… 어떻게 생각해요?[직면]

내담자 5: (8초 동안 침묵) 사실 부모님이 게임중독이라고 말하면 아니
라고 우겼는데 지금은 왠지 인정해야 할 것 같다는 생각이 들
어서 좀 씁쓸하네요.

상담자 6: 이번엔 어떤 이유에서 인정이 된다는 말인가요?

내담자 6: 정말 폐인처럼 살았거든요. 게임 외에는 아무것도 한 게 없어
요. 방 청소도 한 번도 안 하고 먹은 건 방에 쌓아 두고, 쓰레기
가 가득해요. 아침에 나오려고 준비하는데 방이 너무 더러워
서 제가 봐도 한숨이 나오더라고요. 방에 형광등이 깜빡이는
데 그것도 오늘에야 알았어요. 오면서 선생님께 무슨 말을 해
야 하나 고민이 됐어요. 게임만 해서 할 얘기는 없는데…… 이
런 제 모습을 보니 답답하기도 하고…….

상담자 7: 나도 얘기를 듣는데 한숨이 나오네요. 상담에 와서 말만 한다
고 변하는 것도 아닌데 이렇게 시간을 쓰고 차비를 쓰고 에
너지를 쓰면서 상담에 오는 이유가 뭘까요? 상담에 오는 것
외에 진짜 변화를 위해 어떤 노력을 하고 있는지 모르겠네
요.[직면]

내담자 7: 그나마 상담이라도 안 하면 제가 노력하지 않을 것 같아요. 오
늘 일어나서 겨울 이불도 여름 이불로 바꾸고 오랜만에 방 청
소도 했어요. 하고 나니 개운하기는 하더라고요. 그리고 이렇
게 게임만 하면서 제가 여전히 아무것도 안 하고, 하고 싶은
것만 하면서 살려고 한다는 걸 더 확실히 알게 됐어요. 그래
도 최소한 먹고살 수 있는 준비는 해야 하는데 아무것도 하지
않으려 하는 것 같다는 생각이 들었어요. 어떻게 해야 할지 잘
모르겠어서 좀 더 생각을 해야 할 것 같아요.

상담자 8: 자신이 아무것도 안 하고 싶어 하는 이유도 알고 아무것도 안
하고 있다는 것도 알고 있는데 또 어떻게 해야 할지 생각을 하
겠다고 하네요. 정말 어떻게 해야 할지 몰라서 생각을 하겠다
는 건가요? 이제 생각은 그만하고 행동으로 옮겨야 할 때인
것 같은데…….[직면]

내담자 8: 저는 행동으로 옮기는 것이 어려운 것 같아요. 실은 어떻게 행
동으로 옮겨야 하는지 잘 모르겠어요. 실패가 두려워서인 것
같기도 하고…….

제 14 장

해석

1. 언제/어떻게 해석을 해야 효과적인가?

2. 해석을 위해 필요한 정보는 무엇인가?

3. 내담자가 상담자의 해석을 수용하지 않을 때는 어떻게 해야 하는가?

해석은 내담자가 겪고 있는 문제에 대한 가설로 내담자의 말 속에 담긴 다른 의미를 상담자가 내담자에게 전달해 주는 적극적 상담기술이다(Evans, Heam, Uhlemann, & Jvey, 2000). 상담자는 과거부터 현재까지 내담자가 살아온 경험을 정보로 하여 내담자의 행동방식과 반복되는 주제들, 현재의 문제와 과거 경험 간의 관계, 내담자의 변화를 방해하는 방어와 관계 문제를 보이는 패턴에 대해서 해석함으로써 내담자의 문제해결을 돕는다. 즉, 상담자의 명확하고 정확한 해석을 통해 내담자는 자기이해와 통찰 그리고 자기 감정과 행동에 대한 새로운 관점을 얻게 된다.

해석은 지금까지 내담자가 이해하던 방식과는 다르게 새로운 관점으로 자신의 경험을 이해하도록 돕는것으로 직면기술과 함께 대표적인 도전기술이다. 내담자 입장에서는 지금까지 유지하던 사고의 틀을 새로운 사고의 틀로 바꿔야 한다든지, 자신의 경험에 대한 새로운 의미를 받아들여야 한다는 것이 쉬운 일은 아닐 것이다. 따라서 상담자가 해석을 하기 위해서는 상담자가 내담자를 충분히 이해하고 있다는 것이 전제되어야 하고, 상담자와 내담자 간에 깊은 신뢰감이 있어야 한다. 즉, 해석은 내담자가 생각하지 못했던 자신의 경험에 대한 새로운 생각과 이해를 하도록 도전하는 기법으로, 내담자가 상담자를 신뢰하지 않는다면 상담자의 해석을 수용하기 어려울 것이다. 또한 상담자는 내담자의 경험에 대한 새로운 시각과 과거의 경험이 현재의 사건과 어떻게 연결되는지 등을 해석하기 위해 내담자에 대해 깊이 그리고 다양하게 알고 있어야 한다. 이러한 전제를 가지고 있더라도 상담자는 내담자의 경험을 해석할 때 부담감이 생길 수 있다.

상담자가 해석을 할 때 부담감을 느끼는 것은 자신이 하는 해석이 내담자를 충분히 이해하고 적절하게 한 것인지 확신이 들지 않기 때문이다. 상담자는 자신이 하고자 하는 해석에 확신이 서지 않을 때는 서두르지 말고 내담자에 대한 충분한 정보를 가지고 내담자가 이해가 될 때까지 기다렸다가 해석을 해야 한다. 또한 상담자는 해석이 내담자에게 어떻게 전달되고 내담자가 해석을 어떻게 받아들이는지 살펴보아야 한다. 왜냐하면 단정적 표현은 내담자가 자신이 뭔가 잘못 알고 있었다고 생각하여 위축되거나 상담자에게 공격을 당한다고 생각하게 할 수 있기 때문이다. 따라서 상담자는 확신이 있는 해석을 할 때에도 단정적인 표현보다는 가설적인 표현을 쓰는 것이 좋다. 해석을 받아들일 준비가 된 내담자는 해석된 내용을 자신의 생각으로 바꾸어 다시 한 번 숙고하면서 수용하고, 해석된 내용을 믿고 자신의 삶에 적용하는 과정을 거치면서 변화하고 성장해 나갈 것이다.

해석은 내담자와 충분한 신뢰가 구축되고 상담자가 사례에 대한 전반적인 사례개념화를 한 이후에 사용하는 것이 효과적이다. 이 장에서는 초보상담자들이 해석을 사용하는 데 느끼는 어려움에 대해서 살펴보고 설명하고자 한다. 구체적으로 초보상담자들이 해석과 관련하여 자주 경험하는 어려움은 다음과 같다.

1. 언제/어떻게 해석을 해야 효과적인가?

해석 기법을 사용할 때 상담자는 내담자의 문제를 더 깊이 다룰수 있고, 이를 통해 내담자가 자신을 이해하도록 촉진할 수 있다. 초보상담자가 내담자의 문제에 대한 명확한 이해를 바탕으로 해석을 하는 것은 어려울 수 있다. 그러나 해석은 내담자가 자기이해와 통찰을 하도록 돕는 중요한 기법이기 때문에 상담자는 상담과정중 해석을 사용할 수 있어야 한다.

상담자는 내담자가 현재의 생각, 감정, 행동이 과거 사건과 연관이 있음을 설명할 때, 내담자가 새로운 관점을 갖도록 할 때, 내담자가 하는 말에 내재된 무의식적 욕구를 의식화할 때 등과 같이 내담자가 자신의 감정과 행동 그리고 생각에 대한 통찰이 필요할 때 해석을 사용할 수 있다. 해석을 구체적인 상담 장면에서 어떻게 사용할 수 있는지 사례를 중심으로 살펴보자.

첫째, 내담자가 현재의 생각, 감정, 행동이 내담자가 경험한 과거 사건과 연관이 있음을 설명할 때 해석을 사용한다. 내담자의 현재 문제는 과거의 사건과 연관되어 있다. 상담자가 내담자의 과거와 현재를 연결하는 해석을 할 때 내담자는 그동안 이해되지 않았던 현재의 문제를 이해하고 해결방법을 찾을 수 있게 된다.

다음 사례에서 내담자는 작은어머니의 병문안을 하면서 느꼈던 사촌동생들에 대한 감정이 자신의 과거 미해결된 감정과 관련되어 있음을 알게 되었다. 해석을 통해 내담자는 자신의 현재 감정을 이해하고, 미해결된 과제를 직면하고 있다.

내담자 1: 작은어머니가 갑작스럽게 쓰러지셔서 병원에 다녀왔어요. 친하게 지내지 않았지만 다녀오니 마음이 많이 힘들어요.

상담자 1: 작은어머니가 갑자기 쓰러져서 마음이 쓰이나 보네요. 힘들다는 건 어떤 의미인가요?

내담자 2: 막내 사촌동생을 보는데 그냥 마음이 슬펐어요. 계속 눈물이 났어요.

상담자 2: 사촌동생을 보면서 왜 슬펐는지 얘기해 볼래요?

내담자 3: 병원에 갔는데 아빠가 돌아가셨을 때가 생각났어요. 그때는 제가 사촌동생보다 어렸을 때인 것 같아요. 아빠가 돌아가시고 난 뒤에 모두 힘들어졌어요. 각자 바빠서 서로를 챙기기 어려웠던 것 같아요. 막내 사촌동생이 계속 안됐다는 생각이 들었어요. 근데 제가 왜 계속 슬픈지 모르겠어요.

상담자 3: 아마도 사촌동생에게 ○○ 씨의 힘들었던 어린 시절이 겹쳐 보인 것 같네요. 아버지가 갑자기 사고로 돌아가시고 가족이 모두 바쁜 상황에서 돌봄을 받지 못했던 그때 상황이 떠오른 것 같아요.

내담자 4: 맞아요. 작은어머니가 위중한 상황은 아닌데 사촌동생이 우는 모습을 보면서 어린 시절 힘들었던 제가 떠오른 거 같아요. 아직도 제 마음이 돌봄을 받지 못하고 가족에게서 배려받지 못했던 그때에 멈춰 있는 것 같아요. 슬픔이 남아 있었나 봐요.

둘째, 내담자가 새로운 관점을 갖도록 할 때 해석을 사용할 수 있다. 관계에서 어려움을 보이는 내담자는 상대방에 대한 고정된 사고의 틀을 가지고 있을 때 상대방의 의도를 편협하게 해석할 수 있다. 또한 내담자는 자신의 경험을 한정되고 반복된 사고의 틀로 이해할 것이다. 상담자는 내담자와는 다른 각도에서 내담자의 경험을 이해할 수 있고, 따라서 내담자가 새로운 관점을 가질 수 있는 해석을 할 수 있다. 다음 사례에서는 어머니와 갈등을 보이는 내담자가 상담자에게 지난주에 있었던 에피소드를 이야기하며 자신이 화나는 이유를 설명하고 있다. 상담자가 어머니의 의도를 해석하는 내용을 듣고 내담자는 그 내용을 수용하면서 다른 관점에서 어머니를 볼 수 있게 되었다.

내담자 1: 상담에서 있었던 일을 엄마와 얘기하면서 울었어요. 엄마가 듣더니 갑자기 "내가 너를 잘못 키워서 그래."라고 하시니까…….

상담자 1: "내가 너를 잘못 키워서 그래."라는 엄마의 말을 들었을 때 어땠나요?

내담자 2: 제가 지금까지 했던 노력을 부정당하는 느낌을 받았어요. 변하기 위해서 제가 얼마나 노력하고 있는데 엄마는 알아주지도 않고 제가 잘못한다고만 말하는 것 같았어요.

상담자 2: ○○ 씨가 상담에서 있었던 일을 엄마에게 얘기하는 건 ○○ 씨가 변하기 위해 얼마나 애쓰고 노력하는지를 엄마가 알아주고 인정해 주기를 바라는 마음에서 하는 거였군요.

내담자 3: 네…… 그런데 제가 어떻게 노력하고 있는지 엄마는 알려고 하는 것 같지 않았어요. 오히려 엄마의 말은 제가 실패자라고 말하는 것 같았어요. 엄마가 변명만 하려고 해서 그만하라고 하니까, 저보고 왜 엄마 말을 제대로 듣지 않고 오해하냐고만 해요.

상담자 3: 엄마가 ○○ 씨를 실패자로 보고 ○○ 씨의 노력을 무시한다고 생각하니 화가 났군요. ○○ 씨는 왜 엄마가 하는 말을 끝까지 듣지 않았나요?

내담자 4: 엄마는 사과하지 않을 거예요. 그런 말은 듣고 싶지도 않아요. 그냥 화만 나요.

상담자 4: 엄마가 말한 "내가 너를 잘못 키워서 그래."라는 말을 ○○ 씨는 내가 실패자라고 말하는 것 같다고 했지만 내가 듣기에는 엄마가 ○○ 씨에게 '잘 못해 줘서 미안하다.'라는 이야기를 하는 것처럼 들리기도 해요. 아마도 지금 변하기 위해 ○○ 씨가 애쓰고 노력하는 것을 엄마는 누구보다도 잘 알고 있기 때문에 그동안 잘 못해 준 생각이 들어서 그런 말을 한 것 같은데, ○○ 씨는 어때요?

내담자 5: (눈물) 엄마가 정말 미안하다는 의미로 그런 말을 한 거면 좋겠어요.

셋째, 상담자는 내담자가 하는 말에 내재된 무의식적 욕구를 의식화하기 위해 해석을 사용할 수 있다. 의식화된 말을 통해 내담자는 자신의 욕구와 자기 자신에 대해 폭넓은 이해를 할 수 있을 것이다. 무의식을 의식화하는 해석에는 꿈 해석, 저항 해석, 전이 해석이 있다. 다음은 전이 해석 사례이다.

부부 문제로 상담을 하는 부인이 6세 된 큰아들의 행동에 화가 나서 혼내게 된 상황을 이야기하고 있다. 상담자는 큰아들에 대한 내담자의 화가 과거 남편과의 관계에서 경험했던 일로 인해 남편에게 화났던 상황과 연관되어 있음을 알아차려 내담자에게 해석해 줌으로써 내담자가 두 사건의 연관성을 이해하게 되었고, 아들에 대해 화내는 행동을 멈출 수 있었다.

내담자 1: 아침에 아이 훈육 때문에 남편과 안 좋았어요.

상담자 1: 어떤 일이 있었나요?

내담자 2: 아침에 아이에게 내복을 갈아입혔는데 그 내복은 아이가 좋아하지 않는 거였어요. 그 옷을 입히니까 아이가 옷을 갈아입으려면 젖으면 된다고 생각을 했나 봐요. 아이가 뒤에서 몰래 옷에 물을 쏟는 모습을 봤어요. 그 모습을 보고 너무 화가 나서 아이를 혼내는데 아이가 잘못을 인정하지 않고 자꾸 다른 말을 하려고 하는 거예요. 제가 생각해도 좀 심하게 혼을 냈는데 그걸 남편이 보고 뭐라고는 안 했지만 기분이 안 좋았는지 그 뒤로 말을 하지 않아요.

상담자 2: 남편과 직접적인 갈등이 있었던 건 아니네요. 아이의 행동에서 무엇이 가장 화가 났나요?

내담자 3: 아이들은 종종 거짓말도 하고 엉뚱한 행동을 한다는 것도 알아요. 그런데 아이가 나를 속이고 거짓말을 한다는 거 그리고 아무리 얘기해도 잘못을 인정하지 않는 걸 참을 수가 없었어요.

상담자 3: 아이의 행동을 이해하기는 하지만 ○○ 씨를 속이고 잘못을 인정하지 않는 것 같아 화가 났군요. 신혼 초부터 남편이 ○○ 씨를 속이고 친구들을 만나러 나가고 PC방을 갔으면서도 현장을 들키지 않으면 인정하지 않아 속상하다고 말했던 기억이 나네요. 남편과 있었던 갈등의 내용이 첫째 아이와의 관계에서도 반복되는 것 같은데, 어떠세요?

내담자 4: 그러네요. 큰아이를 보면서 남편이 저를 속이고 자기 하고 싶은 대로 하고, 제 얘기는 들어 주지 않을 때 들었던 감정이 떠오른 것 같아요. …… 남편은 제 편이 아니라는 생각을 했던 것 같아요. 저는 언제까지 속아 주고 이해해 주기만 해야 하는지…… 왜 저만 참아야 하는지 화가 났던 것 같아요.

상담자 4: 그래서 오늘 아침 아이의 행동을 보며 아이가 남편처럼 ○○ 씨를 속이고 ○○ 씨 편이 되지 않을까 봐 불안하고 화도 났군요. 게다가 남편에게는 아직 그때 ○○ 씨가 얼마나 힘들었는지 인정도 받지 못하고 사과도 받지 못했으니 더욱 화가 날 수밖에 없었겠네요.

내담자 5: 남편은 아직도 자기가 뭘 잘못했는지 모르는 것 같아요. 나를 좀 이해해 달라고, 내 편이 되어 달라고 말해도 자기는 이미 그렇게 하고 있다고 말하면서 오히려 화를 내요. …… (눈물) 그런 마음이 풀리지 않으니까 큰아이 행동을 보면서 걱정도 되고 겁도 나서 더 화를 냈던 것 같아요. 이제야 큰아이 행동이 이해되면서 화가 났던 이유를 알 것 같아요.

해석의 과정은 먼저 내담자 말 속의 숨은 내용을 파악하고, 다음으로 이 숨은 메시지를 다른 관점으로 제시하는 두 단계로 이루어진다(Evans et al., 2000). 따라서 상담자는 내담자의 말 속에 담긴 메시지를 먼저 파악해야 한다. 즉, 내담자의 말은 내담자가 의식하지 못하거나 의식하더라도 인정하고 싶지 않은 메시지를 숨길 수 있으므로 상담자는 적극적으로 숨겨진 메시지를 이해해야 한다. 상담자는 자신이 이해한 내담자 말 속에 숨어 있는 메시지를 가설의 형태로 내담자에게 해석해 준다. 이러한 과정을 거치면서 내담자는 자신의 말과 행동, 감정에 대한 통찰을 하고 새로운 관점을 가질 수 있게 된다.

　해석반응을 한 후 상담자는 내담자가 해석 내용에 대해 생각할 시간을 주고, 내담자의 반응을 탐색한다. 내담자는 자신과 자신의 경험 뒤에 숨어 있는 메시지의 해석을 듣고 수용하거나 거절할 수 있다. 상담자는 내담자가 해석 내용을 수용하면 해석과 관련된 주제를 더 깊이 탐색하거나 추가적인 해석을 할 수 있다. 그러나 내담자가 상담자의 해석을 수용하지 않을 때는 내담자가 상담자의 해석에 대해 어떤 생각이나 감정이 드는지 탐색하며 진행한다.

　해석을 전달할 때 상담자는 다양한 언어적 표현을 할 수 있다. 해석은 주로 가설적 표현으로 전달될 수 있다. "○○ 씨는 ~ 때문에 ~하게 행동하는 것 같네요." 또는 "○○ 씨의 ~한 태도는 ~으로 인한 것 같아요."와 같은 가설적 표현은 내담자가 방어하지 않고 자신에 대해서 다시 한번 생각해 볼 수 있도록 한다.

> 상담자: 아무리 해도 부모님을 기쁘게 해 드릴 수 없을 것 같다는 두려움이 ○○ 씨가 공부를 포기하게 된 원인인 것 같네요.

또한 해석은 직접적인 진술로 표현될 수도 있다.

> 상담자: ○○ 씨는 거절을 못하니 항상 바쁘기만 하네요. 남자든 여자든 상관없으니 나한테 관심을 보여 줬으면 좋겠고, 나랑 함께 시간을 보냈으면 좋겠고, 나를 예뻐해 줬으면 좋겠고, 그런 갈구하는 마음들이 다른 사람들의 요구를 거절하지 못하게 하고 있네요.

해석은 질문을 통해서도 표현될 수 있다.

> 상담자: 부모님의 불행한 결혼생활과 그로 인한 이혼이 나에게도 되풀이
> 될까 두려워서 다가오는 이성에게 마음의 문을 못 여는 것은 아
> 닐까요?

상담이 끝나갈 무렵 해석을 해야 할 상황이 생기면 상담자는 내용을 기록해 두었다가 다음 시간에 그 주제를 다루는 것이 좋다. 왜냐하면 해석은 내담자에게 일방적으로 전달하는 것이 아니라 내담자와의 충분한 이야기를 통해 내담자가 상담자의 해석을 수용하거나 거부하는 과정을 거쳐야 하는 충분한 시간이 필요한 기술이기 때문이다. 그러나 상담이 끝날 무렵에 해석을 해야 하는 상황이 반복해서 나타난다면 상담자는 이러한 패턴이 내담자의 저항은 아닌지 고민해 보아야 한다. 그리고 저항이 맞다면 먼저 저항에 대해서 다루어야 한다.

2. 해석을 위해 필요한 정보는 무엇인가?

상담자는 다양한 유형의 해석을 통해 내담자가 자신의 문제에 대한 통찰에 이르도록 돕는다. 상담자는 해석을 하기 위해서 내담자의 과거 경험, 현재 관심, 대인관계 특징, 내담자가 현재 처한 상황 등 내담자 전반에 대한 정보를 통해 내담자를 이해하고 있어야 한다.

예를 들어, 상담자는 내담자가 과거에 중요한 인물에 대해 느꼈

던 감정을 알면 현재 특정한 인물과의 관계에서 나타나는 문제를 이해하고 해석할 수 있다. 즉, 상담자가 과거 의미 있는 대상과의 관계에서 일어났던 내담자의 무의식적 소망과 기대 혹은 좌절 등에 대해 알 때, 내담자가 지금-여기의 대상과의 관계에서 패턴이 반복되고 있다는 것을 통찰하도록 해석할 수 있다. 이러한 전이 해석도 과거와 현재의 인물에 대한 정보를 통해 이루어질 수 있다.

다음은 6세 된 첫째 아들을 보면 참을 수 없이 화가 나서 체벌을 한다는 30대 주부의 사례이다. 둘째 아이는 한없이 예뻐하며 잘 지내지만, 내담자에게 애교도 부리고 안마도 해 주는 첫째 아들은 얼굴만 봐도 왠지 모를 미움이 마음속에서 올라와 잦은 체벌과 언어폭력을 하였다. 내담자는 자신이 엄마로서 문제가 있는 것 같다며 상담실을 찾았다. 상담자는 내담자의 발달사와 결혼생활에 대해 전반적으로 탐색하면서 첫째 아들에 대한 감정이 시아버지에 대한 전이감정이라는 것을 알게 되었다.

내담자 1: 혼자 있으면서 우리 아들에 대해서 생각해 보면 안마도 해 주고 제 앞에서 애교도 부리고 놀고 난 다음에 장난감 정리도 스스로 하고…… 착한 아이라는 생각이 들어요. 그런데 저는 얘만 보면 화가 나고 손이 올라가요. (눈물)

상담자 1: 아이에 대한 감정을 이해할 수 없어 더 답답하고 힘드시겠어요. 아이가 어떨 때 그렇게 화가 나나요?

내담자 2: 아이를 혼낼 때 아이가 저를 쳐다보는 눈빛을 보면 참을 수가 없어요.

상담자 2: 그 눈빛을 보면 떠오르는 것이 있나요?

> 내담자 3: (눈물) 아이의 눈매가 저희 시아버지를 닮았어요. 아이가 저를
> 볼 때마다 시아버지가 저를 보고 있는 것 같아요.
>
> 상담자 3: 그동안 시아버지에 대한 억눌린 감정이 시아버지와 닮은 눈매
> 를 가진 아들을 볼 때마다 되살아나서 시아버지가 아닌 아들
> 에게 화를 내고 있었던 것 같네요. ○○ 씨 생각은 어떤가요?
>
> 내담자 4: 시아버지에 대한 감정이 아들에게 향해 있는 줄 몰랐어요. 우
> 리 아이는 시아버지가 아닌데…….(눈물)

또한 해석을 위해서는 내담자의 가정사, 성장과정, 동기, 생각, 감정, 삶의 패턴 등에 대한 정보가 필요하다. 특히 해석은 과거와 현재를 연관 짓기 때문에 현재 문제와 관련된 내담자의 어린 시절 경험 등 성장과정에 대한 탐색이 중요하다. 다음 사례를 보자. 내담자는 어렸을 때 부모 간의 갈등과 폭력으로 인해 부모로부터 제대로 돌봄을 받지 못하고 눈치 보고 위축되며 외롭게 성장하였다. 이 내담자는 대학을 졸업한 후에 워킹홀리데이, 대학원, 유학 등을 준비한다며 취직하려 하지 않고 있다. 내담자는 자신의 성장과정을 이야기하며 부모가 자신을 잘 돌보지 않아 아직도 부정적 감정이 남아 있다는 것을 확인하였다. 또한 내담자는 폭력적이었던 아버지에게 사과를 요구하였지만 아버지는 전혀 들을 생각을 하지 않아 화가 나 있는 자신을 볼 수 있었다. 상담자는 내담자가 어릴 때 받지 못한 부모의 돌봄을 성인이 된 지금 경제적인 활동을 회피하며 무의식적으로 요구하고 있다고 해석하고 있다. 이후 내담자는 부모가 아닌 자신이 스스로를 돌볼 수 있어야 한다고 성인으로서의 역할을 수용하고 있다.

내담자 1: 아버지는 결과에 대해 인정해 주지 않고 무엇을 하라고만 요구했어요. 학교에서 아이들에게 따돌림을 당할 때도 부모님한테는 얘기할 수 없었어요. 말해 봤자 신경도 쓰지 않고 저만 잘못한 일이 되니까.

상담자 1: 부모님이 ○○ 씨에게 든든한 버팀목이 되지 못했군요.

내담자 2: 부모님이 그러니까 밖으로만 돌았던 거 같아요. 그러면 또 늦게 들어온다고 혼나고 맞고. …… 무책임한 부모님을 생각하면 가끔씩 화가 나요. 지난번에는 너무 화가 나서 아버지한테 "다 아버지 탓이에요. 그러니 나한테 사과하세요."라고 했는데 꿈쩍도 안 하세요. 그러면 저도 아무것도 하기 싫어져요.

상담자 2: 어렸을 때는 부모의 지지나 돌봄이 건강하게 성장하는 데 중요하지요. ○○ 씨는 원하는 만큼의 돌봄이나 지지를 받지는 못했지만 대학도 왔고 이제 스스로 미래를 준비해야 할 성인이 됐는데 아직도 부모에게 받지 못한 사랑에 굶주려 있는 거 같네요. 못 받은 사랑을 받기 위해 부모가 자신을 더 돌봐야 한다고 생각하는 것 같아요. 그래서 성인으로서 지금 해야 할 일을 미루고 지금까지도 부모의 경제력에 의지하는 건 아닌가라는 생각이 듭니다.

내담자 3: 억울했던 것 같아요. 제가 힘들었을 때 부모라는 사람들은 도와주려 하지도 않고. …… 잘하고 싶지 않았어요. 그 사람들이 좋아하는 게 싫었던 것 같아요. (눈물) 부모로서 나에게 아무것도 하지 않았으니 지금이라도 해야 한다고…… 저는 받고 싶었던 거 같아요. 그러다 보니 지금 이 나이에도 아무것도 안 하고 있고 부모님 탓만 하고 있었던 것 같아요. 그게 결국엔 또다시 저를 힘들게 하는 일인 줄도 모르면서……. (눈물)

상담자는 내담자의 현재와 과거 경험이나 성장과정에 대한 정보 뿐 아니라 저항, 꿈, 실수, 반복되는 행동 등에 대한 정보를 탐색하고 해석한다. 예를 들면, 상담 약속을 어기거나, 상담시간에 이유 없이 계속 지각을 하거나, 중요한 이야기를 상담이 거의 끝나는 시점에 꺼내서 중요한 주제를 깊이 다루지 못하게 하는 것과 같이 상담의 진전을 방해하고 상담자에게 협조하지 않으려는 내담자의 무의식적인 행동을 저항이라고 한다. 따라서 상담자는 내담자의 저항을 알아차릴 수 있어야 하며, 내담자도 자신의 저항이 무엇을 의미하는지 이해해야 상담을 통해 도움을 받을 수 있다. 상담실 가까운 곳에 살면서 상담시간마다 15분씩 늦는 내담자가 있었다. 상담자는 상담시간을 지연시키는 것이 내담자의 저항이라고 이해하고 연장시간 없이 50분 상담시간에 맞춰 상담을 끝냈다. 어느 날 내담자가 자기가 하고 싶은 이야기를 하려고 할 때마다 시간이 부족해서 이야기를 마무리하지 못하는 것 같다고 이야기하였다. 상담자는 매 회기에 내담자가 15분씩 늦는다는 것을 직면하였고, 상담자는 그 15분이라면 지금 끊긴 이야기를 충분히 나눌 수 있다고 알려 주었다. 그리고 내담자가 이야기하고 싶지만 깊은 이야기를 하는 것을 무의식적으로 막고 있는 것은 아닌지 해석하였다. 이러한 해석이 있은 다음 회기부터 내담자는 정각에 상담실에 도착하여 상담을 진행할 수 있었다.

내담자에 대한 다양한 자료는 상담자가 내담자를 깊이 이해함으로써 내담자가 자신을 이해하고 수용할 수 있는 해석을 하는 데 도움이 된다. 그러나 무엇보다도 해석을 할 수 있는 풍부한 자료의 원천은 내담자가 이야기하는 내용으로, 효과적인 해석을 하기 위해서 상담자는 내담자의 이야기를 주의 깊게 잘 듣고 이해해야 한다(Hill, 2012).

3. 내담자가 상담자의 해석을 수용하지 않을 때는 어떻게 해야 하는가?

해석은 내담자에 대한 상담자의 관점으로, 내담자는 해석을 받아들이거나 거부할 수 있다. 해석은 직면적 요소가 있어서 내담자에 따라서는 자기이해와 통찰을 하는 데 도움이 됐다고 생각하지만 상담자에게 이해받지 못했다고 생각할 수 있다. 따라서 상담자는 해석한 후 내담자가 해석을 수용했는지 확인해 보는 것이 필요하다. 해석을 한 후 상담자는 내담자에게 "제가 한 말에 대해 어떻게 느끼십니까?" 또는 "○○ 씨는 어떻게 생각하는지 궁금하네요."와 같은 질문을 통해 상담자의 해석이 내담자에게 어떻게 전달되었는지 확인할 수 있다.

해석이 효과적으로 전달되었다면 내담자는 '아하'와 같은 반응을 보이고, 고개를 끄덕인다든지 상담자를 바라보며 긍정적인 비언어적 표현을 전달할 것이다. 또한 해석에 동의하는 내담자는 상담자의 말에 덧붙이거나 통찰한 내용을 말할 것이다. 내담자의 통찰로 새로운 정보가 수집된다면 이때 상담자는 새로운 정보를 바탕으로 다시 재구성된 해석을 할 수도 있다.

그러나 내담자가 해석을 수용하지 않을 수도 있다. 내담자는 상담자의 해석을 이해하지 못할 때, 상담자의 해석이 정확하지 않을 때 그리고 내담자가 들을 준비가 되어 있지 않을 때 상담자의 해석을 수용하기 어렵다. 내담자는 해석을 거부하거나 수용하지 않는다는 것을 언어적·비언어적 표현으로 나타낼 수 있다. 비언어적 표현으로는 상담자의 해석 후 침묵하거나, 고개를 갸우뚱하거나,

상담자와 눈 마주침을 피하는 등의 태도를 보일 수 있다. 언어적으로는 "저는 그렇게 생각하지 않는데요." "선생님 말이 잘 이해되지 않아요." "아닌 것 같은데요."와 같은 부정의 표현을 할 수 있다. 내담자가 해석을 수용하지 않으려 할 때 상담자는 더 해석하려고 노력하기보다는 수용하기 어려워하는 내담자의 반응을 수용하고 더 이야기할 수 있도록 질문하면서 주제를 이어 나간다.

> **상담자:** 지금 나의 말에 동의하지 않는 것 같아 보이네요. ○○ 씨는 나의 말에 대해 어떻게 생각하나요?

내담자가 상담자에게 적대적인 모습을 보이거나 해석에 대한 저항이 클 때 상담자는 그 해석이 정확했는지 검토해 보면서 그 주제를 잠시 접어 두었다가 다시 떠오를 때를 기다리는 게 좋다. 그러나 해석이 정확했다고 확신한다면 해석을 재진술하거나 예를 사용하여 다시 해석해 줄 수 있다. 해석이 정확하지 않다면 상담자는 내담자의 거부를 인정하고 내담자를 더 잘 이해하기 위한 탐색 작업에 들어가야 한다.

> **상담자:** 내가 잘못 이해하고 있었군요. 그럼 ○○ 씨가 남자 어른에게 다가가기 어려운 이유는 무엇일까요?

해석된 내용을 내담자가 저항 없이 수용하기 위해서는 내담자가 해석을 들을 준비가 되어 있어야 한다. 내담자가 자신에 대해 이해하고 통찰한 부분을 언급하기 시작할 때가 바로 상담자가 내담자에게 해석을 시도할 수 있는 시점이라고 생각해도 될 것이다. 해석은 한 번에 내담자에게 수용되어 내담자가 자신을 이해하는 데 도움을 줄 수 있지만 그렇지 않은 경우가 더 많다. 따라서 해석은 내담자가 받아들일 수 있을 때까지 여러 다른 방식으로 자주 반복해서 전달해야 한다.

제**3**부

심리검사 해석

셀프 수퍼비전을 통한 상담기술 훈련

셀프 수퍼비전을 통한 상담기술 훈련

제15장
·············

심리검사 해석 시 상담기술 활용

1. 검사신청 동기나 이유에 대한 질문

2. 해석상담

3. 해석상담 후 궁금한 점, 소감, 느낌 나누기

4. 각 검사별 세부 설명

상담자 교육을 하다 보면 심리검사 해석을 상담과 별개의 활동으로 생각하고 있는 상담자들을 종종 만나게 된다. 상담자들 중에는 검사해석을 단순히 검사결과를 설명해 주는 시간으로 생각하는 경우가 있다. 또한 검사결과를 통보하듯 전달하면 안 된다는 것을 알고 있으면서도 막상 검사결과를 해석할 때 어떻게 해야 할지 모르겠다는 말을 자주 한다. 그래서 이 장에서는 상담자들이 검사결과를 해석하고 활용하는 방법에 대해서 설명하고자 한다.

검사해석경험은 초보상담자들에게 상담기술을 연습할 수 있는 좋은 기회가 된다. 그 이유는 다음과 같다. 첫째, 목적이 분명하다. 내담자가 특정 검사를 실시한 이유를 파악하고 내담자가 궁금해하는 내용을 바탕으로 해석상담을 진행하면 된다. 둘째, 검사에 대해 잘 숙지한 상태에서 검사결과와 관련하여 대화를 나누기 때문에 대화를 이어 가는 데 부담이 크지 않다. 셋째, 내담자의 저항이 작다. 대부분의 내담자는 검사결과에 대해서 신뢰하는 편이다. 그래서 검사결과에 대해서 의문을 갖기보다는 순응한다. 왜냐하면 검사결과가 자신에 대한 객관적인 정보를 준다고 생각하기 때문이다. 넷째, 내담자에 대해서 많은 정보를 탐색하지 않아도 된다. 즉, 검사 해석을 위해 필요한 정보만 탐색하면 된다. 그리고 내담자가 검사결과를 어떻게 지각하고 이해했는지 확인하고 마무리하면 된다. 이 같은 점을 잘 이해한 상담자라면 검사해석 시간을 효과적으로 활용할 수 있을 것이다.

지금부터 검사 실시와 해석을 위해 상담자가 숙지해야 할 내용을 살펴보고자 한다. 우선 검사를 실시하거나 해석할 때 내담자가 검사에 대한 비현실적인 기대를 하지 않도록 검사에 대한 구조화가 필요하다. 즉, 상담자는 검사결과가 내담자의 모든 것을 설명해줄 수 없으며 자기보고식 검사이기 때문에 자기인식 수준이 검사결과에 반영된다는 것을 검사 실시 전에 설명해야 한다. 많은 자기보고식 검사는 자신에 대한 이해 정도가 낮을 경우 명확한 결과를 보여 주지 못할 가능성이 높다. 예를 들어, MBTI, Holland, TCI 등의 검사들은 자기 상태에 대해서 정확히 이해하고 반응해야 검사결과도 명확히 나타난다. 반대로 자신에 대한 이해가 부족한 경우 성격검사나 진로검사에서 유형이 명확히 나타나지 않는다. 따라서 상담자는 내담자들이 검사에 대해 무리한 기대나 의존을 하지 않도록 사전에 검사에서 얻을 수 있는 정보와 검사의 한계를 명확히 설명해야 한다. 대부분의 내담자는 검사결과에 대해서 수용하지만 자신이 원하는 검사결과나 정보를 얻지 못하거나 검사결과가 명확하게 나오지 않아 의사결정에 도움이 안 된다는 생각이 들 경우, 검사결과에 대해서 의심을 하거나 검사가 자신을 제대로 설명하지 못한다고 불만을 표출할 수도 있다. 이 경우 내담자가 검사결과에 대해 불신하거나 불만족한다고 해서 당황하지 말고 내담자가 검사에 대해서 어떤 기대를 했는지 확인하고 검사결과가 설명해 줄 수 있는 내용과 한계를 다시 설명하면 된다. 그리고 검사에 대해 불신하거나 의존하는 태도가 내담자의 문제와 관련된 중요한 정보일 수 있으니 이를 검사해석 시 활용해야 한다.

검사에 대한 구조화가 끝나고 나면 검사를 실시하고 채점을 한후 검사해석을 준비하면 된다. 검사해석이라고 해서 상담과 크게다르지 않다. 검사해석은 1회기로 끝나는 단회상담이라고 생각해도 무방하다. 즉, 검사해석은 1회기 단회상담과 같은 형식을 취하지만 상담의 주제가 검사 내용과 관련된 것이라고 이해하면 된다. 따라서 상담자는 앞 장에서 다룬 상담기술들을 활용하여 내담자에게 검사결과를 전달하고 내담자가 검사결과에 대해 갖는 생각이나 감정을 상담 주제로 다루면 된다.

상담자가 검사결과를 해석하려면 몇 가지 준비가 필요하다. 첫째, 검사 내용을 잘 숙지하고 있어야 한다. 둘째, 획일적인 내용의 검사해석이 아닌 내담자에게 맞는 해석을 할 수 있어야 한다. 마지막으로, 그 내용들을 내담자가 이해할 수 있도록 전달해야 한다. 검사해석을 위해서 상담자에게 우선적으로 요구되는 능력은 실시한 검사에 대해 잘 알고 있어야 한다는 것이다. 내담자들은 상담자를 검사에 대한 전문가라고 믿기 때문에 상담자가 하는 이야기를 여과 없이 받아들일 가능성이 크다. 상담자가 정확한 정보를 제공하기 위해서는 사전에 검사에 대해서 충분히 학습하고 그 내용을 잘 숙지한 상태에서 내담자를 만나야 한다. 예를 들어, MMPI의 타당도척도와 임상척도가 무엇을 측정하는지 정확히 이해하고 각 척도에 대해 내담자에게 구체적으로 설명할 수 있어야 한다. 상담자들은 자신이 잘 알고 있는 검사를 실시하고 해석해야 하며, 새로운 검사를 실시하거나 해석할 때는 실시방법부터 실시 후 해석에 능숙해질 때까지 검사에 대한 교육이나 검사해석 전에 수퍼비전을 받고 해석상담을 할 것을 권한다. 간혹 초보상담자들 중에는 검사해석 후에 수퍼비전을 받는 경우가 있는데, 이 경우 상담자의 실수를 만회할 기회가 없다. 즉, 내담자에게 검사결과를 잘못 설명하거나 과잉해석을 한 경우, 상담을 계속 받는 내담자라면 잘못 전달한 내용을 정정할 수 있지만 검사해석만 받는 내담자는 수정할 수 있는 기회가 없다. 따라서 상담자의 전문성 향상과 내담자 보호를 위해서 수련 중에 있는 상담자일수록 검사해석 전에 수퍼비전을 받고 검사해석을 진행하길 권고한다. 특히 MMPI는 진단용 검사이기 때문에 검사에 대해서 충분히 설명하지 못하면 내담자는 우울증, 강박증, 조현병과 같은 병명만 기억하고 돌아갈 가능성이 크다. 내담자에게 특정 프로파일의 높낮이로 증상을 말하기보다 내담자가 호소하는 문제와 프로파일이 어떻게 연관되는지에 초점을 두고 설명해야 한다.

상담자가 내담자에게 검사상 나타난 수치가 어떤 의미인지 설명하고 내담자가 검사결과에 대해서 어떻게 생각하고 이해했는지 말하는 시간이 검사해석과정에 포함되어야 한다. 검사결과에 대한 통보식 전달이 아니라 내담자의 생각과 느낌, 경험을 탐색하고 함께 이야기를 나누면서 검사해석이 진행되어야 한다. 그래서 상담과 마찬가지로 검사결과 해석과정에서도 내담자와의 라포 형성이 중요하다. 내담자에게 맞춤형 해석을 하기 위해서는 내담자의 자기개방이 필요한데, 처음 본 사람에게 내면의 이야기를 하는 것이 쉽지 않기 때문에 내담자 입장에서 어디까지 이야기를 해야 하는지 고민이 될 수 있다. 이때 상담자는 내담자가 말하기 주저하는 이유를 알고 있고 모든 것을 다 말할 필요는 없지만 검사결과를 이해하기 위해서 내담자가 생각하고 있는 것은 솔직하게 말해야 도움을 받을 수 있다는 점을 설명해 주면 된다.

첫 회기에 라포 형성이 어떻게 가능할까 생각하겠지만, 상담자가 안정적인 말투나 태도를 보이고, 내담자의 어려움을 이해하고 공감할 수 있다는 것을 표현한다면 내담자는 생각보다 편안하게 검사해석에 필요한 정보를 제공할 것이다. 초보상담자들의 경우 라포 형성이라는 이유로 내담자에게 할 이야기도 못하고 내담자가 하고 싶어 하는 이야기도 물어보지 못한 채로 화제를 전환하는 경우가 많은데, 상담실에 온 내담자들은 자신이 평소에 하지 못하는 이야기를 하러 상담실에 온 것이니 내담자가 하고 싶은 이야기를 할 수 있도록 멍석을 깔아 준다면 오히려 라포 형성이 더 잘될 것이다.

한편, 상담자는 검사 활용의 목적이 진단이 아닌 내담자 이해라는 것을 명확히 인지하고 있어야 한다. 내담자 이해를 위해 검사를 활용할 때는 검사해석 결과에 대해서 통보하거나 단순 정보를 제공하는 수준에서 끝나면 안 된다. 예를 들어, "MMPI의 2번 척도가 70 이상이기 때문에 우울증이네요."와 같은 기계적인 정보전달은 지양해야 한다는 것이다. 그렇다면 상담자들은 우울증이 예상되는 내담자에게 검사결과를 어떻게 전달해야 할까? 다음과 같은 질문을 통해 내담자와 상담을 진행할 수 있다.

- 우울감 점수가 70 이상으로 나오면 일반적으로 우울증일 가능성이 높은데 검사결과에 대해서 어떻게 생각하세요?
- 왜 이런 결과가 나온 것 같나요?
- 언제부터 우울하다고 느끼셨나요?
- 본인에게 우울증이 있을 수 있다는 것에 대해서 생각해 본 적 있나요?
- 우울하다는 것을 어떻게 알 수 있나요?
- 우울할 때 어떤 증상들을 경험하나요?
- 본인이 우울하다는 것에 대해 생각하면 어떤가요?(메타인지)

374 제15장 심리검사 해석 시 상담기술 활용

내담자에게 우울증이라는 진단명을 전달하는 것보다 언제부터 우울했는지, 우울할 때 어떤 증상이 나타나는지, 우울 증상이 기능하는 데 어떤 문제를 야기하는지, 왜 지금 우울한지 등에 대해 이해하는 것이 더 중요하다.

검사해석 시 상담자가 꼭 기억해야 할 점은 내담자에게 일방적으로 검사결과를 전달해서는 안 된다는 것이다. 상담자의 일방적인 검사해석은 내담자에게 자기이해를 할 수 있는 기회를 제공하지 못할 뿐 아니라 내담자가 수용하지 않을 경우 검사결과 해석은 오히려 해석상담에 대한 반감이나 저항의 구실이 될 수 있다. 객관화 검사는 자기보고식 검사이기 때문에 내담자가 자기 상태에 대해서 지각하고 보고한 그대로 검사결과에 반영된다. 그럼에도 불구하고 왜 이런 결과가 나왔는지, 증상에 대해서 어떻게 느끼고 있는지, 현재 자신의 상태에 대해서 어떻게 생각하고 있는지 등에 대한 내담자의 생각을 확인해야 한다. 내담자가 자신의 상태에 대해 이해하지 못한 채 검사결과를 일방적으로 전달받는다면 내담자는 자신이 환자 취급당했다고 생각할 수도 있고, 검사결과에 대해서 거부감을 가질 수 있다. 투사검사의 경우에는 해석 시 더욱 조심해야 한다. 내담자 자신도 지각하지 못하거나 인정하고 싶지 않은 내용들을 검사해석에서 다루어야 할 때가 많기 때문이다. 따라서 투사검사 해석일수록 상담자는 정확한 근거에 기반을 둔 가설적인 해석을 해야 하며, 내담자가 그 결과를 어떻게 이해하고 수용하는지 세밀하게 살피면서 검사결과를 이해하기 위한 노력을 함께 해야 한다.

정리하자면, 상담자는 검사결과를 해석할 때 내담자에 대한 기본정보, 수검 태도, 검사결과, 현재 경험하는 어려움이나 고통, 기능 상태 등 전반적인 정보를 모두 종합해서 검사결과를 조심스럽게, 가설적으로 해석해야 한다. 단정적인 단어나 말투의 사용을 지양하고 가설적인 의미로 검사결과를 전달해야 하며, 내담자가 검사결과를 수용하거나 거부하는 내용이나 태도에 따라 전달된 내용을 어떻게 이해하고 해석하는지 탐색해야 한다.

검사해석 시 다루어야 할 세부적인 내용은 다음과 같다.

1. 검사신청 동기나 이유에 대한 질문

검사해석에 앞서 검사를 신청한 동기, 검사를 통해 알고 싶은 내용 등을 탐색해야 한다. 내담자가 검사를 통해 무엇을 알고 싶은지 확인해야 내담자가 원하는 정보 중심으로 검사해석을 진행할 수 있다.

- MMPI를 신청하셨는데 이 검사를 신청한 이유가 있나요?
- 이 검사를 통해서 어떤 점을 알고 싶으세요?
- 이 검사를 통해서 어떤 도움을 받고 싶으세요?

2. 해석상담

앞서 설명했듯이 검사해석은 단회상담이라고 생각하면 된다. 많은 검사를 실시했다고 해서 검사별로 50분씩 시간을 할애할 필요는 없다. 종합심리검사(Full-battery)를 했을 경우에도 종합적인 소견을 바탕으로 결과를 설명한다. 내담자가 궁금해하거나 추가적인 설명이 필요할 때는 몇 가지 검사를 선별해서 설명하면 된다. 만일 한 가지 검사만 실시했다면 시간이 충분하기 때문에 해석상담 시간을 유연하게 활용할 수 있다. 즉, 검사결과에 대한 세부적인 설명과 함께 내담자가 세부 검사결과에 대해서 어떻게 생각하는지 더 깊이 탐색할 수 있는 시간으로 활용하면 된다.

검사신청 이유에 대해서 탐색했다면, 그다음으로 검사결과를 세부적으로 설명한다. 내담자가 실시한 검사에 대한 간단한 안내와 함께 검사결과를 설명한다. 설명하는 중에 궁금한 사항이 있다면 중간에 질문할 수 있음을 안내한다. 검사결과를 설명할 때 내담자가 검사를 신청한 동기와 연관시켜 설명하는 것이 효과적이다.

- 지금부터 검사결과에 대해서 설명을 드리겠습니다.
- 이 자료는 MMPI의 결과입니다.
- 검사결과를 설명드릴 텐데 궁금하신 점이나 질문이 있으시면 중간에 하시면 됩니다.
- 평소 우울감과 무기력감을 느낀다고 하셨는데 그 증상들은 여기 9번 척도 점수와 관련이 있습니다. 9번 척도의 낮은 점수는 우울감과 무기력감, 낮은 에너지 수준을 설명해 줍니다.
- 검사결과에 대해서 설명을 들으셨는데 어떠세요?
- 검사결과에 대해서 궁금한 점이 있으시면 질문하셔도 됩니다.
- 검사결과를 통해서 원하는 정보를 얻으셨는지 궁금하네요.
- 검사결과에 대해서 설명이 더 필요한 부분이 있으면 얘기해 주세요.

3. 해석상담 후 궁금한 점, 소감, 느낌 나누기

검사결과에 대한 해석을 마치고 마무리 단계에서는 상담과 마찬가지로 내담자가 검사해석과정에서 불편감은 없었는지, 검사결과에 대해서 이해했는지, 궁금한 점은 없는지, 향후 어떻게 문제를 해결할 것인지에 대해 다루어야 한다. 이러한 내용을 다루기 위해서 다음과 같은 질문을 할 수 있다. 다음 질문을 통해 내담자가 검사에 대해서 어느 정도 이해하고 수용했는지 파악하고, 향후 내담자가 자신의 문제를 해결하기 위해서 어떤 노력이 필요한지에 대해서 이야기하고 마무리하면 성공적인 검사해석이 될 것이다.

- 검사결과에 대해서 얘기를 나눴는데 어떠신가요?
- 검사결과에 대해서 말씀드렸는데 궁금한 부분이 해결되었는지요?
- 검사결과에 대해서 얘기를 나눴는데 자신에 대해서 새롭게 알게 된 부분이나 이해된 부분이 있는지요?
- 검사결과에 대해서 이해가 안 되거나 궁금한 부분이 있으신지요?
- 혹시 더 얘기를 나눠 보고 싶은 부분이 있으신가요?
- 오늘 인정 욕구가 많다는 것을 처음 알게 됐다고 하셨는데 알고 나니 어떤 마음이 드세요?
- ~에 대해서 더 알고 싶다고 하셨는데 추가 정보를 얻기 위해서는 △△검사를 실시해야 합니다. 원하시면 추가검사를 안내해 드리겠습니다.
- 인정 욕구와 관련된 문제에 대해 도움받고 싶으시다면 상담을 받을 수 있도록 안내해 드리겠습니다.

4. 각 검사별 세부 설명

1) 다면적 인성검사(MMPI) 결과에 대한 설명

MMPI 결과를 설명할 때는 다음의 순서로 진행한다.

(1) MMPI가 무엇을 측정하는 검사인지 안내한다

MMPI가 어떤 목적으로 사용하는 검사인지를 간단히 설명하고 검사 수치를 이해하기 위한 기준점에 대해서 설명한다. 예를 들어 다음과 같이 설명할 수 있다.

> "이 검사는 우울이나 불안과 같은 심리 상태를 측정하고 병원에서는 진단용 검사로 활용합니다. 점수로 심각성 수준을 파악할 수 있는데 정상범위는 30~70점입니다. 일반인들을 대상으로 할 때는 30~65점을 기준점으로 보기도 합니다."

(2) 타당도척도와 임상척도를 설명한다

MMPI의 타당도척도와 임상척도에서 유의하게 높거나 낮은 척도를 중심으로 설명한다. 타당도척도 분석을 통해 내담자의 방어수준과 도움 요청 상태를 파악한다. 임상척도에서는 유의하게 상승한 척도(65점 이상)를 중심으로 높은 점수의 의미를 설명한다. 높게 상승한 척도와 내담자가 호소하는 증상, 어려움이 일치할 때는 상승척도 중심으로 해석하면 되지만, 내담자가 호소하는 문제와 상승척도가 불일치할 때는 상담자가 불일치에 대해서 탐색해야 한다. 예를 들어, 내담자가 우울과 불안을 과도하게 호소하는데 MMPI 프로파일에서는 2, 7번 프로파일이 정상 수준이거나 낮게 나타난 경우, 반대로 특별히 문제가 없다고 지각하는데 프로파일은 65점 이상으로 높게 뜬 경우 상담자는 실제보다 증상을 심각하게 지각하는 것인지, 아니면 증상이 만성화되어서 내담자가 불편감을 못 느끼는 것인지 등을 탐색해야 한다. 이 같은 과정을 통해 내담자가 자신의 증상을 이해할 수 있을 때 자기인식의 확장과 함께 문제를 해결하기 위한 노력을 시작할 수 있다.

〈MMPI 해석의 예〉

상담자 1: MMPI를 하셨는데 이 검사를 하신 이유가 있으세요?[개방형 질문]

내담자 1: 최근에 스트레스를 많이 받아서 그런지 우울증이 점점 더 심해지는 것 같아서요. 증상을 얘기했더니 이 검사를 추천해 주셨어요.

상담자 2: 네~ 우울증이 심해진다는 생각이 들어서 검사를 신청하셨군요.[재진술] 우울증과 관련하여 검사를 받은 것은 이번이 처음이신가요?[폐쇄형 질문]

내담자 2: 네~ 이전에도 우울증이 올 때가 있긴 했는데 검사를 받은 건 처음이에요.

상담자 3: 그럼 이번 우울증은 다른 때보다 좀 더 심하다는 생각이 드신 건가요?[폐쇄형 질문]

내담자 3: 네~ 아무것도 하기 싫어지고 잠도 좀 많아지는 것 같고…… 요즘 식욕 조절도 잘 안 되는 것 같아요. 집에서 먹기만 하는 것 같아서요.

상담자 4: 그렇군요. 증상이 지속된 지는 얼마나 됐나요?[개방형 질문]

내담자 4: 한 2주 정도 된 것 같아요.

상담자 5: 최근에 우울증이 생길 만한 일이 있었나요?[폐쇄형 질문]

내담자 5: 최근에 남친과 헤어지긴 했는데…… 한 달 정도 됐어요. 남친
과 헤어진 게 우울증의 원인일 수도 있을까요? 시간이 지나서
괜찮아질 거라 생각했는데…….

상담자 6: 남친과의 이별이 우울증의 원인이 될 수도 있어요. 그렇지만
남친과의 이별이 ○○ 씨를 우울하게 만든 이유인지는 좀 더
얘기를 해 봐야 알 수 있을 것 같네요. 우선 검사결과에 대한
설명 먼저 들으시고 남친 얘기를 좀 더 해 보죠. 설명 들으면
서 궁금한 부분이 있으시면 얘기해 주세요. 먼저 이 앞부분에
있는 건 타당도척도의 결과인데, 검사를 얼마나 솔직하게 했
는지, 검사결과를 신뢰해도 되는지를 설명하는 것이에요. 결
론적으로 ○○ 씨가 검사에 솔직하게 임하신 것으로 나타났어
요. 30~70 사이에 있는 그래프는 정상범위에 있음을 보여 주
는 거예요. 타당도척도 중에 F척도는 심리적 불편감을 말하는
데, 프로파일 모양(L-F-K 척도)으로 보니 현재 스트레스로
힘들어서 도움을 요청하는 상태로 나타났네요. 혼자 힘으로
해결할 수 없으니 도움이 필요하다는 의미의 프로파일이 나타
났어요. 실제로 도움이 필요한 상태라고 생각하세요?[정보제
공/폐쇄형 질문]

내담자 6: 네~ 이전과 다르게 제가 저를 그냥 방치하는 것 같은 느낌이
이번에는 좀 심하게 들었어요. 혼자서는 해결하기 어려울 것
같다는 생각이 들어서 검사라도 받아 볼까 하고 신청한 거예
요. 이 정도면 심각한 건가요?

상담자 7: 타당도척도는 심리적 불편감이 어느 정도이고 스스로 문제를
해결할 힘이 있는지 정도만 볼 수 있고, 증상의 심각도를 알

고 싶으면 뒤에 있는 10개의 척도를 봐야 해요. 이 척도들도 30~70 사이에 있으면 정상범위라고 볼 수 있어요. 그런데 일반인 기준으로 65점 이상일 때 의미 있게 해석하기도 해요. 우울증을 궁금해하시니까 우울증을 설명하는 2번과 9번 척도 점수를 먼저 살펴볼게요. 2번 척도는 65점이고 9번 척도는 35점이네요. 2번 척도는 우리가 말하는 우울증을 보는 척도인데 임상적으로 의미 있는 수준의 점수로 나타났네요. 9번 척도는 에너지 수준이나 무기력감을 나타내는데 35점이네요. 대학생 수준으로 35점은 낮은 점수에 속해요. 다른 사람과 동일한 활동을 해도 쉽게 지치고 무기력해지고 의욕이 없고 우울감을 느끼게 되지요. 심한 경우 주기적으로 우울감을 경험하기도 해요. 지금까지 한 설명에 대해서 어떻게 생각하세요?[정보제공/개방형 질문]

내담자 7: 네~ 비슷한 것 같아요. 제가 좀 쉽게 지치거든요. 제가 몸이 허해서 그런 거 아닌가 하고 생각을 했어요. 이전엔 안 그랬는데. …… 그리고 지금은 전보다 몸무게도 늘고 그랬는데 몸은 오히려 더 쉽게 지쳐서 이상하다 생각했어요. 그리고 기분이 좋았다 나빴다 하기도 하는데…… 이것도 우울증의 증상인가요?

상담자 8: 주기적으로 기분의 고저가 느껴진다면 우울 증상으로 볼 수 있어요.[정보제공] 최근 증상에 대해서 좀 더 얘기해 주세요. 몸무게는 얼마나 늘었는지, 수면시간은 얼마나 되는지, 식욕은 어느 정도인지요.[명료화 질문]

내담자 8: 2주 만에 몸무게를 쟀는데 3kg 정도 늘은 것 같아요. 잠은 하루에 10시간 이상 자는 것 같고, 식욕은 예전에 하루 두 끼 정도 먹었는데 요즘은 배가 안 고파도 먹을 것을 찾아요. 간식을 많이 먹는 것 같아요. 이전보다 먹는 양이 많이 늘었어요.

상담자 9: 남친과 헤어진 후 ○○ 씨 생활에 변화가 생긴 것 같은데……
남친과의 이별이 자기관리가 힘들어질 만큼 큰 영향을 미친
것 같네요.[간접질문]

내담자 9: (8초 동안 침묵, 눈물) 네~ 사실 남친과 헤어질 것에 대한 예측
을 전혀 못하고 있었는데 갑자기 헤어지자고 해서 너무 충격
이었어요. 버려진 느낌이라고 할까…… 제가 너무 하찮게 느
껴져서. …… 사실 너무 살기 싫어요.

상담자 10: 살고 싶지 않을 정도로 남친과의 이별이 충격이었나 보네
요.[재진술] 얘기를 들으니 우울할 수밖에 없을 것 같아요.[감
정반영] 남친이 왜 갑자기 이별을 통보했는지 그 이유는 알고
있나요?[폐쇄형 질문]

내담자 10: 사실 그것 때문에 더 힘든데…… 남친이 헤어지는 이유를 설
명하지 않았어요. 그냥 미안하다면서 헤어지자고 해서 너무
답답하고…… 제가 할 수 있는 게 없다는 것이 저를 더 힘들게
하는 것 같아요.

상담자 11: 이별을 통보받는 입장에서 이유도 모르고 헤어지게 되면 온갖
상상을 하게 될 텐데…… ○○ 씨가 생각하기에 남친의 이별
통보 이유는 뭐라고 생각하세요?[개방형 질문]

내담자 11: 사실 이전에도 남친과 헤어진 적이 몇 번 있는데 그때도 우울
하긴 했어요. 그런데 이번처럼 힘든 건 처음인 것 같아요. 이
전에 남친들과 헤어질 때 남친들이 저한테 의존적이라고, 혼
자 알아서 하는 게 별로 없는 것 같다고 했어요. 그래서 그 문
제를 해결하려고 노력했고, 이 사람을 만나면서는 제가 더 신
경을 썼거든요. 제가 많이 노력했는데도 이렇게 되니까 나란
사람은 안 바뀌나 보다라는 생각도 들고…… 그냥 제가 한심
하게 느껴져요.

상담자 12: 이전 남친들한테 의존적이라는 말을 듣고 이번 남친한테는

의존적이지 않으려고 노력했는데 결국 헤어지게 돼서 더 좌절하는 것 같네요. 그런데 이번 남친도 ○○ 씨가 의존적이어서 헤어진다고 한 건가요? (아니요.) 그럼 다른 이유로 헤어졌을 수도 있는데 안 바뀐다고 생각해서 좌절하는 건 무엇 때문인가요?[감정반영/개방형 질문]

내담자 12: 그렇긴 한데 이번 남친과는 좀 오래갈 거라는 기대를 했던 것 같아요. 제가 노력도 했고…… 남친도 저를 좋아해 주는 것 같아서…… 그런데 이유도 설명하지 않고 헤어지자고 하니 결국 제 문제라는 생각이 드는 것 같아요. 저는 왜 남친과 헤어지면 저에게 문제가 있다는 생각을 더 하게 되는지 모르겠어요. 제가 별로여서 저를 버린다는 생각이 들어요. 제가 잘났다면 저한테 이렇게 함부로 하지 않을 텐데…… 제가 맘에 안 드니까 헤어지자고 하는 것 같아요. 다른 사람들도 헤어질 때 이런 느낌인지 모르겠는데…… 저는 다른 사람과 헤어지는 게 너무 힘들어요.

상담자 13: 남녀관계에서 사귀다 헤어질 수도 있는데…… 이별하는 걸 내가 버려진 것으로 생각하게 되면 너무 힘들 것 같아요. 스스로 본인이 잘나지 않았다고, 매력적이지 않다고 생각하나요?[감정반영/폐쇄형 질문]

내담자 13: 그런 부분이 있죠. 저는 거울을 안 볼 정도로 제 얼굴을 싫어해요. 제 얼굴을 보는 게 싫어요. 어릴 때부터 저한테 불만이 많았던 것 같아요. 얼굴도 못생겼고 잘하는 것도 없고 그렇다고 집안이 좋은 것도 아니고. …… 그래서 전 저를 좋아하는 사람들을 만났어요. 제가 좋아하는 사람보다…… 저를 좋아해 주는 게 고마워서…….

…… 〈중략〉 ……

상담자 70: 지금까지 검사결과에 대해서 함께 얘기를 나눴는데 어떠신

지요?[개방형 질문]

내담자 70: 저는 괜찮다고 생각하고 싶었지만 남친과 헤어진 것이 제게

는 힘든 일이었던 것 같아요. 상담을 받아 보면 좀 나아질까

요? 약을 먹고 싶지는 않은데…….

상담자 71: 현재보다 기능 수준이 더 떨어지고 일상생활의 불편감이 한

달 이상 지속되면 약물을 복용해야 할 수도 있어요. 지금 혼자

변화를 시도하기 어렵다는 생각이 들면 상담을 통해 도움을

받으셔도 좋을 것 같아요. 상담을 원하신다면 상담을 받을 수

있도록 도와드릴 수 있어요. 생각해 보고 말씀해 주세요.[정보

제공/제안]

2) 문장완성검사(SCT) 결과에 대한 설명

SCT는 개별적으로 활용하기보다 MMPI와 함께 실시하고 해석하
는 경우가 많다. 따라서 SCT를 MMPI와 함께 실시했다면 검사해석
도 함께하는 것이 효율적이다. 두 검사에서 내담자에 대한 유사한
특성들이 나타나거나 내담자의 현재 증상이나 어려움을 이해할 수
있는 정보들을 중심으로 탐색하고 해석하면 된다. SCT의 내용들은
내담자에 대한 많은 정보를 담고 있어 상담에서도 유용하게 활용
되는 검사이므로 상담자는 SCT 내용을 잘 숙지할 필요가 있다.

SCT 결과를 설명할 때는 다음의 순서로 진행한다.

(1) SCT가 무엇을 측정하는 검사인지 안내한다

SCT에 대해서 간단히 설명하고 내담자가 기술한 내용을 중심으로 결과를 설명한다. 예를 들어 다음과 같이 설명할 수 있다.

> "이 검사는 가족, 대인관계, 성적인 부분, 자기개념 등에 대한 ○○ 씨의 생각이나 태도를 알아보기 위한 검사입니다. 각 영역에 대해 ○○ 씨가 작성한 내용을 바탕으로 자기에 대한 지각이나 인간관계에서 공통적으로 경험하는 생각, 감정, 대처방법 등에 대해서 얘기를 나눠 보도록 하겠습니다. 그리고 완성한 문장 중에서 궁금한 내용은 제가 추가적인 질문을 하겠습니다."

(2) 내담자가 반응한 내용 중 내담자의 특성을 잘 드러내거나 좀 더 탐색이 필요한 내용 중심으로 해석하고 의미를 확인한다

앞선 사례에서 MMPI를 실시한 결과, 내담자는 우울감과 무기력감, 대인관계에서의 불편감을 경험하는 것으로 판단된다. MMPI 결과와 동일하게 SCT를 통해서도 내담자가 호소하는 증상이나 대인관계 불편감의 내용을 탐색할 수 있다. 다음에 SCT 결과를 정리한 내용이 제시되어 있다. 내담자가 반응한 내용 중 두려움에 대한 태도와 죄책감에 대한 태도에서 좀 더 탐색할 만한 내용을 찾아보자. 만약 당신이 상담자라면 몇 번 문항에 대한 탐색을 시도할 것인가?

⑨ 두려움에 대한 태도	5. 어리석게도 내가 두려워하는 것은 <u>사람이다.</u> 21. 다른 친구들이 모르는 나만의 두려움은 <u>밤에 혼자 자는</u> <u>것이다.</u> 40. 내가 잊고 싶은 두려움은 <u>헤어진 남친에 대한 기억이다.</u> 43. 때때로 두려운 생각이 나를 휩쌀 때 <u>생각을 안 하려고 애</u> <u>쓴다.</u>
⑩ 죄책감에 대한 태도	14. 무슨 일을 해서라도 잊고 싶은 것은 <u>무리에 잘 섞이지 못</u> <u>하고 겉돌았던 기억들이다.</u> 17. 어렸을 때 잘못했다고 느끼는 것은 <u>지금 후회해 봐야 소</u> <u>용없다.</u> 27. 내가 저지른 가장 큰 잘못은 <u>솔직하지 않은 것이다.</u> 46. 무엇보다도 좋지 않다고 여기는 것은 <u>버릇없는 행동이다.</u>

5번 문항에서 내담자가 두려워하는 것은 사람이라고 응답하였다. 이는 내담자의 0번 척도가 높은 것과 관련 있는 반응이다. 상담자는 5번 문항의 반응에 대해서 탐색을 시도해 볼 가치가 있다. 상담자는 다음과 같은 질문을 통해 내담자가 언제부터, 어떤 일로 인해 사람을 두려워하기 시작했는지 탐색할 수 있을 것이다.

- 5번 문항에서 두려워하는 것이 사람이라고 했는데 좀 더 설명해 주시겠어요?
- 5번 문항에서 사람이 두렵다고 했는데 언제부터 그랬는지 설명해 주시겠어요?
- 5번 문항에서 사람이 두렵다고 했는데 구체적으로 떠오르는 사람이 있나요?

또한 내담자가 남친과 헤어진 것이 우울 증상과 관련이 있다는 것을 MMPI 해석 시 보고한 바 있는데, SCT의 40번 문항에서도 내담자는 헤어진 남친에 대한 기억을 잊고 싶다고 하였다. 이 같이 검사 해석과정에서 내담자가 일관성 있게, 반복적으로 이야기하는 대상이나 내용을 잘 탐색하다 보면 내담자가 어떤 문제로 심리적 어려움을 경험하고 있는지를 좀 더 명확히 할 수 있다. SCT는 내담자에 대한 풍부한 정보를 제공해 주는 검사이기 때문에 상담자는 상담초기에 이 검사를 면밀히 검토하고 상담에 활용할 수 있어야 한다.

〈SCT 해석의 예〉

상담자 1: SCT 결과를 살펴볼게요. (네.) 어떤 내용들을 썼는지 기억이 나세요?[개방형 질문]

내담자 1: 아니요. 그때 생각나는 대로 쓰라고 해서 뭐라고 썼는지 잘 기억이 안 나는데…….

상담자 2: 네~ 괜찮아요. 같이 보면서 얘기 나누면 돼요. 우선 몇 가지 문항에 궁금한 내용이 있어서 질문을 하고 싶은데…… 왜 그렇게 썼는지 설명을 해 주시면 돼요. 여기 5번 문항에서 두려워하는 것이 사람이라고 했는데…….[간접질문]

내담자 2: 아~ 제가 그렇게 썼네요. 왜 그렇게 썼는지 기억이 잘 나지 않는데 아마…….

상담자 3: MMPI에서도 0번 척도가 높게 나와서 사람들을 불편해하거나 회피할 수 있다고 얘기를 했는데 SCT에서도 사람들이 두렵다고 적으셨네요. 사람이 두렵다는 것이 어떤 의미인지 좀 더 구체적으로 설명해 주실래요?[명료화 질문]

내담자 3: 음…… 사람이 불편해진 건 어릴 때부터인 걸로 기억하는 데…… 또래들과 잘 어울리지 못했어요. 초등학교 때 이사를 많이 다녀서 그런지 친구들과 사귀는 것보다 헤어지는 것이 더 익숙해요. 사람에 대한 두려움은 중학교 때 왕따를 당하면서부터 심해진 것 같고…… 그 뒤로 좀 괜찮았다가 남친과 헤어지면서 사람에 대한 불편감이 다시 올라오는 것 같아요.

상담자 4: 사람에 대한 불편감이 최근에 경험한 문제가 아니었네요.[요약] (네.) 중학교 때 왕따를 당한 경험에 대해서 좀 더 얘기해 볼 수 있을까요?[개방형 질문]

내담자 4: 그때 무엇 때문에 왕따를 당했는지 사실 아직도 그 이유를 잘 몰라요. 그때 친한 친구가 저를 왕따시켜서 사실 그게 저한테는 더 충격이었어요. 친한 친구가 왕따 주동자가 돼서…… 그래서 사람을 믿으면 안 되는구나라는 생각이 들었던 것 같아요.

상담자 5: 친한 친구가 왕따를 주동하다니…… 충격이었겠네요.[감정반영] 그때 많이 힘들었을 것 같은데 어떻게 견뎠어요?[개방형 질문]

내담자 5: 그냥 학교에 가기 싫다고 맨날 울었던 것 같아요. 학교에 가면 하루 종일 말을 안 하고 혼자 있으니까…… 쉬는 시간에 엎드려 있거나 화장실에 가거나 하고…… 아무튼 학교에 가는 게 너무 싫어서 엄마한테 자퇴하겠다고 얘기를 했어요.

상담자 6: 엄마는 ○○ 씨가 왕따를 당하고 있다는 것을 알고 계셨나요?[폐쇄형 질문]

내담자 6: 아니요. 처음엔 엄마한테 얘기를 하지 않았어요. 얘기를 하면 저보다 더 걱정을 하시니까…… 나중에는 제가 너무 힘들어서 자퇴하겠다고 얘기를 하다가 엄마가 이유를 물어서 왕따 얘기를 하게 됐죠. 그래서 엄마가 전학을 시켜 줬어요.

······〈중략〉······

상담자 45: 40번에서 헤어진 남친에 대한 기억이 두렵다고 했는데······
그리고 MMPI 해석을 할 때도 남친과 헤어져서 우울한 것 같
다고 얘기했어요. 남친과는 헤어질 거라는 생각을 안 한 상태
에서 갑자기 헤어지게 된 건가요?[폐쇄형 질문]

내담자 45: 네~ 전 남친과 잘 지낸다고 생각했는데 남친이 갑자기 헤어
지자고 해서 너무 놀랐어요. 그래서 제가 뭘 잘못했나 싶어서
너무 힘들었어요.

상담자 46: ○○ 씨가 잘못해서 헤어진 거라는 생각을 하면 정말 마음이
힘들 것 같네요.[감정반영] 그럼 남친에 대한 어떤 기억을 잊
고 싶으세요?[개방형 질문]

내담자 46: 그냥 모두 다요. 지금도 남친 얘기를 하니까 별로 말하고 싶
지 않긴 한데······ 아무런 이유 없이 헤어지자고 하니 너무 화
도 나고, 내가 그렇게 매력이 없는 사람인가라는 생각도 들
고······ 버림받는 느낌을 갖게 하는 게 너무 싫어요.

상담자 47: 남친이 이유도 설명하지 않고 헤어지자고 하니 ○○ 씨 입장
에서는 답답하기도 하고 화도 날 것 같아요. 남친과의 이별이
우울의 원인이라는 생각을 하니 어떠세요?[감정반영/개방형
질문]

내담자 47: 화나죠. 계속 이렇게 살아야 하나라는 생각도 들어요.

상담자 48: 계속 이렇게 살아야 하나라는 말이 무슨 의미인가요?[명료
화 질문]

내담자 48: 그냥 살고 싶지 않다는 생각을 몇 번 했어요. 시도는 하지 않
았지만······.

상담자 49: 자살에 대한 생각을 했다는 얘기네요. 자실시도는 하지 않
지만?[폐쇄형 질문]

내담자 49: 네~ 생각만…….

상담자 50: 가장 최근에 자살에 대해서 생각한 건 언제인가요?[폐쇄형 질문]

내담자 50: 상담실에 검사 신청하기 바로 전이에요. 이러다가 진짜 죽을 것 같아서…….

상담자 51: 자살계획을 구체적으로 세운 건가요?[폐쇄형 질문]

내담자 51: 아니요. 그렇게까지는 아니고…… 그냥 차에 뛰어들까 정도 로…… 충동적으로만…… 생각했어요.

상담자 52: 자살까지 생각할 만큼 남친과의 이별이 ○○ 씨에게는 힘든 문제였네요. 오늘 검사해석을 받았는데…… 어때요?[감정반 영/개방형 질문]

내담자 52: 뭔가 이해받는 느낌도 들어서 좋긴 했는데…… 제가 남친 때 문에 우울하고 자살까지 생각했다니 화도 나고 제가 너무 한 심하게 느껴지네요. 어떻게 하면 제가 나아질 수 있을까요?

상담자 53: 이별에 대한 상실감으로 우울한 건 자연스러운 감정이에요. 다만 지금 자살을 생각할 정도로 스트레스가 크기 때문에 상 담을 받는 것도 좋을 것 같아요.[정보제공/제안]

내담자 53: 저도 그러는 게 좋을 것 같아요. 제가 왜 이러는지 내가 나를 이해하지 못하니 너무 답답해요. 상담을 어떻게 신청하면 되 나요?

……〈후략〉……

🌿🌳 참고문헌

강진령(2016). 상담연습: 치료적 의사소통 기술. 서울: 학지사.

윤정숙, 유성경, 홍세희(2012). 상담초기 작업동맹과 상담성과 사이의 자기회귀 교차지연 효과 검증. 상담학연구, 13(4), 1903-1919.

이수현, 서영석, 김동민(2007). 상담자 활동 자기효능감 척도 국내 타당화 연구. 한국심리학회지: 상담 및 심리치료, 19(3), 655-673.

전용오(2000). 대학상담에서 상담자-내담자 동맹관계와 상담성과 간의 연계적 관계. 서울대학교 대학원 박사학위논문.

천성문, 차명정, 이형미, 류은영, 정은미, 김세경, 이영순(2015). 상담입문자를 위한 상담기법연습. 서울: 학지사.

Colby, K. M. (1992). 정신치료 어떻게 하는 것인가 (*A primer for psychotherapists*). (이근후 역). 서울: 하나의학사. (원저는 1951년에 출판).

Cormier, S., & Hackney, H. (2007). 심리상담의 전략과 기법: 상담연습을 중심으로(제6판) [*Counseling strategies and interventions* (6th ed.)]. (김윤주, 임성문, 이주성, 최국환, 안형근, 육성필 공역). 서울: 시그마프레스. (원저는 2004년에 출판).

Egan, G. (1997). 유능한 상담자 [*The skilled helper* (5th ed.)]. (제석봉, 유계식, 박은영 공역). 서울: 학지사. (원저는 1994년에 출판).

Evans, D. R., Heam, M. T., Uhlemann, M. R., & Jvey, A. E. (2000). 상담의 필수기술: 효과적 의사소통을 위한 사례중심 접근법 (*Essential* interviewing: A programmed approach to effective communication). (성숙진 역). 서울: 나남출판. (원저는 1998년에 출판).

Hill, C. E. (2004). Helping skill: Facilitating exploration, insight, and action (2nd ed.). Washington, DC: American Psychological Association.

Hill, C. E. (2012). 상담의 기술: 탐색-통찰-실행의 과정 [Helping skill: Facilitating exploration, insight, and action (3rd ed.)]. (주은선 역). 서울: 학지사. (원저는 2009년에 출판).

Hill, C. E., & O'Brien, K. M. (2001). 상담의 기술 (Helping skills: Facilitating exploration, insight, and action). (주은선 역). 서울: 학지사. (원저는 1999년에 출판).

Kiesler, D. J. (1988). Therapeutic metacommunication: Therapist impact disclosure as feedback in psychotherapy. Palo Alto, CA: Consulting Psychologist Press.

Mann, J. (1973). Time-limited psychotherapy. Cambridge, MA: Harvard University Press.

Sperry, L., & Sperry, J. (2015). 상담실무자를 위한 사례개념화 이해와 실제 [Case conceptualization: Mastering this competency with ease and confidence]. (이명우 역). 서울: 학지사. (원저는 2012년에 출판)

Yalom, I. D. (1993). 집단정신치료의 이론과 실제 [(The) Theory and practice of group psychotherapy]. (최혜림, 장성숙 공역). 서울: 하나의학사. (원저는 1970년에 출판).

찾아보기

인명

ㄱ
강진령 211

ㅈ
전용오 86

C
Colby, K. M. 61

E
Egan, G. 107
Evans, D. R. 347, 354

H
Heam, M. T. 347
Hill, C. E. 188, 211, 281, 299, 360

J
Jvey, A. E. 347

K
Kiesler, D. J. 299

M
Mann, J. 93

O
O'Brien, K. M. 188, 211

S
Sperry, J. 30
Sperry, L. 30

U
Uhlemann, M. R. 347

Y
Yalom, I. D. 263

내용

저자 소개

이수현(Lee, Su-Hyun)

세종대학교 교육학과 졸업

숙명여자대학교 대학원 교육학과 상담 · 교육심리전공 석사 · 박사 졸업

숙명여자대학교 학생생활상담소 인턴, 레지던트 수료

전   연세대학교 의과대학 의학교육학과 기초연구조교수

　　건국대학교 종합상담센터 전임상담원

　　가톨릭대학교 학생생활상담소 책임연구원

현   중앙대학교 학생생활상담센터 전문상담원

　　중앙대학교 대학원 시간강사

〈주요 저 · 역서〉

심리검사와 상담(2판, 공저, 학지사, 2019)

예비의사를 위한 진로선택 가이드북(2판, 공저, 군자출판사, 2014)

상담과 심리치료란 무엇인가(공역, 학지사, 2013)

〈주요 논문〉

의과대학생의 학업적 자기효능감과 학업 소진의 관계(공동, 한국의학교육, 2015)

학업소진(MBI-SS) 척도 국내 타당화 연구: 의대생 대상으로(공동, 아시아교육연구, 2013)

수퍼비전 작업동맹척도(WAI-T) 요인구조 탐색(공동, 아시아교육연구, 2011)

수퍼비전 기대척도 개발 및 타당화(공동, 한국심리학회지: 상담 및 심리치료, 2009)

상담자 활동 자기효능감 척도 국내 타당화 연구(공동, 한국심리학회지: 상담 및 심리치료, 2007)

상담자의 애착유형과 상담경험이 공감능력에 미치는 영향(공동, 한국심리학회지: 상담 및 심리치료, 2006) 외 다수

최인화(Choi, In-Hwa)
- - - - - - - - - - - - - - - - - -

성신여자대학교 법학과 졸업
홍익대학교 대학원 교육학과 상담심리전공 석사 · 박사 졸업
숙명여자대학교 학생상담센터 인턴 수료
전 화성시청소년상담센터 상담부장
    아주대학교 학생상담센터 특임상담원(수퍼바이저)
현 서울필심리상담연구소 소장
    아주대학교 교육대학원 및 한신대학교 교육대학원 겸임교수

〈주요 저 · 역서〉
진로상담의 이론과 실제(공역, 아카데미프레스, 2017)
자기개발과 진로설계(공저, 학지사, 2015)
진로 상담과 서비스: 인지적 정보처리 이론과 실제(공역, 한국가이던스, 2009)
진로사고검사 워크북(공저, 한국가이던스, 2004)

〈주요 논문〉
교사의 진로소명과 직무만족의 관계에서 자기효능감과 직업몰입의 매개효과(공
    동, 학습자중심교과교육연구, 2017)
청소년상담자의 직무자원과 이직의도와의 관계에서 직무스트레스와 직업몰입의
    매개효과(공동, Korea Journal of Youth Counseling, 2015)
범죄피해자 심리지원체계의 구축과 치료프로그램 개발을 위한 연구(공동, 경제 ·
    인문사회연구회 발간자료, 2014)
청소년 상담자의 직무환경, 자아탄력성, 상담자활동 자기효능감이 상담자소진에
    미치는 영향(공동, 인문학논총, 2010) 외 다수

셀프 수퍼비전을 통한 상담기술훈련

-초보상담자를 대상으로-

Counseling Skills Training through Self-Supervision

2020년 1월 20일 1판 1쇄 발행
2022년 8월 10일 1판 5쇄 발행

지은이 • 이수현 · 최인화
펴낸이 • 김 진 환
펴낸곳 • (주)**학지사**

04031 서울특별시 마포구 양화로 15길 20 마인드월드빌딩 5층
대표전화 • 02) 330-5114   팩스 • 02) 324-2345
등록번호 • 제313-2006-000265호
홈페이지 • http://www.hakjisa.co.kr
페이스북 • https://www.facebook.com/hakjisabook
ISBN 978-89-997-2011-6 93180

정가 16,000원

이 도서의 국립중앙도서관 출판시도서목록(CIP)은 서지정보유통지원시스템
홈페이지(http://seoji.nl.go.kr)와 국가자료공동목록시스템(http://www.nl.go.kr/kolisnet)
에서 이용하실 수 있습니다.
(CIP제어번호: CIP2019051592)

출판미디어기업 **학지사**

간호보건의학출판 **학지사메디컬** www.hakjisamd.co.kr
심리검사연구소 **인싸이트** www.inpsyt.co.kr
학술논문서비스 **뉴논문** www.newnonmun.com
원격교육연수원 **카운피아** www.counpia.com